V&R

Jugendliche und Konfirmation

DIENST AM WORT – SONDERAUSGABE

➠ Gottesdienste mit Jugendlichen

➠ Gottesdienste zur Konfirmation

➠ Gottesdienste rund um die Konfirmation

Vandenhoeck & Ruprecht

Bibliografische Information der Deutschen Nationalbibliothek

Die Deutsche Nationalbibliothek verzeichnet diese Publikation in der Deutschen Nationalbibliografie; detaillierte bibliografische Daten sind im Internet über http://dnb.d-nb.de abrufbar.

ISBN 978-3-525-63056-3

Weitere Ausgaben und Online-Angebote sind erhältlich unter: www.v-r.de

Printed in Germany.

Umschlag: SchwabScantechnik, Göttingen
Druck und Bindung: ⊕ Hubert & Co., Göttingen

Gedruckt auf alterungsbeständigem Papier.

Gottesdienste mit Jugendlichen

Gabriele Persch

Vandenhoeck & Ruprecht

Inhalt

Einleitung

1. Warum Gottesdienste mit Jugendlichen?

Ein Anliegen der Kirche und der Gemeinden ist, Jugendliche für das kirchliche Leben zu interessieren. Sie sollen an den Gottesdienst und an die Auseinandersetzung mit der biblischen Botschaft herangeführt werden.

Doch warum sollen Jugendliche ein Interesse an der Kirche haben? Die Kirche bietet mit ihren Veranstaltungen, Gruppen und besonders ihren Gottesdiensten Möglichkeiten, Gemeinschaft zu erleben und so der gesellschaftlichen Tendenz der Vereinzelung und sozialen Isolierung zu begegnen. Außerdem stellt sie den Menschen Raum und Zeit zur Verfügung, sich in dieser Gemeinschaft mit Lebens- und Sinnfragen zu befassen. Gerade die Jugendlichen befinden sich in einer Lebensphase, in der diese Fragen und die Suche nach möglichen Antworten einen wichtigen Anteil der Persönlichkeitsentwicklung ausmachen. Es ist also die Pflicht der Kirche, hier in besonderer Weise auf die Jugendlichen und ihre Bedürfnisse einzugehen. Vielfach ist die Kirche jedoch eine Veranstaltung für Erwachsene. Mit Mühe werden gerade noch Kindergottesdienste und Konfirmandenunterricht angeboten. Kinder- und Jugendgruppen werden häufig zu Freizeitgestaltungsangeboten, die mit kirchlichen Inhalten wenig zu tun haben und in der Konkurrenz zu kommunalen oder städtischen Freizeitangeboten kaum bestehen können. Diesen Defiziten, die in den einzelnen Gemeinden durchaus gesehen werden, zu begegnen ist eine entscheidende Aufgabe der Kirche. Mit Gottesdiensten mit Jugendlichen und einem damit verbundenen Konzept des Konfirmandenunterrichts und der Jugendarbeit kann die Kirche diese Aufgabe wahrnehmen.

Die Jugendgottesdienste, um die es hier gehen soll, sind als Gemeindegottesdienste und Sonntagsgottesdienste konzipiert. Sie haben neben den genannten Funktionen noch eine weitere zu erfüllen: Sie sind als ein wesentliches Element des Gemeindeaufbaus zu verstehen und im Gemeindeaufbau-Konzept als solches verankert. Wenn der sonntägliche Gottesdienst als der zentrale Ort gilt, an dem die Gemeindemitglieder aus den unterschiedlichen Generationen, Interessengruppen, Gemeindegruppen zusammentreffen und die Möglichkeit der Kommunikation wahrnehmen können, dann ergibt sich daraus, dass der Gemeindeaufbau hier ansetzt.

Die Kommunikation zwischen den Generationen soll initiiert und gefördert werden. Die Jugendlichen sollen als vollwertige Gemeindemitglieder der Gemeinde vorgestellt werden: Jugendliche haben etwas zu sagen und zum Gemeindeleben beizutragen und sind deswegen ernstzunehmen. Die Arbeit und die Inhalte des Konfirmandenunterrichts und in den Jugendgruppen sollen der Gemeinde gegenüber transparent gemacht werden: Die Gemeinde soll wissen, was in ihren Reihen gedacht, gefragt, diskutiert, empfunden wird. Sie kann den Beitrag der Jugendlichen als Bereicherung erleben.

Die Gottesdienste mit Jugendlichen sind als festes Element des Konfirmandenunterrichts und der Arbeit in den Jugendgruppen verankert. Ihre Vorbereitung und Gestaltung bilden jeweils den Abschluss einer Unterrichtseinheit bzw. einer thematischen Einheit und bieten die Gelegenheit, sich mit den biblischen Inhalten und Lebensfragen intensiv zu befassen.

Nicht zuletzt: Spass muss es machen, auch in der Kirche. Die Jugendlichen haben mehr Spass an den Gottesdiensten, wenn sie selbst etwas gestalten und beitragen, wenn sie selbst zu Wort kommen und auch einmal „bestimmen“ können.

2. Konsequenzen für die Gestaltung der Gottesdienste mit Jugendlichen

Die Gottesdienste mit Jugendlichen sollten im Gottesdienstplan der Gemeinde und im Konfirmandenunterricht bzw. in der Jugendgruppenarbeit fest eingeplant sein. Dem Presbyterium als gemeindeleitendes Gremium und den Beteiligten muss also von vornherein bekannt sein, dass und wann diese Gottesdienste stattfinden. Die inhaltliche sowie die formale Begründung als Element des Gemeindelebens muss transparent gemacht werden. Die Jugendlichen haben die zentrale Rolle bei der Gestaltung der Gottesdienste. Das bedeutet auch, dass die Jugendlichen als Team den Gottesdienst planen und dessen Inhalte festlegen. Die Gestaltung der Gottesdienste orientiert sich an der Gottesdienstordnung der Gemeinde. Gleichzeitig wird mit den Elementen der Gottesdienstordnung „frei gespielt", sie werden in ihrer Form (nicht in ihrer Funktion) variiert und verändert. Texte, Lieder und Gebete stehen in einem thematischen Zusammenhang zueinander und im Zusammenhang mit den jeweiligen Inhalten des Konfirmandenunterrichts bzw. der Jugendgruppenarbeit.

Für die Vorbereitungsgespräche sowie die Gesprächsgottesdienste sollten Kommunikationsregeln vereinbart werden: Die Jugendlichen dürfen nicht zu Äußerungen gezwungen werden; dies gilt insbesondere für Befindlichkeits- und Gefühlsäußerungen oder andere intime Statements und Bekenntnisse. Gefühlsäußerungen dürfen nicht kommentiert werden. Der Umgang mit dem Thema muss so gestaltet sein, dass ein Klima der Offenheit, des Wohlwollens und der Freundlichkeit herrscht. Jeder darf, niemand muss sich äußern. Jeder wird ernstgenommen. Damit erweist sich die Kirche und insbesondere der Gottesdienst als der Raum, der sich vom Alltag mit seinen Regeln abhebt und in dem Wohltuendes geschieht. Zu Beginn der Unterrichtseinheit oder der Vorbereitungen und auch im Gottesdienst kann ruhig auf entsprechende Kommunikationsregeln hingewiesen werden.

Was die Jugendlichen im Gottesdienst sagen wollen, müssen sie selbst entscheiden können. Schließlich gibt man im

Gottesdienst immer ein wenig von seiner eigenen Person in einer Öffentlichkeit preis. Der Respekt vor den Jugendlichen verlangt auch, dass die Pastorin/der Pastor die Aussagen der Jugendlichen im Gottesdienst stehen lässt und nicht etwa korrigiert, auch wenn sie ihr/ihm theologisch unbequem erscheinen. So bietet sich die Gelegenheit zu einer Auseinandersetzung mit anderen Positionen, die die Jugendlichen ernstnimmt.

Es ist sicherlich für die Jugendlichen nicht leicht, im Gottesdienst unbefangen und sicher aufzutreten. Schließlich sitzen in der Gemeinde möglicherweise die Eltern und andere Familienmitglieder, Nachbarn, Freunde und Kumpel aus der Schule. Um den Jugendlichen es ein wenig leichter zu machen, hilft möglichst häufiges Üben. Also nicht einmal vor dem Gottesdienst in die Kirche und die Texte heruntersprechen, vielleicht noch mit Stellprobe und Mikrophonprobe! Einfacher ist es für alle Beteiligten, wenn die Jugendlichen ihre Texte aufschreiben und das Ablesen üben. Im Gottesdienstraum kann man dann mehrere Proben ansetzen, damit die Jugendlichen ein Gefühl für den Raum und seine Akustik bekommen. Vor allem ist es wichtig, sich von dem Anspruch zu befreien, dass alles im Gottesdienst perfekt klappen muss. Das gelingt einem Pastor/einer Pastorin in ihren Gottesdiensten schließlich auch nicht. Also: Pannen dürfen passieren. Versprecher sind erlaubt. Auf Mikrophone sollte möglichst verzichtet werden. Nichts ist störender als ein Mikrophon, das anfängt zu pfeifen oder das immer wieder ausfällt. Als lästig empfinden die Gottesdienstteilnehmer und die Jugendlichen, die „vorne stehen" auch, wenn ein Mikrophon immer weitergereicht werden muss. Schöner ist es, wenn die Jugendlichen mit der Zeit lernen, sich deutlich zu artikulieren, und damit verständlicher werden, und wenn sie sich vielleicht im Gottesdienstraum verteilen und damit die akustischen Wege verkürzen. In einem Gottesdienst muss ja nicht immer „von vorn" gesprochen werden. Auf diese Weise kann eine gewisse Steifheit vermieden werden und Bewegung entstehen, die den Jugendlichen sicherlich mehr entspricht. Übrigens stellt sich, wenn die Jugendlichen öfter Gottesdienste in der Gemeinde gestalten, eine gewisse Routine ein, wodurch sie in der Vorbereitung und im Gottesdienst selbst sich immer freier und selbstständiger bewegen.

Die Texte der Jugendlichen sollten von ihnen selbst verfasst sein. Sprechen sie im Gottesdienst ihre eigene Sprache, verleiht ihnen das mehr Authentizität und Sicherheit. Die Texte müssen nicht immer ausgefeilt sein, eine Korrektur von Seiten des Pastors/der Pastorin ist in den allerseltensten Fällen nötig. Zur Gestaltung des Gottesdienstes sollten alle Möglichkeiten, die die Gruppe zu bieten hat und bieten möchte, einbezogen werden. Musikalische, künstlerisch-gestaltende, darstellende Fähigkeiten können wohldosiert einen Gottesdienst bereichern. Natürlich ist darauf zu achten, dass ein Gottesdienst mit Jugendlichen und für Jugendliche kein Happening oder Event ist. Es geht auch den Jugendlichen bei einer Gottesdienstgestaltung durchaus ernsthaft um Glaubensfragen. Aber es gibt für sie eben mehr Mittel der Auseinandersetzung als nur das gesprochene Wort.

Schließlich soll noch auf eines hingewiesen werden, das immer wieder vergessen wird: Am Ende eines Gottesdienstes sollte die Pastorin/der Pastor sich bei den Jugendlichen, die an der Vorbereitung und am Gottesdienst selbst beteiligt waren, in der Gemeindeöffentlichkeit bedanken. Das ist nicht nur die Erledigung einer Höflichkeitspflicht, sondern zeigt den Jugendlichen und auch der Gemeinde, dass der Beitrag der Jugendlichen zum Gemeindeleben wertzuschätzen ist und ernst genommen wird.

3. Ergebnis für den Konfirmandenunterricht

Eine Unterrichtseinheit kann durch einen Gottesdienst abgeschlossen werden. Die Einheit wird inhaltlich zusammengefasst und wichtige Aussagen werden auf den Punkt gebracht. Die Jugendlichen bereiten die Gottesdienste jeweils in Kleingruppen (zu dritt oder zu viert) vor und übernehmen die Verantwortung für die Gestaltung ihres Gottesdienstes. Sie lernen in der Gruppe zusammenzuarbeiten, Absprachen zu treffen und einzuhalten, Verantwortung für ihr Handeln zu übernehmen. Sie werden an Gottesdienst und Gemeinde herangeführt, indem sie einen aktiven Part übernehmen und nicht nur „konsumieren“ oder eine Teilnahmepflicht „absitzen“. Sie lernen etwas über den Aufbau und die Funktion des Gottesdienstes in der Gemeinde. Außerdem setzen sie sich mit dem Unterrichtsinhalt in einer neuen, komprimierten Weise auseinander, indem sie die Texte und Gebete formulieren, dabei inhaltliche Schwerpunkte setzen und Lieder sowie Gestaltungselemente (z.B. Raumschmuck und Sitzordnung) auswählen. Nicht zuletzt besteht die Möglichkeit, durch die intensive Arbeit an dem Gottesdienst eine Festigung der Inhalte des Konfirmandenunterrichts zu erzielen.

4. Ergebnis für den Gemeindeaufbau

Die Gemeinde nimmt die Jugendlichen als einen Teil ihrer selbst wahr. Sie wird mit neuen Aussagen, einer neuen Perspektive auf Glaubens- und Lebensfragen konfrontiert. Unsere Erfahrung war, dass gerade diejenigen, die den Gottesdienst regelmäßig besuchten, über diese Denkanstöße froh waren und diese als Bereicherung empfanden. Jugendliche gewinnen durch ihre Beteiligung am Gottesdienst einen Zugang zur Gemeinde, die Gemeinde gewinnt die Erfahrung, dass an altbekannte Themen und Fragen neu oder anders herangegangen werden kann. Auf diese Weise kann eine fruchtbare Kommunikation zwischen den Generationen entstehen, in der sich Verständnis füreinander entwickeln kann. Dies kann dazu beitragen, dass eine Gemeinde zusammenwächst oder zumindest der Zusammenhalt der Gemeinde gefördert wird.

Gottesdienste mit Jugendlichen können für das Gemeindeleben neue Impulse geben. Es werden nicht nur die Jugendlichen angesprochen, sondern auch andere Gemeindemitglieder, die sonst für Gottesdienste oder andere

Gemeindeaktivitäten nur schwer erreichbar sind – beispielsweise das „Mittelalter“, die Generation der Eltern der Kinder und Jugendlichen. Sie sind oft durch „neue“ Gottesdienstformen leichter anzusprechen.

5. Worum es in diesem Buch gehen soll

In diesem Buch werden Gottesdienste vorgestellt, die mit Jugendlichen gemeinsam gestaltet und gefeiert werden. Diese Gottesdienste sind in der Regel Gemeindegottesdienste, die im „normalen“ Sonntagsgottesdienstplan eingeplant werden können. Es soll dargestellt werden, wie diese Gottesdienste ablaufen können und welche Vorüberlegungen und Vorarbeiten dazu nötig sind. Dabei soll auch deutlich werden, wie Themen und Inhalte sowie verschiedene Gottesdienstformen aus der Arbeit im Konfirmandenunterricht und in Jugendgruppen entstehen können.

Die Gottesdienste

1 *Psalmen*

Farben geben Gefühle wieder

Mit dem Thema „Psalmen – Farben geben Gefühle wieder" wird ein sehr persönlicher Zugang zu den Psalmen eröffnet. Damit wird einerseits vorausgesetzt, dass die Psalmen selbst persönlich formulierte Texte sind, andererseits aber auch, dass diese mich direkt ansprechen und angehen können. Genau dies ist der Grund, warum die Psalmen in der Arbeit mit Jugendlichen so wertvoll sind.

Im Konfirmandenunterricht war diese Einheit als Hinführung zur Beschäftigung mit Psalmtexten gedacht. Bevor der Gottesdienst stattfand, wurde dieses Thema in jeweils abgewandelter Form auch im Kindergottesdienst, in einem Bibelkreis, im Seniorinnen-Treff und in einem Frauenseminar behandelt sowie in einer Andacht im Presbyterium vorgestellt. Diese Gruppen wurden ausdrücklich zum Gottesdienst der Konfirmanden/innen eingeladen. Die Vorbereitung auf den Gottesdienst stand also auf einer breiten Basis.

Die Vorbereitungen

Zum Einstieg in das Thema haben die Konfirmanden die Aufgabe, in Einzelarbeit DIN-A2-Plakate herzustellen. Mit Wasserfarben sollen sie Farbfelder malen, die Gefühle darstellen sollen. So entstehen individuelle Farbkombinationen, die Gefühle zeigen. Hinterher wird jedes Bild vorgestellt und erläutert: Welche Farbe zeigt welches Gefühl? Welche Gefühlslagen habe ich mit welchen Farben dargestellt? Was verbinde ich mit welchen Farben? Die Bilder werden mit Titeln versehen.

In einem zweiten Schritt werden Zitate aus den Psalmen, die als Textblatt zur Verfügung stehen, Farben oder Farbkombinationen zugeordnet. Jede/r Konfirmand/in sucht sich einen „Psalm-Schnipsel“ aus, den er/sie zu seinem/ihrem Bild als besonders passend empfindet. Schließlich werden kurze Texte verfasst, die eine Verbindung von Psalm-Zitat und Bild beschreiben. Die verwendeten Zitate bleiben „Psalm-Schnipsel“, es werden keine textlichen oder historischen Zusammenhänge thematisiert. Mit den Schnipseln soll frei gespielt werden. Denkbar ist auch, dass einige Konfirmanden zu den Schnipseln kurze Gebetsanliegen formulieren.

Gemeinsam suchen die Konfirmanden/innen 4 Bilder aus, die im Gottesdienst mit den dazugehörigen „Psalm-Schnipseln“ und Texten vorgestellt werden. Die „Autoren/innen“ müssen natürlich um Erlaubnis gefragt werden.

Eine Gruppe von drei bis vier Jugendlichen bereitet die Einzelheiten des Gottesdienstes vor. Sie legt den Ablauf des Gottesdienstes fest und sucht die Lieder aus. Im Anschluss an ausgesuchte „Psalm-Schnipsel“ werden Gebete formuliert. Wenn im Konfirmandenunterricht Gebetsanliegen formuliert worden sind, werden diese mit den dazugehörigen Psalm-Zitaten verwendet. Außerdem verfasst die Gruppe einen Text, in dem die wichtigsten Gedanken aus dem Unterricht aufgenommen und eventuell weitergeführt werden.

Die Bilder und Texte, die im Gottesdienst nicht zu Wort kommen, werden im Gottesdienstraum ausgestellt. Bevor der Gottesdienst beginnt, sollte für die Gottesdienstteilnehmer/innen die Möglichkeit bestehen, die Ausstellung anzusehen und sich so auf das Thema einzustimmen.

Die Pastorin stellt in der Vorbereitungsgruppe Beispiele und Ergebnisse aus den anderen Gruppen, mit denen sie das Thema behandelt hatte, vor und bespricht mit den Jugendlichen, wie diese im Gottesdienst aufgenommen werden können. Denkbar ist hier auch, dass Vertreterinnen der anderen Gruppen an der Vorbereitung teilnehmen und/oder ihre Beispiele selbst im Gottesdienst vortragen. Die Zusammenführung der einzelnen Beiträge kann auch durch eine Predigt geschehen, die eventuell mit Beteiligung der

Jugendlichen von der Pastorin gehalten wird. In diesem Fall wurden die Ergebnisse aus den anderen Gruppen in die Ausstellung eingefügt.

Die Jugendlichen in der Konfirmandengruppe hatten sich ausdrücklich gewünscht, dass es im Gottesdienst möglich sei, dass die Gottesdienstbesucher/innen sich zu dem, was zu sehen und zu hören ist, äußern und darüber miteinander sprechen können. Die Moderation des Gesprächs übernahm die Pastorin.

Material

Weiße Tonpappen in Größe DIN-A4
Wasserfarben und Pinsel
Liste mit den Psalmen-Zitaten

Ablauf des Gottesdienstes

ORGEL

EINGANG/BEGRÜSSUNG

- Pastorin

Unser Anfang und unsere Hilfe
stehen im Namen des Herrn,
der Himmel und Erde geschaffen hat,
der Wort uns Treue hält ewiglich
und nicht preisgibt das Werk seiner Hände. Amen.

Liebe Gemeinde, wir begrüßen Sie herzlich zu unserem heutigen Gottesdienst, den die Konfirmanden und Konfirmandinnen *(Namen der Jugendlichen nennen)* vorbereitet haben. Um Gefühle soll es gehen, um Farben und um Psalmen. Wenn Sie sich in der Kirche umsehen, dann werden Sie Kunstwerke entdecken, die in unserem Konfirmandenunterricht entstanden sind. Und Kunstwerke aus dem Kindergottesdienst, dem Bibelkreis, dem Seniorinnen-Treff und dem Frauenseminar sind dort auch zu sehen. Gleichzeitig können Sie viele Psalmenworte lesen; manche werden Ihnen bekannt vorkommen, manche werden Ihnen unbekannt erscheinen. Wir haben einen Weg zu den Psalmen gefunden und möchten, dass Sie heute diesen Weg mit uns gehen, um die Psalmen zu entdecken.

LIED 455,1–3
Morgenlicht leuchtet (EG)

PSALM 8
■ Konfirmanden lesen im Wechsel mit der Gemeinde

GEBET

● Pastorin

Herr, Unser Gott, wie herrlich ist dein Name in allen Landen, der du zeigst deine Hoheit am Himmel!

Unsere Sorgen, aber auch unsere Freude darüber, dass du uns zu deiner Gemeinde zusammenrufst, unsere Ängste, aber auch das Gefühl, dass du bei uns bist und deine Hand schützend über uns hältst, alles das bringen wir mit, wenn wir uns versammeln, um Gottesdienst zu feiern.

Wir bitten dich, sei bei uns mit deinem Geist, der uns zu einer Gemeinschaft zusammenführt.

Herr, unser Gott, wie herrlich ist dein Name in allen Landen. Amen.

LIED 302,1–3.8
Du meine Seele singe, wohlauf und singe schön (EG)

● Pastorin

Liebe Gemeinde, im Konfirmandenunterricht haben wir versucht, mit Farben Gefühle darzustellen. Eine kleine Auswahl der Bilder, die dabei entstanden sind, stellen diese vier Jugendlichen Ihnen nun vor.

■ *Ein Konfirmand stellt das Bild, das er ausgesucht hat, vor, indem er die Farben und Farbkombinationen beschreibt und erläutert, welche Gefühle der Maler/die Malerin damit verbindet. Zum Abschluss liest er den Psalmvers, den der Maler/die Malerin dazu ausgesucht hat, vor. Bei den anderen Bildern wird genauso vorgegangen. Im Folgenden werden jetzt nur die zentrale Aussage zu dem jeweiligen Bild und das dazugehörige Psalmenzitat als Beispiele genannt, weil diese in der Predigt aufgenommen werden.*

1. Bild: Das „Himmel-Gefühl" wird mit vielen verschiedenen Blautönen wiedergegeben und wird als ein Gefühl der Freiheit und Weite beschrieben. Dazu ist aus dem Psalm 19 der Vers 2 zu hören: *Die Himmel erzählen die Ehre Gottes, und die Feste verkündigt seiner Hände Werk.*

2. Bild: Dieses Bild zeigt verschiedene Farben und Gefühle, negative wie positive. Die Malerin hat ihrem Bild den Titel „Ich fühle mich mal gut, mal schlecht" gegeben. Dazu hat sie Psalm 139,5 ausgewählt: *Von allen Seiten umgibst du mich und hältst deine Hand über mir.*

3. Bild: Der Maler dieses Bildes hat die Farben des Waldes, seines Lieblingsaufenthaltortes, gemalt. Die verschiedenen Braun- und Grüntöne geben sein Gefühl der Geborgenheit und des Wohlbefindens wieder. Sein Vers aus dem 1. Psalm lautet: *Der ist wie ein Baum, gepflanzt an den Wasserbächen, der seine Frucht bringt zu seiner Zeit, und seine Blätter verwelken nicht.*

4. Bild: Das Bild heißt: „Das Gras-Gefühl". Es ist überwiegend in unterschiedlichsten Grünschattierungen gehalten. Der Konfirmand, der dieses Bild gemalt hat, fühlt sich nach seiner Aussage besonders wohl, wenn er im Gras liegt, in den Himmel sieht und um sich herum „alles summen und brummen" hört. Dazu passt für ihn Psalm 4,9: *Ich liege und schlafe ganz im Frieden; denn allein du, Herr, hilfst mir, dass ich sicher wohne.*

● *Nach dieser Vorstellung haben die Gemeindemitglieder die Möglichkeit, sich dazu zu äußern. Die Pastorin leitet dieses Gespräch und achtet gegebenenfalls auf die Einhaltung der „Kommunikationsregeln" (s. Einleitung).*

Liebe Gemeinde, wir haben nun einiges zu sehen und zu hören bekommen. Sicherlich sind Sie über manche Gedanken erstaunt, vielleicht auch irritiert. Sie haben jetzt die Gelegenheit, etwas dazu zu sagen, zu fragen oder anzumerken.

GESPRÄCH

LIED 316,1
Lobe den Herren, den mächtigen König der Ehren (EG)

PREDIGT

● Pastorin

Liebe Gemeinde, „die Psalmen, die sind doch schon uralt, damit können wir gar nichts mehr anfangen". „Die Psalmen sind irgendwie komisch, die können wir heute gar nicht mehr verstehen." „Die haben so eine merkwürdige Sprache." Das sind ein paar Reaktionen der Konfirmanden gewesen, die ich erhalten habe, als ich unser Thema „Psalmen" im Konfirmandenunterricht einführte. Und in der Tat sind diese Äußerungen ja verständlich, denn wie in den Psalmen zum Teil gesprochen wird, so spricht heute kein Mensch mehr.

Wer sagt noch: „Die Feste verkündigt seiner Hände Werk“ oder „der ist wie ein Baum, gepflanzt an den Wasserbächen“? Und uralt sind die Psalmen auch, das stimmt natürlich. Aber reden sie auch von uralten Dingen, die uns heute nicht mehr interessieren? Und was an ihnen mag den Konfirmanden „irgendwie komisch“ vorkommen? Vielleicht, dass sich in den Psalmen Menschen so direkt und teilweise unverblümt an Gott wenden, ihm sozusagen direkt ins Gesicht sagen, wie es ihnen geht, was sie von ihm erwarten, sogar, was er tun soll, damit es ihnen wieder besser geht? Oder dass sie ihm in ziemlich drastischer Weise ihr Leid klagen und dann wieder doch das Gotteslob anstimmen? Oder dass sie Gott direkt anklagen: Warum hast du mich verlassen?

In den Psalmen sind Menschen im Gespräch mit Gott. Sie vertrauen darauf, dass er für sie erreichbar ist, auch gegen allen Anschein. Sie erwarten von ihm alles, besonders dann, wenn ihre Lage so aussichtslos ist, dass von niemanden mehr Hilfe zu erwarten ist. Und sie geben ihrer Freude über Gott und seine Wohltaten Ausdruck, so überschwänglich, dass ihnen fast die Worte fehlen, jedenfalls in der Alltagssprache. Dann geht es nur feierlich und in Bildern. Zweifel und Gewissheit, Angst und Freude, Verzweiflung und Hoffnung, das Gefühl der Ausweglosigkeit und das Gefühl des Gerettetseins, all das hat in den Psalmen seinen Ort, kann so ausgesprochen werden. Und das ist das Besondere an diesen uralten, komischen, merkwürdig klingenden Psalmen: Es gilt nicht nur in früheren Zeiten. Die Psalmen können heute noch aktuell sein. Man kann sie heute noch verstehen, kann sie heute noch sprechen. Das haben wir im Konfirmandenunterricht gemerkt. Mit unseren Gefühl-Bildern haben wir unsere Gefühle anders ausgedrückt, als wir es sonst gewohnt sind. Nicht: „Ich fühle mich richtig klasse“, sondern: Grün – das Gras-Gefühl und: *Ich liege und schlafe ganz im Frieden; denn allein du, Herr, hilfst mir, dass ich sicher wohne.* Frieden und Sicherheit, dieses Gefühl verbindet sich mit dem Liegen auf einer Wiese, „wo niemand stört, wo ich mich ganz meinen Gedanken hingeben kann und Ruhe finde“, wie N.N. uns vorhin erzählt hat. Auch das „Wald-Gefühl“-Bild vermittelt dieses Gefühl der Sicherheit und Geborgenheit, das offensichtlich einem helfen kann, eine Orientierung zu gewinnen und das Leben sinnvoll zu gestalten. Denn wenn man sich geborgen fühlt und weiß, „wo es für mich lang geht“, wie N.N. es ausdrückte, dann ist man *wie ein Baum, gepflanzt an den Wasserbächen, der seine Frucht bringt zu seiner Zeit, und seine Blätter verwelken nicht.*

Auch schwierige Gefühlslagen, das Wechselbad der Gefühle oder so ein uneindeutiges Gefühl, „so unbeschreibbar“, wie N.N. schilderte und in ihrem sehr bunten Farbenbild darstellte, kennen wir alle und kannten sicherlich auch die Menschen in den Psalmen. In solchen Situationen hilft einem dann die Hoffnung, dass Gott für einen da ist: *Von allen Seiten umgibst du mich und hältst deine Hand über mir.*

Und schließlich das „Himmel-Bild“. In diesem Blau steckt so viel Weite, Unbegrenztheit, Freiheit. Für N.N. ist das ein erhabenes Gefühl, und sie glaubt, dass derjenige, der ihren Psalmvers ausgesprochen hat, vielleicht selbst in den unendlich weiten Himmel geblickt hat und so gefühlt hat: *Die Himmel erzählen die Ehre Gottes, und die Feste verkündigt seiner Hände Werk.*

Das Schöne an diesen Psalmen ist, dass jeder Mensch sich in ihnen finden kann, mit seiner je eigenen Gefühlslage, mit seiner Lebenssituation, mit seinen Erlebnissen und Erfahrungen. Das haben auch die Konfirmanden entdeckt: Es gab kein Richtig oder Falsch bei ihren Interpretationen. Wenn es für mich stimmt, dann ist es für mich richtig. Und noch eine Entdeckung haben wir gemacht: Die Menschen in den Psalmen hatten ihre Probleme, waren traurig, ängstlich, verzweifelt oder orientierungslos. Sie hatten Hoffnungen, freuten sich, waren froh über das, was in ihrem Leben geschah, dankbar. Egal, wie sie sich fühlten, wie sie lebten, was ihnen geschah, sie hatten das Vertrauen zu Gott, dass er ihnen zuhört, ihnen hilft, sie errettet, sie in ihrem Leben begleitet, sie beschützt. Sie fühlten sich von Gott angenommen, und sie gaben ihm ihre Dankbarkeit, ihre Verehrung mit ihren Worten wieder. Das war für uns das Neue an diesen uralten Psalmen, und eigentlich ist es das Immer-wieder-Neue, das wir erfahren können: Gott ist bei uns mit seinem Segen und seinem Schutz, ganz gleich, wo wir sind, wie wir uns fühlen, wohin unser Weg geht. Und dafür sollten wir ihm die Ehre erweisen: *Die Himmel erzählen die Ehre Gottes, und die Feste verkündigt seiner Hände Werk.* Amen.

LIED 316,2–5

ABKÜNDIGUNGEN

FÜRBITTENGEBET

- Konfirmanden im Wechsel

Herr, deine Güte reicht, so weit der Himmel ist, und deine Wahrheit, so weit die Wolken gehen.

Herr, unser Gott, wir vertrauen dir. Deswegen wenden wir uns an dich mit unserem Gebet.

Wir bitten dich für alle, denen das Vertrauen in dich verloren gegangen ist, zeige ihnen, dass du für sie da bist.

Wir bitten dich für alle Menschen, denen es schlecht geht und die krank sind, lass sie nicht allein und hilf ihnen, dass es ihnen wieder besser geht.

Wir bitten dich für alle, die verfolgt werden und nicht in Frieden in ihren Heimatländern leben können, sei für sie da und schütze sie vor ihren Feinden.

Wir bitten dich für alle, die einsam und verbittert sind, gib ihnen Menschen, denen sie vertrauen können.

Wir bitten dich für alle Menschen, die keine Orientierung für ihr Leben haben und denen alles sinnlos erscheint, begleite sie auf ihrem Weg und zeige ihnen, dass ihr Leben einen Sinn hat.

Herr, deine Güte reicht, so weit der Himmel ist, und deine Wahrheit, so weit die Wolken gehen.
Wir vertrauen dir, und deswegen beten wir zu dir:

UNSER VATER

SEGEN

● Pastorin

Der Herr segne und behüte uns.
Er lasse sein Angesicht leuchten über uns und sei uns gnädig.
Er erhebe sein Angesicht auf uns und schenke uns Frieden. Amen.

LIED 172
Sende dein Licht (EG)

ORGEL

Liste mit Psalmen-Zitaten für die Gottesdienste „Psalmen – Farben geben Gefühle wieder" und „Psalmen – Bilder sprechen"

Ps 1,3 Der [Gerechte] ist wie ein Baum, gepflanzt an den Wasserbächen, der seine Frucht bringt zu seiner Zeit, und seine Blätter verwelken nicht.

Ps 1,4 Aber so sind die Gottlosen nicht, sondern wie Spreu, die der Wind zerstreut.

Ps 1,6 Der HERR kennt den Weg der Gerechten, aber der Gottlosen Weg vergeht.

Ps 4,9 Ich liege und schlafe ganz mit Frieden; denn allein du, HERR, hilfst mir, dass ich sicher wohne.

Ps 7,2.3 Auf dich, HERR, mein Gott, traue ich! Hilf mir von allen meinen Verfolgern und errette mich, (3) dass sie nicht wie Löwen mich packen und zerreißen, weil kein Retter da ist.

Ps 9,16 Die Heiden sind versunken in der Grube, die sie gegraben, ihr Fuß ist gefangen im Netz, das sie gestellt hatten.

Ps 11,6 [Der HERR] wird regnen lassen über die Gottlosen Feuer und Schwefel und Glutwind ihnen zum Lohne geben.

Ps 12,7 Die Worte des HERRN sind lauter wie Silber, im Tiegel geschmolzen, geläutert siebenmal.

Ps 13,6 Ich aber traue darauf, dass du so gnädig bist; mein Herz freut sich, dass du so gerne hilfst. Ich will dem HERRN singen, dass er so wohl an mir tut.

Ps 16,11 Du tust mir kund den Weg zum Leben: Vor dir ist Freude die Fülle und Wonne zu deiner Rechten ewiglich.

Ps 17,8 Behüte mich wie einen Augapfel im Auge, beschirme mich unter dem Schatten deiner Flügel.

Ps 18,2.3 Herzlich lieb habe ich dich, HERR, meine Stärke! (3) HERR, mein Fels, meine Burg, mein Erretter; mein Gott, mein Hort, auf den ich traue, mein Schild und Berg meines Heiles und mein Schutz!

Ps 19,2 Die Himmel erzählen die Ehre Gottes, und die Feste verkündigt seiner Hände Werk.

Ps 22,2 Mein Gott, mein Gott, warum hast du mich verlassen?

Ps 22,13–18 Gewaltige Stiere haben mich umgeben, mächtige Büffel habe mich umringt.
(14) Ihren Rachen sperren sie gegen mich auf wie ein brüllender und reißender Löwe.
(15) Ich bin wie ausgeschüttetes Wasser [, alle meine Knochen haben sich voneinander gelöst; mein Herz ist in meinem Leibe wie zerschmolzenes Wachs.]
(16) Meine Kräfte sind vertrocknet wie eine Scherbe, und meine Zunge klebt mir am Gaumen, und du legst mich in des Todes Staub.
(17) Denn Hunde haben mich umgeben, und der Bösen Rotte hat mich umringt[; sie haben meine Hände und Füße durchgraben].
(18) Ich kann alle meine Knochen zählen; sie aber schauen zu und sehen auf mich herab.

Ps 23,1.2 Der HERR ist mein Hirte, mir wird nichts mangeln.
(2) Er weidet mich auf einer grünen Aue und führet mich zum frischen Wasser.

Ps 24,7 Machet die Tore weit und die Türen in der Welt hoch, dass der König der Ehre einziehe!

Ps 26,2 Prüfe mich; HERR, und erprobe mich, erforsche meine Nieren und mein Herz!

Ps 27,1 Der HERR ist mein Licht und mein Heil; vor wem sollte ich mich fürchten? Der HERR ist meines Lebens Kraft; vor wem sollte mir grauen?

Ps 31,6 In deine Hände befehle ich meinen Geist; du hast mich erlöst, HERR, du treuer Gott.

Ps 34,9 Schmecket und sehet, wie freundlich der HERR ist. Wohl dem, der auf ihn trauet!

Ps 36,6 HERR, deine Güte reicht, so weit der Himmel ist, und deine Wahrheit, so weit die Wolken gehen.

Ps 36,10 Denn bei dir ist die Quelle des Lebens, und in deinem Lichte sehen wir das Licht.

Ps 37,5.6 Befiehl dem HERRN deine Wege und hoffe auf ihn, er wird's wohlmachen
(6) und wird deine Gerechtigkeit heraufführen wie das Licht und dein Recht wie den Mittag.

Ps 37,7 Sei stille dem HERRN und warte auf ihn.

Ps 42,2.3 Wie der Hirsch lechzt nach frischem Wasser, so schreit meine Seele, Gott, zu dir.

(3) Meine Seele dürstet nach Gott, nach dem lebendigen Gott. Wann werde ich dahin kommen, dass ich Gottes Angesicht schaue?

Ps 57,9 Wach auf, meine Seele, wach auf, Psalter und Harfe, ich will das Morgenrot wecken!

Ps 63,2 Gott, du bist mein Gott, den ich suche. Es dürstet meine Seele nach dir, mein ganzer Mensch verlangt nach dir aus trockenem, dürrem Land, wo kein Wasser ist.

Ps 69,2–4 Gott, hilf mir! Denn das Wasser geht mir bis an die Kehle.
(3) Ich versinke in tiefem Schlamm, wo kein Grund ist; ich bin in tiefe Wasser geraten, und die Flut will mich ersäufen.
(4) Ich habe mich müde geschrien, mein Hals ist heiser. Meine Augen sind trübe geworden, weil ich so lange harren muss auf meinen Gott.

Ps 91,1–2 Wer unter dem Schirm des Höchsten sitzt und unter dem Schatten des Allmächtigen bleibt,
(2) der spricht zu dem HERRN: Meine Zuversicht und meine Burg, mein Gott, auf den ich hoffe.

Ps 91,11–12 Denn er hat seinen Engeln befohlen, dass sie dich behüten auf allen deinen Wegen, (12) dass sie dich auf den Händen tragen und du deinen Fuß nicht an einen Stein stoßest.

Ps 103,11–13 Denn so hoch der Himmel über der Erde ist, lässt er seine Gnade walten über denen, die ihn fürchten.
(12) So fern der Morgen ist vom Abend, lässt er unsere Übertretungen von uns sein.

(13) Wie sich ein Vater über Kinder erbarmt, so erbarmt sich der HERR über die, die ihn fürchten.

Ps 104,2 Licht ist dein Kleid, das du anhast.

Ps 119,105 Dein Wort ist meines Fußes Leuchte und ein Licht auf meinem Wege.

Ps 133,1 Siehe, wie fein und lieblich ist es, wenn Brüder einträchtig beieinander wohnen!

Ps 139,5 Von allen Seiten umgibst du mich und hältst deine Hand über mir.

Ps 139,9–10 Nähme ich Flügel der Morgenröte und bliebe am äußersten Meer, (10) so würde auch dort deine Hand mich führen und deine Rechte mich halten.

Ps 145,15–18 Aller Augen warten auf dich, und du gibst ihnen ihre Speise zur rechten Zeit.
(16) Du tust deine Hand auf und sättigst alles, was lebt, nach deinem Wohlgefallen.
(17) Der HERR ist gerecht in allen seinen Wegen und gnädig in allen seinen Werken.
(18) Der HERR ist nahe allen, die ihn anrufen, allen, die ihn ernstlich anrufen.

2 *Psalmen*

Bilder sprechen

Bei der Beschäftigung mit dem Thema „Psalmen – Farben geben Gefühle wieder“ ist zu entdecken, dass in den Psalmen viele Sprachbilder zu finden sind. Auf dieser Ebene kann man sich mit den Psalmen noch einmal eingehend befassen. Der Gottesdienst, der daraus entstehen kann, knüpft an das vorhergehende Thema an, kann aber inhaltlich noch einmal einen anderen Akzent setzen. Der vorliegende Vorschlag für eine Gottesdienstgestaltung hat seinen Schwerpunkt auf der Klage bzw. der Bitte um Schutz und Bewahrung und ist aus Elementen eines Gottesdienstes mit Konfirmanden entstanden.

Die Vorbereitungen

Die Vorarbeiten finden in Kleingruppen zu je 3–4 Jugendlichen statt. Als Material stehen die „Psalm-Schnipsel“ aus der vorherigen Unterrichtseinheit zur Verfügung. Jede Gruppe sucht sich ein Sprachbild aus, das sie bearbeiten will. Das Gruppengespräch über dieses Sprachbild orientiert sich an folgenden Leitfragen: Welche Stimmungen und Gefühle werden ausgedrückt? Welche Erfahrungen und Erlebnisse können hinter dem Bild stehen? Kennen wir Vergleichbares aus eigenem Erleben, das man in einem solchen Bild ausdrücken könnte? Die Gesprächsergebnisse werden notiert.

Im Plenum werden die ersten Gruppenergebnisse mitgeteilt. Es wird diskutiert, wie diese Ergebnisse in einem Gemeindegottesdienst eingebracht werden könnten: Die „Psalm-Schnipsel“ können im Gottesdienst vorgestellt werden; Texte können zu diesen Psalm-Schnipseln erstellt und im Gottesdienst vorgelesen werden; eigene Bilder können gefunden und gemalt oder/und als Sprachbilder formuliert werden; Gebetsanliegen können in Anlehnung an diese Psalmausschnitte formuliert werden.

Aus jeder Gruppe wird ein/e Sprecher/in gewählt. Die Sprecher/innen bilden die Gottesdienstvorbereitungsgruppe. In den Gruppen werden Ideen gesammelt zu Texten und Sprachbildern. So können die Gruppen sich entscheiden, Bilder anzufertigen, die sie im Gottesdienst zeigen wollen: ein großes gemaltes Bild und eine Collage aus Fotos (aus Zeitschriften und privaten Beständen), die Jugendliche in verschiedenen Situationen zeigen. Andere Gruppen entscheiden sich für Texte. Auch Möglichkeiten von musikalischen Bildern und pantomimischen Darstellungen bzw. „Standbildern" sollten in Erwägung gezogen werden. Die Sprecher sammeln alle Ergebnisse für die Gottesdienstvorbereitung.

Material

Liste mit den Psalmen-Zitaten
große Pappe oder Papier
Stifte oder Wasserfarben oder Acrylfarben
Fotos, Zeitschriften

Ablauf des Gottesdienstes

ORGEL

EINGANG/BEGRÜSSUNG

● Pastorin

Liebe Gemeinde, wir begrüßen Sie zu unserem Gottesdienst, den wir, die Konfirmanden *(Namen)* und ich zusammen vorbereitet haben. Wir haben im Unterricht das Psalmen-Thema noch einmal aufgegriffen, weil wir das Gefühl hatten, dass dazu noch mehr zu sagen ist. Darum werden wir uns heute im Gottesdienst noch einmal Psalmen hören, und wir werden hören und sehen, was die Jugendlichen zu diesen Psalmen zu sagen haben. Wir wollen diesen Gottesdienst feiern im Namen des Herrn, der Himmel und Erde geschaffen hat, der Wort und Treue hält ewiglich und nicht preisgibt das Werk seiner Hände. Amen.

LIED 440,1–4
All Morgen ist ganz frisch und neu (EG)

GEBET

■ der Jugendlichen zu Psalm 17,8

Behüte mich wie einen Augapfel im Auge, beschirme mich unter dem Schatten deiner Flügel.

Herr, unser Gott, wir suchen Schutz bei dir, wir hoffen auf deinen Segen. Darum sind wir heute hier, weil wir dir vertrauen und weil wir glauben, dass wir alles, was uns beschäftigt und bedrückt, bei dir loswerden können. Gib uns deinen Geist, lass uns finden, was wir suchen. Amen.

LIED 184,1–5
Wir glauben Gott im höchsten Thron (EG)

EINFÜHRUNG

● Pastorin
Liebe Gemeinde, im Unterricht haben wir entdeckt, dass in den Psalmen häufig in Bildern gesprochen wird. Dadurch wird vieles anschaulich und auch aussprechbar, was die Menschen bedrückt oder beschäftigt. Wir haben uns mit diesen Sprachbildern befasst, einige davon für diesen Gottesdienst ausgesucht und versucht, diese Sprachbilder zu verstehen und für uns umzusetzen.

Eine Gruppe hat diese Foto-Collage gemacht.

■ *Ein Jugendlicher aus der Vorbereitungsgruppe zeigt und erläutert die Collage. Die Collage zeigte in unserem Fall Fotos von Jugendlichen aus verschiedenen Ländern, auf der Straße lebend, von anderen Jugendlichen bedroht und umringt, Jugendliche mit Waffen in der Hand u.ä*

Der Titel der Collage lautet: *Denn Hunde haben mich umgeben, und der Bösen Rotte hat mich umringt* (Psalm 22,17).

Eine zweite Gruppe der Konfirmanden hat dieses Bild gemalt.

■ *Ein Jugendlicher aus der Vorbereitungsgruppe zeigt und erläutert das Bild. Es zeigte hier eine Figur, einen Menschen, der wie Wasser zerfließt und wie eine Pfütze im Sand aussah.*

Dieses Bild heißt: *Ich bin wie ausgeschüttetes Wasser* (Psalm 22,15).

LIED 296,1–3
Ich heb mein Augen sehnlich auf (EG)

PREDIGTTEIL

■ Texte der Konfirmanden
Zwei Jugendliche aus der Vorbereitungsgruppe lesen jeweils einen Text zu den Psalmen-Zitaten

Gott, du bist mein Gott, den ich suche. Es dürstet meine Seele nach dir, mein ganzer Mensch verlangt nach dir aus trockenem, dürrem Land, wo kein Wasser ist.

Wir haben uns diesen Vers aus dem 63. Psalm ausgesucht. Der Mensch, der hier spricht, ist anscheinend sehr verzweifelt. Er sucht nach Gott. Seine ganze Energie, fast sein Leben setzt er dafür ein, Gott zu suchen. Er fühlt sich wie in der Wüste, wo kein Wasser ist und deswegen auch kein Leben möglich ist. In der Wüste ist kein Weg zu sehen, der Mensch weiß nicht, wo er gehen soll. Er weiß nicht, in welche Richtung er gehen soll. In der Wüste ist keiner da, der ihm helfen könnte. Er ist ganz allein. Keiner hört ihn rufen. Ob Gott ihn hört? Trotzdem ruft er Gott, trotzdem sucht er ihn. Er hat also Hoffnung, dass Gott ihn hört und ihm vielleicht antwortet oder sich ihm irgendwie zeigt.

Das war es, was uns gewundert hat: Dass ein Mensch, der sich in einer völlig aussichtslosen Lage befindet, trotzdem die Hoffnung nicht aufgibt und Gott sucht, mit Leib und Seele, mit der ganzen Energie, die er noch hat.

Behüte mich wie einen Augapfel im Auge, beschirme mich unter dem Schatten deiner Flügel.

Dies ist ein Vers aus dem 17. Psalm. Auch hier spricht ein Mensch, der in einer schwierigen Lage zu sein scheint. Wenn man den ganzen Psalm liest, dann ist da von Verfolgung und ungerechter Anklage die Rede. Offensichtlich ist dieser Mensch schutzlos den Anfeindungen seiner Mitmenschen ausgesetzt. Es gibt niemanden, der ihm beisteht und der ihm zu seinem Recht verhilft. Er kann sich an niemanden wenden. Das ist eine sehr bedrohliche Situation für ihn. Deswegen wendet er sich an Gott. Er hofft, dass Gott ihm Schutz gibt.

Das Auge ist ein empfindliches Organ. Wenn es verletzt wird, kann es für immer blind sein. Man muss also gut auf das Auge aufpassen, damit es weiter funktionstüchtig ist.

Die Vogelmutter beschützt ihre Jungen, indem sie sie unter die Flügel schlüpfen lässt. Die Flügel sind dann Schutz vor Sonne und Hitze oder vor Nesträubern und anderen Feinden.

Der Mensch in diesem Psalm bittet Gott um seinen Schutz. Er fühlt sich seinen Feinden schutzlos ausgeliefert. Er fühlt sich verletzlich, er hat Angst um sein Leben. Gott ist seine letzte Hoffnung auf Rettung aus dieser ausweglosen Situation. Wenn Gott ihm nicht hilft, gibt es für ihn keine Rettung mehr. Aber er hat die Hoffnung, dass Gott ihm hilft, deswegen ruft er ihn und bittet ihn um Schutz.

Ein Jugendlicher aus der Vorbereitungsgruppe liest einen zusammenfassenden Text

Die Psalmen, die wir ausgesucht haben, sprechen von den Ängsten und bedrohlichen Situationen, in denen sich Menschen befinden können. Sie sprechen in Bildern, weil sie es anders vielleicht nicht ausdrücken können, weil die Angst so schwer auszudrücken ist. Aber irgendwie wollen sie sich verständlich machen. Diese Bilder kann sich jeder vorstellen. Sie können deutlich machen, worum es den Menschen in diesen Psalmen geht. Und die Menschen haben mit diesen Bildern die Möglichkeit, ihre Angst auszusprechen. Auch dieses Aussprechen kann einem ja schon helfen, mit der Angst umzugehen und sie wenigstens in den Griff zu bekommen, vielleicht sie sogar zu überwinden. Für uns war es wichtig, diese Texte zu verstehen und zu sehen, wie ein Mensch sich in einer solchen Lage fühlt. So können wir heute Menschen in ähnlichen Situationen vielleicht besser verstehen und ihnen helfen. Und wir können sehen, dass wir die Hoffnung nicht verlieren sollten, wenn wir uns in einer aussichtslosen Lage befinden. Wenn wir Gott vertrauen, kann uns das helfen, mit unserer Angst umzugehen und sie sogar zu überwinden. Die Menschen in den Psalmen sind ein Beispiel dafür.

LIED 296,4–8

ABKÜNDIGUNGEN

FÜRBITTE

- die Konfirmanden aus der Vorbereitungsgruppe im Wechsel

Behüte mich wie einen Augapfel im Auge, beschirme mich unter dem Schatten deiner Flügel.

Herr, unser Gott, viele Menschen suchen Schutz,
sie brauchen deine Fürsorge:
Menschen, die verfolgt, gefangen genommen und gefoltert werden,
Menschen, die von anderen bedroht werden,
Menschen, die jeden Tag um ihr Recht kämpfen müssen,
Menschen, die ums Überleben kämpfen.

Gib ihnen Kraft und Mut, gib ihnen Menschen,
die ihnen helfen und sich um sie kümmern.
Hilf uns, das Richtige zu tun und Menschen zu unterstützen, die unsere Hilfe brauchen.
Hilf uns und allen Menschen, dass wir die Hoffnung nicht verlieren, dass du für die Menschen da bist. Sei bei uns Menschen mit deinem Geist, begleite uns und schütze uns.

Behüte mich wie einen Augapfel im Auge, beschirme mich unter dem Schatten deiner Flügel.

Amen.

UNSER VATER

SEGEN

● Pastorin

Gottes Stärke leite uns
Gottes Macht beschütze uns,
Gottes Weisheit leite uns an,
Gottes Hand beschirme uns. Amen.

LIED 170,1–4
Komm, Herr, segne uns (EG)

ORGEL

3 *Amos*

Gerechtigkeit und Recht

Der Gottesdienst wurde im Rahmen des Konfirmandenunterrichts vorbereitet. Thema der Unterrichtseinheit war „Recht und Gerechtigkeit – Das Buch des Propheten Amos". Die Unterrichtseinheit war auf dreimal zwei Stunden angelegt. Während des Unterrichts wurde eine Auswahl an Amos-Texten gelesen: Amos 2,6–8; 5,11–15 und 5,21–24. Der Zusammenhang des Amos-Buches sowie sein geschichtlicher Kontext wurden als Information in den Unterricht eingebracht. Die ausgewählten Texte wurden gelesen und ausführlich bearbeitet. Dazu entwickelten die Konfirmanden Szenarien, in denen sie sich vorstellten, wie die Menschen zur Zeit des Amos gelebt haben: Wie sah der Tempel aus? Wie wurde dort Gottesdienst gefeiert? Wie sah der Alltag der Armen aus? Wie sah ein Gericht aus? Was ist mit dem „Tor" gemeint? Wie wurde Recht gesprochen? Zu diesen Fragen wurden Bilder und Plakate mit kurzen Sätzen angefertigt, die Eindrücke der Konfirmanden festhalten sollten. Die Bilder zeigten z.B. das Tor, in dem Recht gesprochen wurde oder ein Festmahl der Reichen im Tempel. Auf Plakaten waren Sätze wie „Mein Name wird entheiligt!", „Es ist eine böse Zeit!" oder „Suchet das Gute und nicht das Böse!" zu lesen.

Ein Satz des Amos-Buches fiel den Konfirmanden besonders auf: „Darum muss der Kluge zu dieser Zeit schweigen; denn es ist eine böse Zeit." Warum muss der Kluge schweigen? Ist es wirklich klug, zu schweigen? Und warum schweigt Amos nicht?

Schließlich diskutierten die Konfirmanden, inwieweit die Beobachtungen und Schlussfolgerungen des Amos in unsere

Zeit übertragen werden können. Durch die Aktualisierung der Amos-Texte wurden diese für die Konfirmanden interessanter und anschaulicher. Die Äußerungen der Konfirmanden in den Unterrichtsgesprächen sind in die Texte für den Gottesdienst aufgenommen worden.

Zum Abschluss der Unterrichtseinheit wurde besprochen, welche Ergebnisse aus dem Unterricht den Konfirmanden besonders wichtig sind und im Gottesdienst vorkommen sollen: Die Bilder und Satz-Plakate sollten ausgestellt werden. Diskussionsbeiträge und –ergebnisse sollten in den Gottesdiensttexten zur Sprache kommen. Der Gottesdienst sollte wie die Unterrichtseinheit unter dem Thema „Recht und Gerechtigkeit“ stehen und die Übertragung in unsere Zeit übernehmen. Eine Kleingruppe von 4 Konfirmanden erhielt die Aufgabe, diesen Gottesdienst vorzubereiten und Texte zu den drei Amos-Texten aus dem Unterricht zu formulieren. Dazu traf sich die Gruppe mit der Pastorin an einem Nachmittag (ca. 3 Stunden).

Die Vorbereitungen

Zu Beginn des Vorbereitungstreffens wurden Ideen zum Gottesdienst gesammelt und notiert *(brain storming)*. Dabei ging es sowohl um die inhaltliche Gestaltung wie auch um die Gestaltung des Kirchenraumes.

- Gottesdienstankündigung mit einem von den Konfirmanden gestalteten Plakat;
- Sitzordnung im Gottesdienst verändern (Tischgruppen, an denen nach dem Gottesdienst Kaffeetrinken und Gespräche stattfinden können);
- Ausstellung im Gottesdienstraum mit Bildern und Texten aus dem Unterricht;
- Der Ablauf des Gottesdienstes mit Liedauswahl und die Formulierung der Texte.

Material

Große Pappen oder Papierbögen für die Bilder
Papierbögen für die Texte
Wasserfarben oder Acrylfarben
dicke Filzschreiber
Ausstellungstafeln bzw. Stellwände

Ablauf des Gottesdienstes

ORGELVORSPIEL

BEGRÜSSUNG/EINGANGSVOTUM

- Pastorin

Liebe Gemeinde, wir, die Konfirmanden *(Namen)* und ich, begrüßen Sie zu unserem Gottesdienst, den wir feiern im Namen des Herrn, der Himmel und Erde geschaffen hat, der Wort und Treue hält ewiglich und nicht preisgibt das Werk seiner Hände. Amen.

LIED 437,1–4
Die helle Sonn leucht jetzt herfür (EG)

PSALM UND GEBET

- Pastorin

Schaffet Recht dem Armen und der Waise und helft dem Elenden und Bedürftigen zum Recht. Errettet den Geringen und Armen und erlöst ihn aus der Gewalt der Gottlosen. (Ps 82,3.4)

Herr, unser Gott, wir wollen auf dein Wort hören, darum sind wir hier. Wir wollen uns stärken für die Aufgaben, die wir haben in unseren Familien, im Arbeitsalltag, in der Schule, in unserer nächsten Umgebung. Dafür brauchen wir Kraft und Mut. Wir bitten dich, sei bei uns mit deinem Segen, jetzt in unserem Gottesdienst und in unserem Alltag. Begleite uns auf unserem Weg und sei unser Schutz. Amen.

EINLEITUNG zum Thema des Gottesdienstes

● Pastorin

Liebe Gemeinde, die Konfirmanden haben für heute einen Gottesdienst vorbereitet, der sich mit dem Propheten Amos befasst. Amos war ein streitbarer Geselle, der ohne ein Blatt vor den Mund zu nehmen die Missstände in seinem Land anprangerte. Gerechtigkeit war sein großes Thema, er wurde nicht müde, Gerechtigkeit für alle Menschen in der Gesellschaft zu fordern. Als wir uns im Unterricht mit dem Amos-Buch beschäftigten, war unser Eindruck: Was er damals zu sagen hatte, ist auch für uns heute aktuell. Darum haben wir uns zu ausgewählten Textauszügen Gedanken gemacht und diese zum heutigen Gottesdienst mitgebracht.

■ *Jeweils ein Jugendlicher aus der Vorbereitungsgruppe liest einen Text aus dem Amos-Buch und den Text der Jugendlichen. Der vierte Jugendliche liest die Zusammenfassung.*

1. Amos-Text; gestern und heute (Amos 2,6–8)

So spricht der Herr: Um drei, ja um vier Frevel willen derer von Israel will ich sie nicht schonen, weil sie die Unschuldigen für Geld und die Armen für ein paar Schuhe verkaufen.

Sie treten den Kopf der Armen in den Staub und drängen die Elenden vom Wege. Sohn und Vater gehen zu demselben Mädchen, um meinen heiligen Namen zu entheiligen.

Und bei allen Altären schlemmen sie auf den gepfändeten Kleidern und trinken Wein vom Gelde der Bestraften im Hause ihres Gottes.

Gestern: Menschen werden verkauft, sie werden wie Sachen, wie Besitz behandelt. Menschen werden unterdrückt, an den Rand der Gesellschaft gedrängt, weil sie arm sind. Sie haben keine Rechte, weil sie arm sind. Sie werden unterdrückt und ausgebeutet. Die Reichen leben auf Kosten der Armen. Sie nehmen sich einfach, was sie wollen: Essen, Trinken, Mädchen. Selbst vor ihrem Tempel machen sie nicht Halt: Ihre Gottesdienste sind große Festessen geworden, die sie von dem Geld, das sie aus den Armen gepresst haben, bezahlen. Gott will das nicht. Er will die Reichen bestrafen. Er sagt: Mein Name wird entheiligt.

Heute: Auch heute werden Menschen an den Rand gedrängt. Sie haben keinen Platz in der Gesellschaft, weil sie arm sind: Arbeitslose, Menschen mit sozialen Problemen, Ausländer, Menschen, die anders denken und leben als die meisten. Diejenigen, denen es gut geht, sehen an ihnen vorbei, hören nicht zu, haben keine Zeit für sie, sind gleichgültig. Sie feiern ihre Feste, leben auf Kosten der Anderen gut, sind satt und zufrieden. Wie es den Armen geht, interessiert sie nicht. Gott will das nicht. Er sagt: Mein Name wird entheiligt.

2. Amos-Text; gestern und heute (Amos 5,11–15)

Darum, weil ihr die Armen unterdrückt und nehmt von ihnen hohe Abgaben an Korn, so sollt ihr in den Häusern nicht wohnen, die ihr von Quadersteinen gebaut habt, und den Wein nicht trinken, den ihr in den feinen Weinbergen gepflanzt habt.

Denn ich kenne eure Freveltaten, die so viel sind, und eure Sünden, die so groß sind, wie ihr die Gerechten bedrängt und Bestechungsgeld nehmt und die Armen im Tor unterdrückt.

Darum muss der Kluge zu dieser Zeit schweigen; denn es ist eine böse Zeit.

Suchet das Gute und nicht das Böse, auf dass ihr leben könnt, so wird der Herr, der Gott Zebaoth, bei euch sein, wie ihr rühmt.

Hasset das Böse und liebet das Gute, richtet das Recht auf im Tor, vielleicht wird der Herr, der Gott Zebaoth, doch gnädig sein denen, die von Josef übrig bleiben.

Gestern: Die Reichen leben auf Kosten der Armen. Deren Arbeit bezahlen sie schlecht. Die Arbeit der Armen schafft den Reichen aber Luxusvillen, guten Wein, gutes Essen. Die Abgaben, die die Bauern an ihre Herren zu leisten haben, sind kaum bezahlbar.

Vor dem Gericht im Stadttor bekommt derjenige Recht, der das nötige Geld dafür hat. Die Armen haben aber kaum Geld und haben deswegen vor dem Gericht keine Chance auf ihr Recht. Wer sich gegen die Missstände wehrt und etwas dagegen unternehmen will, bekommt große Schwierigkeiten. Für ihn ist es besser, zu schweigen. Kritiker werden verfolgt.

Gott will das nicht. Er sagt: Suchet das Gute und nicht das Böse, dann bin ich bei euch.

Heute: Auch heute gibt es viele Menschen, die für ihre Arbeit schlecht bezahlt werden. Dabei machen die Konzerne immer größere Gewinne, und ihre Manager verdienen immer mehr Geld. Wer sich dagegen wehren will, muss damit rechnen, Probleme zu bekommen und seinen Arbeitsplatz zu verlieren.

Dass jeder sein Recht vor Gericht bekommen muss, ist zwar in den Gesetzen festgeschrieben. Aber oft bleibt das Theorie. Dann muss man durch mehrere gerichtliche Instanzen gehen, dafür muss man gute Anwälte bezahlen können. Und man muss die Energie dafür aufbringen können. Menschen, die Missstände anprangern und sich für andere einsetzen, werden in unserem Land zwar nicht von der Polizei verfolgt, haben es aber in unserer Gesellschaft oft schwer. Sie werden zu Außenseitern, werden nicht ernst genommen, nicht unterstützt. Jeder sucht sein eigenes Glück, um das Glück des anderen kümmert er sich nicht. Gott sagt: Suchet das Gute und nicht das Böse, dann bin ich bei euch.

3. Amos-Text; gestern und heute (Amos 5,21–24)

Ich bin euren Feiertagen gram und verachte sie und mag eure Versammlungen nicht riechen.

Und wenn ihr mir auch Brandopfer und Speisopfer opfert, so habe ich keinen Gefallen daran und mag auch eure fetten Dankopfer nicht ansehen.

Tu weg von mir das Geplärr deiner Lieder; denn ich mag dein Harfenspiel nicht hören!

Es ströme aber das Recht wie Wasser und die Gerechtigkeit wie ein nie versiegender Bach.

Gestern: Die Leute denken, wenn sie Gott Brandopfer darbringen, steigt der Rauch wie Wohlgeruch in den Himmel. Und wenn sie Gott teure Opfergaben schenken, freut er sich über ihre Gottesdienste. Wenn sie schöne Lieder im Gottesdienst singen, freut er sich über ihre Lieder. Doch Gott mag diese Gottesdienste nicht, er will sie nicht riechen, nicht sehen, nicht hören. Solange die Menschen nicht für Recht und Gerechtigkeit in der Gesellschaft sorgen, interessieren ihn die Gottesdienste nicht. Er fordert: Es ströme aber das Recht wie Wasser und die Gerechtigkeit wie ein nie versiegender Bach.

Heute: Sind unsere Gottesdienste verlogen? Gibt es einen Widerspruch zwischen dem, was wir im Gottesdienst sagen und tun und dem, was wir in unserer Gesellschaft machen? Sonntagsreden halten nützt niemandem etwas, und Gott werden solche Reden sicher nicht gefallen. Wir können sonntags nicht so tun, als wäre alltags alles in Ordnung. Wir bitten Gott in unseren Fürbitten, dass es allen Menschen gut gehen soll, aber wir tun selbst nicht genug dafür. Gegen Ungerechtigkeit aufstehen heißt nicht nur beten, singen und predigen. Es heißt auch sich einsetzen für Gerechtigkeit in der Schule, am Arbeitsplatz, in den Familien, in unserer Gesellschaft. Gott fordert von uns: Es ströme das Recht wie Wasser und die Gerechtigkeit wie ein nie versiegender Bach.

LIED 663,1–4
Herr, deine Liebe ist wie Gras und Ufer
(EG, Landeskirchlicher Liederteil)

Zusammenfassung

Amos war kein Diplomat. Er hat den Leuten deutlich seine Meinung gesagt. Er hat ihnen ins Gesicht gesagt, wie er die Lage in Israel gesehen hat. Er hat ihnen die Missstände aufgezeigt. Und er hat ihnen die Gründe für die Missstände genannt: Unrecht und Ungerechtigkeit.

Gott will nicht, dass es Menschen schlecht geht, dass sie zu wenig oder nichts zu essen haben, dass sie keinen Zugang zu sauberem Trinkwasser haben, dass sie keine Medikamente gegen ihre Krankheiten haben. Gott will nicht, dass Menschen keinen Platz in der Gesellschaft haben, dass sie ausgestoßen werden, weil sie anders aussehen, anders sind, arm sind oder eine andere Religion haben. Gott will nicht, dass Menschen unterdrückt oder verfolgt werden, weil sie zu schwach sind, um sich zu wehren. Gott will nicht, dass die Menschen in Unfrieden leben. Er will, dass Recht und Gerechtigkeit herrschen, dass die Menschen sich gegenseitig respektieren, dass sie gemeinsam dafür sorgen, dass es allen gut geht und dass alle genug zu essen und zu trinken haben. Und wenn es Streit gibt, dann sollen die Menschen dafür sorgen, dass die Konflikte gerecht gelöst werden. Und was zu Amos' Zeiten gegolten hat, gilt auch für uns heute. Wenn Amos heute zu uns kommen würde, würde er uns die gleiche

Kritik ins Gesicht sagen. Denn Recht und Gerechtigkeit herrschen auch heute nicht so uneingeschränkt, wie es eigentlich sein sollte. Wir müssen daran arbeiten, dass „das Recht ströme wie Wasser und die Gerechtigkeit wie ein nie versiegender Bach".

Natürlich können wir nicht die Weltlage ganz schnell verändern. Aber wir können unseren eigenen Beitrag leisten, dass bei uns Recht und Gerechtigkeit immer mehr zur Geltung kommen. Im Konfirmandenunterricht haben wir darüber gesprochen, wie wir in unserem Alltag etwas dafür tun können: Wenn es zwischen uns Streit gibt, dann wollen wir nicht gleich losschlagen oder nicht mehr miteinander reden, sondern versuchen, den Konflikt im Gespräch miteinander zu lösen. Wenn uns jemand befremdlich erscheint, weil er anders aussieht und anders ist als wir, dann wollen wir ihn nicht zum Außenseiter abstempeln, sondern versuchen, mit ihm zu reden, um ihn besser kennen zu lernen. Wenn jemand sich keine Marken-Kleidung oder andere Dinge leisten kann, weil er kein Geld dafür hat, wollen wir ihn nicht ausgrenzen, sondern versuchen, ihn trotzdem in unserer Gruppe akzeptieren. Wenn jemand angegriffen wird und zu schwach ist, sich zu wehren, wollen wir versuchen, ihm beizustehen und ihn zu beschützen.

Jeder Mensch ist es wert, dass Recht und Gerechtigkeit für ihn gelten. Denn Gott will, dass jeder Mensch lebt und dass er gut leben kann.

LIED 432,1–3

Gott gab uns Atem, damit wir leben (EG)

ABKÜNDIGUNGEN

GEBET

● Pastorin

Herr, unser Gott!
Es ströme das Recht wie Wasser und die Gerechtigkeit wie ein nie versiegender Bach.

So soll es aussehen in deiner Welt. Doch sind wir weit entfernt davon, dass die Verhältnisse in der Welt, in unserer Gesellschaft gerecht und rechtmäßig sind.

Darum bitten wir dich: Wenn Menschen in Armut und Not leben, stelle ihnen Menschen zur Seite, die ihnen helfen, das Notwendige zum Leben zu bekommen.

Wenn Menschen unter Unterdrückung und Gewalt leiden, gib ihnen Menschen, die ihnen helfen, zu ihrem Recht zu kommen und frei und stark genug zu werden, sich zu wehren.

Wenn Menschen ausgenutzt und ausgebeutet werden, gib ihnen Menschen, die ihnen zu einem Leben in Gerechtigkeit und Frieden verhelfen.

Überall in der Welt, aber auch in unserer Gesellschaft und in den Gruppen und Gemeinschaften, in denen wir leben, gibt es Ungerechtigkeit und Unrecht. Wir wollen versuchen, für mehr Gerechtigkeit zu sorgen. Doch manchmal haben wir keine Ideen oder keine Kraft, etwas zu unternehmen. Oder wir trauen uns nicht, aufzustehen, das Unrecht beim Namen zu nennen, zu protestieren, zu handeln. Wir bitten dich, hilf uns, gib uns den Mut und die Kraft für mehr Recht und Gerechtigkeit zu sorgen, stelle uns Menschen an die Seite, die mit uns diesen schwierigen Weg gehen, der zu einer besseren Welt führt.

Wir vertrauen dir und hoffen, dass es irgendwann wahr sein wird: *Es ströme das Recht wie Wasser und die Gerechtigkeit wie ein nie versiegender Bach.* Amen.

Unser Vater

Segen

● Pastorin

Gott, der Herr segne und behüte euch.
Er lasse sein Angesicht leuchten über euch und sei euch gnädig.
Er erhebe sein Angesicht über euch und schenke euch Frieden. Amen.

Lied 171,1–4
Bewahre uns, Gott, behüte uns, Gott (EG)

Orgel

Kaffeetrinken nach dem Gottesdienst mit Gottesdienstnachgespräch

4 *Advent*

Warten auf Weihnachten

Mit der Adventszeit beginnt das neue Kirchenjahr und die Zeit der Vorfreude auf das Weihnachtsfest. In der Jugendgruppe ist dementsprechend Weihnachten das Thema, das die Gespräche bestimmt. In der Gemeinde laufen die Vorbereitungen auf die Weihnachtsfeiern und den Familiengottesdienst am Heiligen Abend, im Konfirmandenunterricht wird die Weihnachtsgeschichte thematisiert. Auch die Jugendgruppe will einen Beitrag zu den Aktivitäten in der Gemeinde einbringen. So entsteht die Idee, einen Adventsgottesdienst zu gestalten.

Die Vorbereitungen

Zunächst stellen wir unseren Gottesdienst unter das Motto: „Warten auf Weihnachten“. Wir sammeln Antworten auf die Frage: Was verbinden wir mit dem Weihnachtsfest?: Geschenke, Familienfest, Kerzenlicht, Wärme, Gemütlichkeit, Zusammensein mit der Familie; Geburt Jesu, Hoffnung auf eine bessere Welt, Frieden und Gerechtigkeit, „Brot für die Welt“; Wünsche für sich persönlich und für andere, Neubeginn.

Die Jugendlichen überlegen, wie ein Adventsgottesdienst besonders schön gefeiert werden kann. Im Vordergrund steht für sie, Gemeinschaft herzustellen und miteinander ins Gespräch zu kommen. Das, was sie mit „Weihnachten“ bzw. der Weihnachtszeit verbinden, soll im Gottesdienst entweder als Gestaltungselement oder in Form von Texten und Liedern vorkommen. Die Gestaltung des Gottesdienstraumes wird entsprechend geplant: Statt der Bänke sollen Tischgruppen aufgestellt werden, an denen die Gottesdienstteilnehmer während des Gottesdienstes zusammen sitzen, singen, miteinander reden sollen. Die Jugendlichen wollen die Tische mit selbstgebackenen Keksen, Getränken und Weintrauben decken, weil so ihrer Meinung nach eine lockerere Gesprächsatmosphäre geschaffen wird („Wir brauchen unbedingt etwas zu essen, dann kann man besser reden!"). Außerdem sollen Kerzen und ein wenig Weihnachtsdekoration auf den Tischen für „Wärme und Gemütlichkeit" sorgen. Auch der Gottesdienstraum wird weihnachtlich geschmückt.

Natürlich darf auch ein Adventskranz nicht fehlen. Einige Jugendliche aus der Gruppe sorgen dafür, dass ihre Eltern sich treffen und einen großen Adventskranz für die Kirche herstellen. Der Kranz wird auf einen Tisch in der Mitte des Raumes aufgestellt.

Das Motto „Warten auf Weihnachten" leitet den Gottesdienst. Wir legen gemeinsam fest, welche Bibeltexte im Gottesdienst gelesen werden. Einige aus der Jugendgruppe formulieren ihre Gedanken zum Advent und zu den Bibeltexten in kleinen Texten, die sie im Gottesdienst vortragen wollen. Andere schreiben Wünsche für sich und ihre Familien und Freunde auf. Hier entstehen sehr persönliche kleine Texte, die ebenfalls im Gottesdienst vorgelesen werden.

Eine dritte Kleingruppe beschäftigt sich mit der Liederauswahl. Es werden Lieder aus dem Gesangbuch ausgesucht und mit dem Organisten abgesprochen.

Ablauf des Gottesdienstes

Orgel

- *Einer der Jugendlichen zündet die Adventskerzen an.*

Begrüssung

- durch einen der Jugendlichen

„Lobet den Herrn, alle Heiden!
Preiset ihn, alle Völker!
Denn seine Gnade und Wahrheit
waltet über uns in Ewigkeit.
Halleluja!“ (Ps 117).

Liebe Gemeinde, wir begrüßen Sie heute zum Gottesdienst, den wir in der Jugendgruppe vorbereitet haben. Wir haben Bibeltexte und Lieder ausgesucht und unsere Gedanken zum Advent formuliert.

● Pastorin

Unser Thema in der Jugendgruppe lautet: Warten auf Weihnachten. Wir haben uns viele Gedanken gemacht, welche Bedeutung für uns die Weihnachtszeit hat. Besonders wichtig waren uns die Stichworte Gemeinschaft, zusammensein und miteinander reden, Wärme und Gemütlichkeit. Deswegen sitzen wir in diesem Adventsgottesdienst an Tischen zusammen, trinken Kaffee, Tee und Saft und essen selbstgebackene Kekse. Und wir wollen miteinander reden, unsere Gedanken austauschen, die wir zum Advent und zu Weihnachten haben.

Abkündigungen

■ von einem der Jugendlichen gelesen

Psalm 92

■ von einem Jugendlichen gelesen

Das ist ein köstlich Ding, dem Herrn danken
und lobsingen deinem Namen, du Höchster,
des Morgens deine Gnade und des Nachts
deine Wahrheit verkündigen
auf dem Psalter mit zehn Saiten,
mit Spielen auf der Harfe.

Denn, Herr, du lässt mich fröhlich singen von deinen Werken,
und ich rühme die Taten deiner Hände.
Herr, wie sind deine Werke so groß!

GEBET

■ von einem der Jugendlichen formuliert und gelesen

Herr, wir danken dir, dass wir hier in der Kirche gemütlich Advent feiern können. Wir hoffen, dass es ein schöner Gottesdienst wird. In diesem Gottesdienst wollen wir unsere Gedanken zum Advent und unsere Freude vor dich bringen.

Wir denken aber auch an Menschen, die jetzt keine Freude in der Adventszeit haben: an Menschen, die im Krieg leiden, an Menschen, die obdachlos sind und an diejenigen, die einsam und traurig sind.

Wir bitten dich, ihnen zu helfen, damit auch sie Advent feiern können und etwas von der Weihnachtsfreude spüren.

LIED 401,1–6
Hosianna! Davids Sohn kommt in Zion eingezogen.
(Evangelisches Kirchengesangbuch, Ausgabe für die Ev.-ref. Kirche in Nordwestdeutschland, Landeskirchlicher Liederteil)

■ *Die Jugendlichen sagen die Lieder an. Während dieses Liedes sammeln zwei Jugendliche die Diakonie-Kollekte ein. Die Kerzen auf den Tischen werden angezündet.)*

LK 1,46–55
■ gelesen von einer Jugendlichen

Marias Lobgesang
Meine Seele erhebt den Herrn, und mein Geist freut sich Gottes, meines Heilandes; denn er hat die Niedrigkeit seiner Magd angesehen. Siehe, von nun an werden mich selig preisen alle Kindeskinder. Denn er hat große Dinge an mir getan, der da mächtig ist und dessen

Name heilig ist. Und seine Barmherzigkeit währt von Geschlecht zu Geschlecht bei denen, die ihn fürchten. Er übt Gewalt mit seinen Arm und zerstreut, die hoffärtig sind in ihres Herzens Sinn. Er stößt die Gewaltigen vom Thron und erhebt die Niedrigen. Die Hungrigen füllt er mit Gütern und lässt die Reichen leer ausgehen. Er gedenkt der Barmherzigkeit und hilft seinem Diener Israel auf, wie er geredet hat zu unseren Vätern, Abraham und seinen Kindern in Ewigkeit.

■ Ein Jugendlicher liest

Maria freut sich. Sie ist schwanger. Bald wird sie ein Kind bekommen. Es wird ein besonderes Kind sein, das hat ihr ein Engel gesagt. Gott wird dieses Kind seinen Sohn nennen. Er wird ihn zum König über das ewige Reich machen. Maria konnte kaum glauben, was der Engel ihr gesagt hatte. Doch nun versteht sie, was dieses Kind für die Menschen bedeutet. Und nun freut sie sich. Alles wird anders werden. Die Niedrigen, die Armen und Unterdrückten, die Rechtlosen werden nicht mehr niedrig sein. Sie werden zu ihrem Recht kommen. Gott wird dafür sorgen. Die Hochmütigen, diejenigen, die Gewalt und Macht ausüben, werden sich nicht mehr einfach über die anderen Menschen hinwegsetzen können. Sie werden von ihrem Thron gestürzt. Gott wird sie in ihre Grenzen verweisen. Die Hungrigen werden nicht mehr hungern. Die Satten werden ihren Besitz teilen müssen. Gott wird für die Menschen sorgen. Das hat er ihnen versprochen. Und sein Versprechen wird er einhalten. Er wird denen helfen, die Hilfe brauchen. Und er wird denen, die meinen, sie sind allein stark und mächtig genug, zeigen, dass auch sie nur Menschen sind wie alle anderen auch, und dass sie sich auf sich allein nicht verlassen können. Und er wird denen, die glauben, dass sie alles für sich allein haben können, zeigen, dass sie mit anderen Menschen zusammenleben müssen und sich um ihre Mitmenschen kümmern müssen. Und das alles wird durch Jesus geschehen, durch den Sohn der Maria, den Gott seinen Sohn nennen wird.

■ Ein zweiter Jugendlicher liest

Maria freut sich. Und sie verbindet große Hoffnungen mit der Geburt ihres Sohnes Jesus, des Heilands. Das sind Hoffnungen, die viele Menschen zu der Zeit hatten. Hoffnungen, von denen wir in der Bibel lesen können. Sind das auch unsere Hoffnungen? Haben wir solche Gedanken, wenn wir auf Weihnachten warten und uns auf das Fest vorbereiten?

■ Ein dritter Jugendlicher liest

Wenn ich an Weihnachten denke, freue ich mich auf ein schönes Fest. In der Adventszeit ist es zumindest an den Sonntag gemütlich zuhause, Kerzen werden angezündet, Kekse und Kuchen werden gebacken. Alle sind gespannt auf die Geschenke, die sie am Heiligen Abend bekommen werden. Viele Einkäufe müssen noch erledigt werden, Geschenke müssen eingepackt werden.

■ Ein vierter Jugendlicher liest

Wenn ich an Weihnachten denke, denke ich schon manchmal an Leute, die es in dieser Zeit nicht so schön haben, Leute, die auf der Straße leben oder zuhause allein sind. Oder Leute, die über Weihnachten im Krankenhaus oder in Heimen sind. Das finde ich sehr traurig, und ich bin froh, dass wir es uns zuhause immer ganz gemütlich machen und zusammen sind.

■ Ein fünfter Jugendlicher liest

Ich frage mich, ob Weihnachten heute noch etwas verändern kann. Wenn ich höre, was Maria in ihrem Lobgesang sagt, dann müsste sich doch etwas verändern in unserer Gesellschaft. Aber ich glaube, die Leute denken darüber zu wenig nach. Die Meisten sind mit sich beschäftigt. Da bleibt wenig Zeit für andere oder gar Fremde.

■ Der erste Jugendliche liest

Maria freut sich. Sie glaubt, mit ihrem Kind wird sich alles ändern, alles besser werden. Sie hat die Hoffnung, dass Gott mit Jesus die Welt gerechter machen wird. Sie jubelt: *Meine Seele erhebt den Herrn, und mein Geist freut sich Gottes, meines Heilandes.*

LIED 17,1–4
Wir sagen euch an den lieben Advent (EG)

EINFÜHRUNG ZUM GESPRÄCH

● Pastorin

Liebe Gemeinde, wir haben die Gedanken der Jugendlichen zum Advent gehört. Jetzt möchten wir mit Ihnen darüber sprechen. Wie erleben Sie die Adventszeit? Glauben Sie, dass Weihnachten heute keine Veränderung mehr bewirken kann, wie N.N. vermutet? Oder gibt es heute noch Grund für die Hoffnung, von der Maria spricht?

GEMEINDEGESPRÄCH

LIED 538,1–4
Tragt in die Welt nun ein Licht (EG, Landeskirchlicher Liederteil, oder: Menschenskinderlieder, [14]1993, Nr. 132)

FÜRBITTE

■ von den Jugendlichen im Wechsel gelesen

Herr, unser Gott, wir warten auf Weihnachten, mit Freude und Spannung. Es soll ein schönes Fest werden. Doch wir wissen, dass in dieser Zeit nicht alle Menschen in

Frieden leben können. Krieg und Gewalt bedrohen ihr Leben. Viele Menschen leiden an Hunger oder an schlimmen Krankheiten. Viele Menschen werden unterdrückt und verfolgt.

Auch bei uns leiden Menschen an Krankheit, Einsamkeit und Armut. Auch bei uns gibt es Menschen, die alleingelassen werden, um die sich niemand kümmert.

Weihnachten ist das Fest der Geburt deines Sohnes Jesus. Mit ihm sollte alles anders werden. Gott, wir bitten dich, zeige uns einen Weg, wie wir helfen können, wo unsere Hilfe nötig ist. Gib uns den Mut, auf Menschen zuzugehen und ihnen ein Stück aus ihrer Einsamkeit herauszuhelfen.

Gib den Menschen, die Schutz und Hilfe brauchen, deinen Segen und begleite sie. Lass sie nicht allein. Gib ihnen Menschen, die sich um sie kümmern.

Für uns alle bitten wir um deinen Segen, der uns auf unserem Weg beschützen und begleiten möge. In dieser Hoffnung beten wir zu dir:

UNSER VATER

SEGEN

● Pastorin

Gott, der Herr, segne und behüte euch.
Er lasse sein Angesicht leuchten über euch
und sei euch gnädig.
Er erhebe sein Angesicht über euch und
schenke euch Frieden. Amen.

LIED 52,1–6
Wisst ihr noch, wie es geschehen? (EG)

ORGEL

5 *Die Emmaus-Jünger*

Der Weg zum Osterfest

Ostern ist das höchste Fest der Christenheit. Zugleich ist es für uns heute das schwierigste. Auferstehung – der Begriff erscheint abstrakt, realitätsfern, utopisch, unmöglich. Das gilt nicht nur für Kinder und Jugendliche. Auch die Erwachsenen haben ihre Schwierigkeiten mit dem Auferstehungsgeschehen. Wir versuchen, Erklärungen zu finden – symbolhafte Deutungen, psychologisch zu erklärendes Erlebnis, Glaubenserlebnis, das uns heute fremd ist. Alle Erklärungsversuche bleiben unzulänglich und unbefriedigend. Der Zugang zu dem Ostergeschehen bleibt schwierig und scheinbar unvermittelbar. Wir ziehen uns zurück auf die einfachen und unkomplizierten Möglichkeiten, mit dem Fest umzugehen – auf unsere Osterbräuche. Der Kirchgang gehört vielleicht für viele Menschen zur Tradition, doch die Osterfreude, das „Er ist wahrhaftig auferstanden" erreicht uns in unserem Innersten nicht.

Den Jugendlichen der Jugendgruppe ging es ähnlich. Auf ihre Frage, warum wir Ostern feiern, fanden sie keine zufriedenstellende Antwort. Wenn aber das Fest für die Christenheit so wichtig sei, müsse die Antwort auf diese Frage entsprechend bedeutsam sein. So lautete die Vermutung der Jugendlichen, und wir entschieden uns, der Sache nachzugehen und einen eigenen, unseren Zugang zu dem Fest zu suchen. Im Verlaufe unserer Suche und unserer Gespräche stellten wir fest, dass die Antwort auf die Frage nach dem Sinn des Osterfestes nicht nur für die Jugendlichen, sondern auch für andere Menschen offen bleibt, bzw. schwierig ist. Einen Gottesdienst zum Osterfest, der diese Frage aufnimmt und behandelt, selbst zu veranstalten, lag da für uns nahe.

Die Vorbereitungen

Die Pastorin schlägt vor, als „Predigttext“ für den Gottesdienst und auch für die Vorbereitung die Geschichte der Emmaus-Jünger (Lk 24,13–35) zu nehmen. Aus diesem Text ergibt sich das Motto unserer Vorbereitungen: „Auf dem Weg zum Osterfest“.

1. Schritt: Gedanken sammeln und schriftlich festhalten – Wenn ich an Ostern denke …

Stichwörter: Osterhasen, Ostereier, Geschenke, Osterbrot, Frühling, Familienfest, Osterferien, Jesus, Kerzen, Auferstehung, Tod und ein Leben danach, ein fröhliches Fest, „Frohe Ostern“, Ostergeschichten aus der Bibel, Kirche, den Sonntag davor (Palmsonntag), Karwoche und Karfreitag …

2. Schritt: Welche Gedanken sind für unseren Zugang zum Osterfest wichtig?

Einige Notizen der Jugendlichen: ein fröhliches Fest, dass „Trauer sich in Freude verwandelt“, dass trotz vieler ungeklärter Fragen die Hoffnung wiederkommt, der Weg der Jünger, die Begleitung der Jünger durch Jesus, Auferstehung …

3. Schritt: Wie führen wir diese Gedanken weiter?

Das Ostergeschehen und die Ereignisse um Karfreitag herum vergegenwärtigen, sich in die Situation der Jünger hineinversetzen …

4. Schritt: Wie bringen wir diese Gedanken in den Gottesdienst ein?

Die biblische Erzählung über die Emmaus-Jünger im Gottesdienst erzählen und die Gedanken der Jugendlichen dazu formulieren …

5. Schritt: Wie stellen wir unseren Weg dar?

Unsere Fragen und Antwortversuche formulieren, offen gebliebene Fragen und Zweifel benennen, das Gespräch mit den Gottesdienstteilnehmern suchen …

6. Schritt: Innehalten – Sind wir weitergekommen?

Welche Ergebnisse haben wir? Welche Fragen bleiben offen? Was machen wir mit den offenen Fragen?

7. Schritt: Gestaltung des Gottesdienstes

Texte sammeln und formulieren, Ideen zur Form des Gottesdienstes und der einzelnen Elemente sammeln, Lieder aussuchen.

Die Jugendlichen wollen den Gottesdienstteilnehmern auch etwas Österliches mitgeben: kleine selbstgebackene Osterbrote, die am Ausgang verteilt werden sollten (denkbar sind auch Osterglocken, Osterkerzen …).

Der letzte Schritt auf unserem Weg zum Osterfest: Der Gottesdienst.

Vieles bleibt offen. Wir wollen im Gottesdienst unsere Gedanken mitteilen und diskutieren. Wir wollen nicht nur unsere Antworten, sondern auch unsere Fragen mitteilen. Der Gottesdienst wird so gestaltet, dass Platz ist für Fragen, Gespräche, Antworten, Widerspruch, Offenes. Trotzdem – oder besser: Genauso wollen wir Ostern feiern und etwas von der Hoffnung und Freude der Emmaus-Jünger erleben: ein frohes Osterfest, das uns auf unserem Weg viele Schritte voranbringen kann.

Ablauf des Gottesdienstes

ORGEL

Eingang: Der Ostergruss

● Pastorin

Der Herr ist auferstanden.
Er ist wahrhaftig auferstanden.

Liebe Gemeinde, mit diesem Ostergruß begrüße ich Sie herzlich zu unserem Ostergottesdienst. Die Jugendgruppe hat diesen Gottesdienst vorbereitet und ihn unter den Leitgedanken: „Auf dem Weg zum Osterfest" gestellt. Das soll bedeuten: Wir haben Ostern viele Fragen, wenige Antworten, einige Zweifel und nicht wenig Hoffnung. Wir sind unterwegs, um langsam, Schritt für Schritt, ein bisschen besser zu verstehen, was wir feiern, wenn wir Ostern feiern. Lassen Sie uns gemeinsam diesen Weg gehen und diesen Gottesdienst feiern im Namen des Herrn, der Himmel und Erde geschaffen hat, der Wort und Treue hält ewiglich und nicht preisgibt das Werk seiner Hände. Amen.

Lied 116,1–3
Er ist erstanden, Halleluja! (EG)

Psalm 103,1–13
● Pastorin liest im Wechsel mit der Gemeinde

Lied 116,4–5

Lesung
Die Emmaus-Jünger, 1. Teil: Lk 24,13–14
Und siehe, zwei von ihnen gingen an demselben Tage in ein Dorf, das war von Jerusalem etwa zwei Wegstunden entfernt, dessen Name ist Emmaus. Und sie redeten miteinander von allen diesen Geschichten.

■ Die Jugendlichen erzählen

Was war geschehen? Die Jünger verlassen Jerusalem. Es ist der Tag nach dem Begräbnis Jesu. Alles ist vorbei,

Jesus ist tot, am Kreuz gestorben, hingerichtet. Die Jünger müssen nun aufpassen, dass sie nicht auch Opfer der Verfolgung werden. Sie verlassen Jerusalem. Auf dem Weg bereden sie alles miteinander. Ihre Erlebnisse, alles was sie gesehen und gehört haben, das müssen sie verarbeiten, darüber müssen sie sprechen, es loswerden. Sicher sind sie traurig gewesen, auch verunsichert, weil sie nicht wussten, wie es mit ihnen jetzt weitergehen sollte. Und wahrscheinlich waren sie auch verunsichert darüber, ob sie das, was Jesus ihnen gepredigt und gesagt hatte, überhaupt noch glauben sollten.

LESUNG

Die Emmaus-Jünger, 2. Teil: Lk 24,15–24

Und es geschah, als sie so redeten und sich miteinander besprachen, da nahte sich Jesus selbst und ging mit ihnen. Aber ihre Augen wurden gehalten, dass sie ihn nicht erkannten. Er aber sprach zu ihnen: Was sind das für Dinge, die ihr miteinander verhandelt unterwegs? Da blieben sie traurig stehen. Und der ein, mit Namen Kleophas, antwortete und sprach zu ihm: Bist du der Einzige unter den Fremden in Jerusalem, der nicht weiß, was in diesen Tagen dort geschehen ist? Und er sprach zu ihnen: Was denn? Sie aber sprachen zu ihm: Das mit Jesus von Nazareth, der ein Prophet war, mächtig in Taten und Worten vor Gott und allem Volk; wie ihn unsere Hohenpriester und Oberen zur Todesstrafe überantwortet und gekreuzigt haben. Wir aber hofften, er sei es, der Israel erlösen werde. Und über all das ist heute der dritte Tag, das dies geschehen ist. Auch haben uns erschreckt einige Frauen aus unserer Mitte, die sind früh bei dem Grab gewesen, haben seinen Leib nicht gefunden, kommen und sagen, sie haben eine Erscheinung von Engeln gesehen, die sagen, er lebe. Und einige von uns gingen hin zum Grab und fanden es so, wie die Frauen sagten; aber ihn sahen sie nicht.

■ Die Jugendlichen fragen

Ist nicht alles vorbei? Der Tod – das Ende? Jesus ist tot. Er war mächtig, aber seine Widersacher waren offensichtlich mächtiger. Sie haben ihn zum Tode verurteilt und gekreuzigt. Er sollte der Messias sein, der Erlöser. Die Jünger verbanden große Hoffnungen mit Jesus. Die sind nun mit Jesus gestorben. Ihre ganze Hoffnung, ihr Glaube, ihr Vertrauen zu Jesus, ihr ganzes Leben, das sich mit Jesus verändert hatte und einen neuen Sinn bekommen hatte, das alles ist nun zuende, ungültig geworden. Und dann kommen da die Frauen und erzählen etwas von Engeln, und dass das Grab Jesu leer sei und Jesus lebe. Das können die beiden Jünger nicht mehr glauben. Ihre Trauer über den Tod Jesu und über den Verlust ihrer Hoffnungen ist so groß, dass sie den Frauen nicht mehr glauben können.

LESUNG

Die Emmaus-Jünger, 3. Teil: Lk 24,25–29

Und Jesus sprach zu ihnen: o ihr Toren, zu trägen Herzens, all dem zu glauben, was die Propheten geredet haben! Musste nicht Christus dies erleiden und in seine Herrlichkeit eingehen? Und er fing an bei Mose und allen Propheten und legte ihnen aus, was in der ganzen Schrift von ihm gesagt war. Und sie kamen nahe an das Dorf, wo sie hingingen. Und er stellte sich, als wollte er weitergehen. Und sie nötigten ihn und sprachen: Bleibe bei uns; denn es will Abend werden, und der Tag hat sich geneigt. Und er ging hinein, bei ihnen zu bleiben.

■ Die Jugendlichen fragen weiter

Die Zweifel sind noch nicht ausgeräumt. Die Jünger hören dem Mann zu, der sie auf ihrem Weg nach Emmaus begleitet. Er hatte ihnen zugehört, wie sie ihm ihre Sicht der Geschehnisse in Jerusalem geschildert haben. Nun will er ihnen erklären: Alles musste so geschehen, schon die Schrift weist darauf hin. Der Tod

Jesu hat einen Sinn. Und sein Tod ist nicht das Ende. Jesus lebt, die Frauen haben recht. Aber die Jünger scheinen noch nicht überzeugt zu sein. Sie fühlen sich zwar schon ein wenig getröstet von diesem Mann, aber sie können anscheinend nicht an den Sinn dieser ganzen Ereignisse glauben. Sie wollen nicht, dass der Mann weitergeht, als sie in Emmaus angekommen sind. Sie wollen, dass er bei ihnen bleibt. Vielleicht soll er ihnen alles noch weiter erklären, noch deutlicher machen. Der Mann bleibt bei ihnen.

LESUNG

Die Emmaus-Jünger, 4. Teil: Lk 24,30–35

Und es geschah, als er mit ihnen zu Tisch saß, nahm er das Brot, dankte, brach es und gab es ihnen. Da wurden ihnen die Augen geöffnet, und sie erkannten ihn. Und er verschwand vor ihnen. Und sie sprachen untereinander: Brannte nicht unser Herz in uns, als er mit uns redete auf dem Wege und uns die Schrift öffnete? Und sie standen auf zu derselben Stunde, kehrten zurück nach Jerusalem und fanden die Elf versammelt und die bei ihnen waren; die sprachen: Der Herr ist wahrhaftig auferstanden und Simon erschienen. Und sie erzählten ihnen, was auf dem Wege geschehen war und wie er von ihnen erkannt wurde, als er das Brot brach.

■ Die Jugendlichen erzählen

Was ist geschehen? Die beiden Männer laufen nach Jerusalem zurück, zurück zu den anderen Jüngern. Sie sind ganz aufgeregt. Sie haben Jesus gesehen. Sie haben ihn erkannt in dem Mann, der mit ihnen gegangen war, der ihnen zugehört hatte, der ihnen alles erklärt hatte und den sie trotzdem nicht verstanden hatten. Sie haben Jesus gesehen, als er mit ihnen am Tisch gesessen hatte und ihnen das Brot gebrochen und gegeben hatte. Da hatten sie ihn erkannt. Und als sie ihn erkannt hatten, verschwand er wieder. Doch sie sind nicht traurig, sie sind nun getröstet. Sie sind froh, dass nun doch nicht alles vorbei ist. Ihre Hoffnungen, die sie in Jesus gesetzt hatten, sind jetzt doch nicht vergebens.

LIED 9

Du verwandelst meine Trauer in Freude
(Menschenskinderlieder, [14]1993)

EINFÜHRUNG IN DAS GESPRÄCH

● Pastorin

Liebe Gemeinde, die Jugendlichen haben sich mit dieser Geschichte der Jünger, die nach Emmaus unterwegs sind, auseinandergesetzt. Sie sind gewissermaßen deren Weg mitgegangen, den Weg der Zweifel, der Fragen, auf die keine Antworten zu finden sind, den Weg der Trauer auch, des Gefühls, dass alles zuende ist. Sie haben auch gesehen, wie die Jünger getröstet wurden, welches Wunder sie erlebten: Der Herr ist wahrhaftig auferstanden! Und genau hier sind wir auf unserem Weg zum Osterfest stehen geblieben. Einigen Jugendlichen erschien diese Geschichte zu phantastisch. Andere hatten die Vermutung, dass hier etwas erzählt wird, um die Gemeinde Jesu zu trösten. Sonst wäre es mit der Bewegung, die Jesus in Gang gesetzt hat, ja nicht weiter gegangen. Immerhin gab es auch einige, die diese Ereignisse für möglich hielten. Fragen blieben offen: Wie ist das mit der Auferstehung zu verstehen? Wie ist das mit der Hoffnung auf Erlösung? Und wie kam es, dass die Jünger Jesu tatsächlich weitermachten? Diese und sicher noch weitere Fragen können wir nicht erschöpfend in diesem Gottesdienst klären. Wir wollen auch gar keine abschließenden Antworten, wir wollen mit Ihnen weiter über diese Fragen nachdenken und sprechen, um auf unserem Weg zum Osterfest ein Stück weiter zu kommen.

GESPRÄCH

GEBET

● Pastorin

Herr, unser Gott, wir können das Osterwunder gar nicht fassen. Wenn wir ein Stückchen davon begreifen wollen, entschwindet es uns wieder wie der Auferstandene vor den Augen der Jünger in Emmaus. Und doch wollen wir an unseren Hoffnungen und unserem Glauben an den Auferstandenen festhalten. Darum lass uns Anteil nehmen an der Freude der Jünger, die erkannten: Der Herr ist wahrhaftig auferstanden. Amen.

LIED 100,1–5
Wir wollen alle fröhlich sein (EG)

ABKÜNDIGUNGEN

FÜRBITTE

● Pastorin

Herr, unser Gott! Es fällt uns oft schwer, die Erinnerung an das Osterwunder wach zu halten, angesichts der Hektik unseres Alltags, all der Dinge, die immer zu erledigen sind, all der Zeit, die wir immer nicht haben. Es fällt schwer, an die Verheißung der Erlösung zu glauben, die du mit dem Osterwunder bekräftigt hast. Denn wir sehen Menschen, die krank sind, die einsam und allein sind, wir sehen Menschen, die unter ihrer Armut leiden. Wir erfahren täglich von Menschen, die Opfer von Krieg und Gewalt oder von Naturkatastrophen werden. Wir erfahren von Tieren, die gequält werden, von Tiere- und Pflanzenarten, die vom Aussterben bedroht sind und Opfer der Umweltverschmutzung werden. Eine unerlöste Welt.

Herr, unser Gott, wir bitten dich für deine unerlöste Welt um Erlösung. Befreie sie von Unfrieden und Leiden. Befreie sie von Gewalt, Hass und Tod. Befreie sie von Habsucht und Neid, von Armut und Ungerechtigkeit. Befreie sie von Gleichgültigkeit, von Mutlosigkeit und Tatenlosigkeit.

Befreie uns vom Unglauben, hilf uns zum Glauben, dass durch das Osterwunder, durch Jesus Christus für deine Welt die Erlösung schon da ist. Gib uns die Kraft des Glaubens, zu tun, was zu tun ist. Gib uns den Mut des Glaubens, aufeinander zuzugehen und miteinander zu leben als eine Gemeinschaft in deinem Geist der Erlösung. Amen.

UNSER VATER

SEGEN

● Pastorin

Gott, der Herr segne und behüte euch.
Er lasse sein Angesicht leuchten über euch und sei euch gnädig.
Er erhebe sein Angesicht über euch und schenke euch Frieden. Amen.

LIED 425,1–3
Gib uns Frieden jeden Tag (EG)

ORGEL

Am Ausgang verteilen die Jugendlichen kleine Osterbrötchen an die Gottesdienstteilnehmer.

6 *Taufe*

Ich habe dich bei deinem Namen gerufen

Anlass für diesen Taufgottesdienst ist die Taufe eines Jugendlichen aus der Konfirmandengruppe. Im Konfirmandenunterricht wird das Thema „Taufe" durchgenommen, indem Texte aus dem Heidelberger Katechismus und aus dem Neuen Testament besprochen werden und über die Bedeutung der Taufe gesprochen wird. Auch die Taufpraxis, die Taufe als Bekenntnisakt, die Taufe als Zeichenhandlung und die Bedeutung des Wassers als Symbol werden thematisiert. Der Taufgottesdienst wird als Abschluss der Unterrichtseinheit von einer Gruppe von Konfirmanden vorbereitet. Dabei steht die Individualität im Vordergrund: Die Taufe als Zeichen des persönlichen Bekenntnisses zum christlichen Glauben und als Zeichen der Zusage Gottes an den einzelnen Menschen, an „mich persönlich": *Ich habe dich bei deinem Namen gerufen* (Jes. 43,1).

Die Vorbereitungen

Die Vorbereitungsgruppe entwirft eine „Taufurkunde": Sie schreiben auf eine DIN-A2-Tonpappe den Taufspruch, Gedanken zum Taufspruch und Wünsche für den Täufling und gestalten diese Urkunde mit Farben und Bildern. Den Taufspruch hat der Täufling sich selbst ausgesucht. Kurze Texte, die Konfirmandenunterricht entstanden sind, werden für den Gottesdienst ausgesucht. Gemeinsam mit der Pastorin werden der Gottesdienstablauf festgelegt und die Lieder ausgesucht. Für den Eingangs-/Begrüßungsteil des Gottesdienstes entwickeln die Jugendlichen ein kleines Rollenspiel.

Material

Tonpappe Größe DIN-A4
Farben und Dinge zum Verzieren der „Taufurkunde"

Ablauf des Gottesdienstes

ORGEL

EINGANG/BEGRÜSSUNG/VORSTELLUNG DES TÄUFLINGS

- Pastorin

  Unser Anfang und unsere Hilfe stehen im Namen des Herrn, der Himmel und Erde geschaffen hat, der Wort und Treue hält ewiglich und nicht preisgibt das Werk seiner Hände.

  Liebe Gemeinde, ich begrüße Sie zu unserem heutigen Gottesdienst. Und ich begrüße heute N.N. und seine Familie. N.N. wird heute getauft. Deswegen haben wir im Konfirmandenunterricht, an dem er auch teilnimmt, diesen Gottesdienst vorbereitet. Und darum begrüße ich auch die Konfirmanden *(mit Namen),* die gleich im Gottesdienst einiges beizutragen haben.

- Zwei Jugendliche zeigen ein kurzes Rollenspiel

  A.: Hast du gehört? Der N.N. ist jetzt in der Kirche! Der will sich taufen lassen.
  B.: Bist du verrückt? Warum das denn?
  A.: Ich weiß auch nicht so genau. Der geht ja auch zum Konfus. Vielleicht muss man da ja getauft sein.

B.: Ja, ich glaube auch. Aber warum geht der eigentlich zum Konfus, wegen der Kohle? (lacht)
A.: Na, ich weiß nicht, der N.N. meinte ja neulich, weil's ihn interessiert!
B.: Waas, das gibt es nicht!
A.: Tja, da guckst du!
B.: Genau, lass uns mal hingehen und gucken.

LIED 456
Vom Aufgang der Sonne (EG)

PSALM 119,103–106

■ Jugendlicher

Dein Wort ist in meinem Munde süßer als Honig. Dein Wort macht mich klug; darum hasse ich alle falschen Wege. Dein Wort ist meines Fußes Leuchte und ein Licht auf meinem Wege. Ich schwöre und will es halten: Die Ordnungen deiner Gerechtigkeit will ich bewahren.

GEBET

■ Jugendlicher

Herr, unser Gott, wir sind heute zum Gottesdienst versammelt, um dein Wort zu hören. Wir wünschen uns, dass du bei uns bist und dass du mit deinem Segen bei N.N. bist, wenn er gleich getauft wird. Amen.

TAUFE nach der Gemeindeliturgie
● Pastorin

■ Überreichung der „Taufurkunde" der Jugendlichen

LIED 596,1–3
Kind, du bist uns anvertraut
(EG, Landeskirchlicher Liederteil, oder: Menschenskinderlieder, [14]1993, Nr. 89)

● Pastorin

■ Jugendliche lesen ihre Texte im Predigtteil

Liebe Gemeinde, bei der Taufe eben haben wir den Taufspruch gehört, den N.N. sich ausgesucht hat. Es ist aus dem 119. Psalm der Vers 105: *Dein Wort ist meines Fußes Leuchte und ein Licht auf meinem Wege.* Der 119. Psalm handelt von einem Menschen, der für sich eine Orientierung gefunden hat: Das Wort Gottes. Er spricht davon, dass er sich an Gottes Gebote und Gesetze halten will. Gott gibt ihm den Halt, den er für sein Leben braucht. Gott zeigt ihm den Weg, auf dem er durch sein Leben gehen kann. Dabei ist dieser Weg nicht ohne Hindernisse und Hürden. Es begegnen ihm auf seinem Weg nicht nur Freunde und Menschen, die es gut mit ihm meinen. Er erlebt auch, dass Menschen ihn bedrohen, ihm feindlich gesinnt sind, er erlebt, dass Menschen ihm mit Unverständnis oder Spott und Hohn begegnen. Und doch ist seine Erfahrung: Gott bietet ihm Orientierung, weist ihm die richtige Richtung. Andere Orientierungsangebote führen in die Irre. Und ohne Wegweiser kann er sich nur verlaufen.

■ 1. Jugendlicher
Wir wünschen dir, lieber N.N., dass du in deinem Leben nicht in die Irre gehst. Wir wünschen dir, dass du immer Menschen hast, die dich unterstützen und dir helfen, wenn du Hilfe brauchst, deine Familie, deine Freunde, Menschen, die es gut mit dir meinen.

● Pastorin
Dein Wort ist meines Fußes Leuchte und ein Licht auf meinem Wege. Der Mensch, der hier spricht, kennt Zeiten, in denen es ihm schlecht geht, in denen er nicht weiß, wie es weitergehen soll. Er kennt Zeiten, in denen er sich allein fühlt, vielleicht auch Zeiten der Krankheit oder der Ohnmacht angesichts der Unge-

rechtigkeit, mit der andere Menschen ihn behandeln. Zeiten der Ausweglosigkeit und Hilflosigkeit, Zeiten der Dunkelheit. Auch wenn er im Grunde seines Herzens weiß, dass Gott ihn auf seinem Weg durch das Leben begleitet, können solche Zeiten der Dunkelheit zur Verzweiflung führen. Und doch wird er sich dann wohl daran erinnern, dass Gott versprochen hat, ihn nicht zu verlassen, ihn zu schützen und zu führen. Wie ein Licht in der Dunkelheit den Weg ausleuchtet, weist Gott ihn auf seinen Weg hin, zeigt ihm die Richtung.

■ 2. Jugendlicher
Lieber N.N., wir wünschen dir keine dunklen Zeiten. Aber es wird dir trotzdem passieren, dass du mal nicht mehr weiter weißt, dass du traurig bist, dass du Schlimmes erlebst. Dann mögen Menschen bei dir sein, die dir helfen und dich trösten. Und wir wünschen dir, dass du dich dann erinnerst, dass Gott dir versprochen hat, bei dir zu sein und dich zu begleiten und zu beschützen. Und wir wünschen dir, dass du dich nicht in die Irre leiten lässt, sondern, dem Licht folgst.

● Pastorin
Dein Wort ist meines Fußes Leuchte und ein Licht auf meinem Wege. Die Bibel ist kein Buch mit Patentrezepten für ein gelungenes und glückliches Leben. Was wir dort aber lesen können, ist die Geschichte Gottes mit den Menschen. Und die ist vor allem eine Geschichte des Gottes, der den Menschen immer wieder zusagt: Ich bin bei euch, und ich bleibe bei euch. Und Gott handelt in diesen Geschichten auch entsprechend: Er führt die Menschen heraus aus ihrem Unglück und aus ihrer Unfreiheit. Sein Wort bedeutet Freiheit, Freiheit von falschen Versprechungen, von Sklaverei und unglücksseligen Bindungen, auch Freiheit von Selbstsucht und Missgunst. Sein Wort befreit uns auch von dem Druck, immer alles selbst in die Hand nehmen zu müssen, immer alles selbst wissen zu müssen. Wir er-

leben es ja oft genug in unserem Leben: Auf uns und unsere eigene Kraft können wir uns nicht immer verlassen. Und auf unsere Mitmenschen können wir uns zwar oft, aber nicht immer verlassen. Da ist es eine Befreiung, wenn jemand sagt: Ich bin bei dir, ich lasse dich nicht allein, ich zeige dir einen Weg heraus. Die Taufe ist ein Zeichen, mit dem wir uns diese Zusage Gottes vergegenwärtigen. Darum feiern wir auch diesen Taufgottesdienst. Ich wünsche dir, lieber N.N., dass dein Leben dir gelingt, weil Gott dir versprochen hat, bei dir zu sein. Ich wünsche dir viele gute Freunde und Menschen die es gut mit dir meinen, ich wünsche dir auf deinem Lebensweg möglichst wenig Dunkelheit und viel Licht. *Dein Wort ist meines Fußes Leuchte und ein Licht auf meinem Wege.* Amen.

LIED 408,1–6
Meinem Gott gehört die Welt (EG)

ABKÜNDIGUNGEN (Presbyter)

FÜRBITTE

● Pastorin und Jugendliche

Herr, unser Gott, wir bitten dich für N.N.: Begleite und beschütze ihn auf seinem Lebensweg, halte Böses und Dunkles fern von ihm und gib ihm Frieden und Glück.

Wir bitten dich für seine Familie: Gib ihnen die Kraft, ihren Sohn auch in schwierigen Tagen zu begleiten und ihm zu helfen, seinen Weg zu finden.

Wir bitten dich für Menschen, die Krieg und Gewalt erleben müssen: Sei ihnen Schutz in ihrer dunklen Zeit schenke ihnen deinen Frieden.

Wir bitten dich für Menschen, die krank sind: Gib ihnen Kraft, ihre schwierige Zeit durchzustehen und sei ihnen ein Licht der Hoffnung.

Wir bitten dich für Menschen, die in Armut leben: Gib ihnen Mitmenschen, die ihnen helfen und sie unterstützen.

Wir bitten dich: Gib uns den Mut und die Zuversicht, dass du für uns das Licht auf dem Lebensweg bist, dass du uns den richtigen Weg weist durch dunkle und durch helle Zeiten. Wir bitten dich:

UNSER VATER

SEGEN

● Pastorin

Der Herr behütet dich; der Herr ist dein Schatten über deiner rechten Hand, dass dich des Tages die Sonne nicht steche noch der Mond des Nachts. Der Herr behüte dich vor allem Übel, er behüte deine Seele. Der Herr behüte deinen Ausgang und Eingang von nun an bis in alle Ewigkeit. Amen. (Ps 121,5–8)

LIED 42,1–4
Du bist da, wo Menschen leben
(Menschenskinderlieder, [14]1993)

ORGEL

7 *Abendmahl*

Wir feiern unsere Gemeinschaft

Anlass für diesen Gottesdienst war ein Abendmahlsgottesdienst in der Gemeinde, an dem Jugendliche aus der Jugendgruppe teilgenommen hatten. Dieser Gottesdienst wirft bei ihnen einige Fragen auf. In der Jugendgruppe wird das Thema „Abendmahl" aufgegriffen und behandelt. Die Jugendlichen diskutieren über die Bedeutung und die Form des Abendmahls. Schon konfirmierte Jugendliche aus der Gruppe können aus ihrer Konfirmandenzeit einiges zur Diskussion beitragen. Texte aus dem Heidelberger Katechismus und aus dem Neuen Testament werden gelesen und besprochen. Dabei steht der Gedanke der Gemeinschaft für die Jugendlichen im Vordergrund. Nach ihrem Empfinden widerspricht die Form des Abendmahls, wie sie sie im Gottesdienst erlebt haben, dem Gemeinschaftsgedanken. Die Jugendlichen entschließen sich, einen Gottesdienst für Jugendliche zu gestalten, in dem das Abendmahl im Zentrum steht und von der Form her die Gemeinschaft deutlich macht.

Die Vorbereitungen

Die Jugendlichen wollen einen Abendmahlsgottesdienst für Jugendliche als Wochenschlussandacht an einem Samstagabend veranstalten. Die Pastorin erklärt sich dazu bereit, mit der Gemeindeleitung darüber zu sprechen und diesen Gottesdienst mit den Jugendlichen vorzubereiten und zu feiern. In der Jugendgruppe wird der Termin festgelegt und Einladungen an die Konfirmandengruppen, die letzten zwei Konfirmierten-Jahrgänge, die Jungengruppe, die Mädchengruppe und die Kindergottesdiensthelfer geschrieben.

Die Abendmahlsgeschichte aus dem Neuen Testament soll im Gottesdienst gelesen werden. Die Jugendlichen halten ihre Gedanken zu dem Text schriftlich fest, um sie im Gottesdienst vorzulesen. Sie verfassen ein Fürbittengebet. Schließlich suchen sie die Lieder für den Gottesdienst aus.

Das Abendmahl findet „am Tisch" statt. Im Gottesdienstraum werden Tische zu einer langen Tafel aufgestellt, auf der roter Traubensaft in großen Krügen und Brot stehen und die für ein anschließendes Abendbrot eingedeckt ist. Dafür kaufen die Jugendlichen die Zutaten vorher entsprechend ein. Das Abendmahl wird mit Einzelkelchen bzw. Gläsern gereicht.

Material

Roter Traubensaft, Fladenbrot für das Abendmahl
Brot, Aufschnitt, Käse, Butter usw. für das Abendbrot

Ablauf des Gottesdienstes

MUSIK

(entweder von einem CD-Spieler oder ähnlichem, oder von jemandem, der ein Instrument – Gitarre, Klavier, Querflöte – gut spielen kann)

EINGANG/BEGRÜSSUNG

durch die Pastorin oder einer Jugendlichen

Kerzen werden angezündet

Wir begrüßen euch zu unserem Gottesdienst. Heute Abend wollen wir mit euch zusammen das Abendmahl feiern und anschließend mit euch Abendbrot essen. Die Jugendgruppe hat diesen Gottesdienst vorbereitet. Wir freuen uns auf einen schönen Abend mit euch. Wir feiern diesen Gottesdienst im Namen Gottes. Gott ist die Fülle unseres Lebens. Jesus Christus leuchtet uns auf dem Weg. Gottes Geist begleitet und stärkt uns. Amen.

PSALM 145,1–8

● Pastorin liest im Wechsel mit der Gemeinde

LIED (*wenn möglich, mit Begleitung*) 168,1–3
Du hast uns, Herr gerufen (EG)

LESUNG LK 22,7–20

■ Jugendlicher

Gedanken zum Abendmahl (1. Jugendlicher)
Wir sitzen hier an einer großen Tafel zusammen, wie die Jünger mit Jesus in der Geschichte, die wir eben gehört haben. Die Jünger ahnen wahrscheinlich schon, dass es das letzte Mal sein wird, dass sie zusammen sein, miteinander sitzen, essen und reden können wie jetzt. Sicherlich war da keine fröhliche Stimmung. Ich stelle mir vor, dass sie eher ziemlich bedrückt gewesen sind. Schließlich haben sie ja schon die letzte Zeit erlebt, dass ihre Gegner sie verfolgt und bedroht haben. Jesus hat ihnen schon angekündigt, dass er sterben wird. Und die Jünger machen sich sicherlich ihre Gedanken darüber, was sie tun sollen, wenn es soweit sein wird.

2. Jugendlicher
Wir sitzen hier an einem großen Tisch zusammen, wie die Jünger mit Jesus. Aber uns geht es gut. Es ist schön, dass wir so zusammen feiern können, miteinander sitzen, essen und reden können. Das bedeutet für mich Gemeinschaft. Wir können darüber reden, was uns beschäftigt, über den Glauben diskutieren, miteinander Ernstes bereden und fröhlich sein. Das tut mit gut, und ich finde, das müsste noch viel öfter in unserer Kirche passieren.

3. Jugendlicher
Gemeinschaft ist, wenn man zusammen ist mit Leuten, die gleiche Interessen haben, die sich füreinander interessieren. Wenn Leute zusammenkommen, die nicht nur reden, sondern dem anderen auch zuhören wollen. Wenn man etwas zusammen macht, was für alle gut ist oder allen Spass macht. Wenn man zusammen feiert und es sich gut gehen lässt. Und wenn wir das in der Kirche tun, dann sind nicht nur wir eine Gemeinschaft, die ja irgendwie einen gemeinsamen Glauben haben. Dann sind wir Gemeinschaft im Geiste Jesu, weil wir uns im Glauben an Jesus zusammengetan haben. Jesus wollte, dass seine Anhänger, also wir Christen, immer wieder zusammenkommen und dass wir uns umeinander kümmern. Denn das macht die Gemeinschaft im Sinne Jesu aus: Dass die Menschen sich umeinander kümmern, sich gegenseitig helfen, sich zuhören und Vertrauen zueinander haben, und dass sie auch zusammen feiern.

● Pastorin

Wir feiern, weil wir einen guten Grund dazu haben. Die Gemeinschaft, die wir erleben, ist ja eine besondere: Es kommen Menschen zusammen, die sich sonst vielleicht nicht treffen würden, Menschen unterschiedlicher Herkunft und mit völlig verschiedenen Lebensgeschichten. Aber eines eint uns eben: der Glaube an Jesus Christus. Dieser Glaube macht uns frei, aufeinander zuzugehen und den anderen so zu akzeptieren, wie er ist. Der Glaube an Jesus macht uns frei, weil wir wissen, dass Gott uns eben auch so annimmt, wie wir sind, mit unseren Fehlern und Unzulänglichkeiten. Er hält trotz allem an der Gemeinschaft mit uns fest. Darum feiern wir das Abendmahl, daran erinnern wir uns, wenn wir das Abendmahl feiern.

Musik oder Lied

● Pastorin

Jesus Christus spricht: *Ich bin das Brot des Lebens. Wer zu mir kommt, den wird nicht hungern; und wer an mich glaubt, den wird nimmermehr dürsten. Ich bin der Weinstock, ihr seid die Reben. Wer in mir bleibt und ich in ihm, der bringt viel Frucht; denn ohne mich könnt ihr nichts tun. Wenn ihr in mir bleibt und meine Worte in euch bleiben, werdet ihr bitten, was ihr wollt, und es wird euch widerfahren.* (Joh 6,35; 15,5.7)

Wir sind versammelt, um in der Gemeinschaft des Glaubens, der Liebe und der Hoffnung das Abendmahl unseres Herrn Jesus Christus zu feiern.

Der Herr Jesus, in der Nacht, da er verraten ward, nahm er das Brot, dankte und brach es und sprach: Das ist mein Leib, der für euch gegeben wird; das tut zu meinem Gedächtnis.

Desgleichen nahm er auch den Kelch nach dem Mahl und sprach: Dieser Kelch ist der neue Bund in meinem Blut; das tut, so oft ihr daraus trinkt, zu meinem Gedächtnis.

Denn so oft ihr von diesem Brot esst und aus diesem Kelch trinkt, verkündigt ihr den Tod des Herrn, bis er kommt. Amen. (1Kor 11,23b-26)

TISCHGEBET PS 145,15–18

■ Jugendlicher

ABENDMAHL

● Pastorin

Seht, es ist alles bereit! Schmeckt und seht, wie freundlich der Herr ist.

(Während des Brotbrechens) Das Brot, das wir brechen, ist die Gemeinschaft des Leibes Christi.

(Bei der Austeilung) Nehmt, esst, spricht unser Herr Jesus Christus, das ist mein Leib, der für euch gebrochen wird; dies tut zu meinem Gedächtnis.

(Während der Kelch genommen wird) Der Kelch, den wir segnen, ist die Gemeinschaft des Blutes Christi.

(Während der Kelch gereicht wird) Nehmt und trinkt alle daraus, spricht unser Herr Jesus Christus. Dieser Kelch ist der neue Bund in meinem Blut, das für euch und viele vergossen wird zur Vergebung der Sünden. Das tut, so oft ihr daraus trinkt, zu meinem Gedächtnis.

(Nach dem Abendmahl) *Danket dem Herrn, denn er ist freundlich, und seine Güte währet ewiglich.* (Ps 106,1)

MUSIK ODER LIED

Gemeinsames Abendbrot mit Tischgespräch

LIED 418,1–5
Brich mit dem Hungrigen dein Brot (EG)

FÜRBITTE

■ Jugendliche

Herr, unser Gott, es geht uns gut. Wir haben zusammen gesessen, gegessen, geredet, gesungen, gebetet. Wir haben das Abendmahl gefeiert und fühlen uns nun gestärkt für die nächste Zeit. Wir haben erlebt, was Gemeinschaft bedeuten kann, und wir freuen uns, dass wir so einen schönen Abend hatten. Wir wollen dir danken für die Gemeinschaft, die wir miteinander und mit dir haben.

Wir bitten dich, stärke uns, damit wir uns nicht wieder verlieren, sondern unsere Gemeinschaft pflegen.

Wir bitten dich für unsere Gemeinde, stärke sie, dass sie sich zu einer Gemeinschaft im Glauben zusammenfindet. Gib ihr den Mut, dass in ihr mehr Toleranz gegenüber anders Denkenden, zwischen Alten und Jungen, zwischen Männern und Frauen herrscht.

Wir bitten dich für die Einsamen und Kranken in der Gemeinde, dass sie die Gemeinschaft der Gemeinde spüren und die Hilfe und Unterstützung bekommen, die sie benötigen.

Wir bitten dich, gib uns allen den Mut, dass wir mehr aufeinander zugehen, uns gegenseitig mehr zuhören, ehrlicher miteinander reden, mehr miteinander feiern. Sei mit deinem Geist der Gemeinschaft bei uns. Amen.

UNSER VATER

SEGENSLIED 171,1–4
Bewahre uns Gott, behüte uns Gott (EG)

MUSIK

8 *Der Heidelberger Katechismus*
Ich gehöre zu Jesus Christus

Im Konfirmandenunterricht der reformierten Kirche ist der Heidelberger Katechismus eines der zentralen Themen. Er fasst die Lehrinhalte zusammen und gibt so in einer komprimierten Form wieder, was das Bekenntnis der reformierten Kirche ausmacht. Ziel dieser Unterrichtseinheit ist es, den Jugendlichen einen Zugang zum Heidelberger Katechismus zu ermöglichen und zu zeigen, dass die Beschäftigung mit diesem Thema für die Auseinandersetzung mit dem Glauben der Christen sowie mit dem eigenen Glauben bedeutsam sein kann. Dafür braucht man Zeit, Anleitung und auch Freiheit zum Diskutieren und zur Besinnung. Der historische Hintergrund muss berücksichtigt und theologische Aussagen, die heute nicht mehr ohne weiteres verstanden werden, – zumindest im Unterricht bzw. in der Vorbereitung des Gottesdienstes – erläutert werden.

Lange Zeit war es üblich, in einem „Vorstellungsgottesdienst" vor der Konfirmation oder in einer „Konfirmandenprüfung" Teile des Heidelberger Katechismus abzufragen. In diesem Konfirmandenjahrgang wurde auf diese Formen verzichtet. Stattdessen bereiteten die Jugendlichen diesen Gottesdienst selbst als Abschluss der Unterrichtseinheit und gleichzeitig als Abschluss der Konfirmandenzeit vor. Alles, was im Konfirmandenunterricht gelernt, diskutiert und bearbeitet worden ist, findet hier in gewisser Weise seine Zusammenfassung. In der Vorbereitung des Gottesdienstes können die Jugendlichen über gewonnene Antworten und Erkenntnisse, aber auch über offen gebliebene Fragen reflektieren. Auf diese Weise können sie einen ihnen gemäßen Zugang zu diesem schwierigen Thema finden. Auch für die erwachsenen Gottesdienstteilnehmer bietet sich so die Möglichkeit, noch einmal oder vielleicht neu über das Bekenntnis der reformierten Kirche nachzudenken.

Die Vorbereitungen

In anderen Unterrichtseinheiten ist der Heidelberger Katechismus schon gelegentlich herangezogen worden, so zu den Themen „Taufe“ und „Abendmahl“. Die Bekenntnisschrift ist also zu Beginn dieser Unterrichtseinheit schon bekannt. Jetzt soll es um die „Summe“ des Katechismus gehen, um das Bekenntnis der reformierten Kirche also. Die findet sich in der ersten Frage und Antwort: Ich bin Jesu Christi eigen, ich gehöre zu Jesus Christus. Dies ist das Thema der Unterrichtseinheit und des Gottesdienstes, der sich daran anschließt.

Im Unterricht verfassen die Jugendlichen kleine Texte zum ersten Absatz von HK 1 und zu der Frage: „Kann ich mir selbst gehören?“, in denen sie sich mit Erfahrungen befassen, die die Grenzen ihrer Selbstständigkeit oder des Alleingelassenseins betreffen. Die Vorbereitung für den Gottesdienst übernehmen 4 Konfirmanden, die zu diesen Erfahrungen Gebete und ein Fürbittengebet formulieren, den Gottesdienstablauf festlegen, Lieder und Bibeltexte aussuchen und die Texte aus dem Unterricht zusammenfassen, um sie im Gottesdienst dann vorzutragen. Die Konfirmandengruppe entscheidet, eine Ausstellung im Gottesdienstraum einzurichten, die Bilder und Textplakate aus den vorangegangenen Unterrichtseinheiten und den dazugehörigen Gottesdiensten zeigen. So soll die Gemeinde sehen, was im Konfirmandenunterricht behandelt worden ist. Außerdem zeigt die Ausstellung, dass der Glaube, der im Heidelberger Katechismus im Bekenntnis zu dem einen Herrn mündet, viele Lebens- und Glaubensfragen und Erfahrungen beinhaltet, die sich in den Themen des Unterrichts wieder finden lassen.

Material

Stellwände für die Ausstellung, Plakate und Bilder aus den früheren Unterrichtseinheiten und Gottesdiensten

Ablauf des Gottesdienstes

ORGEL

EINGANG/BEGRÜSSUNG

● Pastorin

Liebe Gemeinde, ich begrüße Sie herzlich zu unserem Gottesdienst, den wir im Konfirmandenunterricht vorbereitet haben. Die letzten Wochen haben wir uns mit dem Heidelberger Katechismus beschäftigt, der wichtigsten Bekenntnisschrift der reformierten Kirche. Die Konfirmanden haben sich dazu viele Gedanken gemacht, und daraus ist dieser Gottesdienst entstanden.

Wir feiern den Gottesdienst im Namen des Herrn, der Himmel und Erde geschaffen hat, der Wort und Treue hält ewiglich und nicht preisgibt das Werk seiner Hände. Amen.

ABKÜNDIGUNGEN

LIED 380,1–7
Ja, ich will euch tragen (EG)

PSALMLESUNG PS 8
● Pastorin im Wechsel mit der Gemeinde

GEBET

■ Konfirmand

Herr, unser Gott, wir glauben, dass du für uns da bist. Darum feiern wir heute zusammen diesen Gottesdienst.

Wir kommen mit unseren Gedanken zu dir. Wir bitten dich, lass uns Antworten finden auf unsere Fragen. Höre unsere Gebete. Sei mit deinem Geist bei uns. Amen.

LIED 184,1–5
Wir glauben Gott im höchsten Thron (EG)

LESUNG
Heidelberger Katechismus 1

■ Jugendlicher

Was ist dein einziger Trost im Leben und im Sterben?
Dass ich mit Leib und Seele im Leben und im Sterben nicht mir,
sondern meinem getreuen Heiland Jesus Christus gehöre.
Er hat mit seinem teuren Blut
für alle meine Sünden vollkommen bezahlt
und mich aus aller Gewalt des Teufels erlöst;
und er bewahrt mich so,
dass ohne den Willen meines Vaters im Himmel
kein Haar von meinem Haupt kann fallen,
ja, dass mir alles zu meiner Seligkeit dienen muss.
Darum macht er mich auch durch seinen Heiligen Geist
des ewigen Lebens gewiss und von Herzen willig und bereit,
ihm forthin zu leben.

■ Texte der Jugendlichen zu HK 1
„Ich gehöre zu Jesus Christus"

1. Jugendlicher
Ich gehöre zu Jesus Christus, ganz und gar. Er sorgt für mich. Alles, was ich bin, bin ich durch ihn. Er beschützt mich. Wenn mir etwas Schlechtes passiert, hilft er mir wieder heraus. Auch wenn ich nicht immer

Gutes tue oder denke, hält er zu mir, mein ganzes Leben lang.

2. Jugendlicher
Ich gehöre zu Jesus Christus, ganz und gar. Darum soll ich mein Leben lang „willig und bereit" sein, mich an Gottes Gebote und Gesetze zu halten. Seine Lehre vom richtigen Leben ist meine Richtschnur für mein Leben. Sie gibt mir die Orientierung, dass ich weiß, was richtig und was falsch ist.

3. Jugendlicher
Ich gehöre zu Jesus Christus, und zu niemanden anders. Er wacht darüber, dass niemand Böses die Macht über mich hat. Er passt auf, dass ich nicht verführt werde. Er hat mich aus der Macht des Bösen befreit, ein für alle Mal, und er hat mich mit meiner Unvollkommenheit angenommen, für immer.

4. Jugendlicher
Ich gehöre zu Jesus Christus, im Leben und im Sterben. Das soll mich trösten, wenn ich mich fürchte vor dem, was mir im Leben passieren kann. Es tröstet mich auch, wenn ich mich vor dem Sterben fürchte. Er wird immer für mich da sein, was immer auch passiert.

LIED 5
Das wünsch ich sehr (Menschenskinderlieder [14]1993)

Lesung

■ Jugendlicher

Ich lese aus dem 10. Kapitel des Johannes-Evangeliums. Jesus sagt dort:
Ich bin der gute Hirte. Der gute Hirte lässt sein Leben für die Schafe.
Ich bin der gute Hirte und kenne die Meinen, und die Meinen kennen mich, wie mich mein Vater kennt, und ich kenne den Vater.

Meine Schafe hören meine Stimme, und ich kenne sie, und sie folgen mir; und ich gebe ihnen das ewige Leben, und sie werden nimmermehr umkommen, und niemand wird sie aus meiner Hand reißen. Mein Vater, der mir sie gegeben hat, ist größer als alles, und niemand kann sie aus des Vaters Hand reißen. Ich und der Vater sind eins.(Joh 10,11.14–15.27–30)

■ Texte der Jugendlichen zu der Frage: „Kann ich mir nicht selbst gehören?"

1. Jugendlicher
Ich will selbst entscheiden, was ich machen will. Ich möchte mal selbstständig sein und entscheiden, was ich aus meinem Leben mache. Dann möchte ich die Freiheit haben, meinen eigenen Weg zu finden.

2. Jugendlicher
Es gibt immer Situationen, in denen ich entscheiden muss, was ich tun will, was jetzt richtig oder falsch ist. Manchmal weiß ich nicht, was ich tun soll. Dann ist es gut, wenn ich jemanden um Rat fragen kann. Ich glaube, ganz allein auf sich gestellt zu leben ist schwierig.

3. Jugendlicher
Manchmal fühle ich mich allein. Dann fehlen mir die Freunde, oder es fehlt mir jemand, der mich tröstet, weil ich traurig bin. Oder es fehlt mir jemand, der mir bei schwierigen Aufgaben hilft. Ich stelle mir vor, dass es schön ist, wenn man Freunde hat, mit denen man gut reden kann, die einem zuhören und helfen können, wenn es nötig ist.

4. Jugendlicher
Sicherlich bin ich selbst verantwortlich für das, was ich sage, denke und tue. Aber wenn ich weiß, dass ich die Verantwortung nicht allein tragen muss, sondern dass Gott mir dabei helfen will, ist es einfacher für mich. Gott will, dass es mir gut geht. Und ich glaube, „Ich gehöre zu Jesus" heißt, dass er mich davor bewahrt,

irgendwelche Irrwege zu gehen. Er zeigt mir einen Weg mit seinen Geboten und seiner Lehre, meinen Weg.

LIED 209,1–4
Ich möcht', dass einer mit mir geht (EG)

GEBET

■ Jugendliche

Herr, unser Gott, du hast uns versprochen, dass du für uns da bist.

Du hast uns zugesagt, dass wir zu dir gehören, weil du uns so annimmst, wie wir sind.

Wir vertrauen dir. Wir bitten dich: Sei bei uns, wenn wir uns allein fühlen.

Unterstütze uns, wenn uns alles zu viel wird und wir nicht mehr wissen, wohin wir uns wenden können.

Hilf uns, wenn uns die Verantwortung zu groß wird und wir die Last nicht mehr tragen können.

Gib uns Menschen, die es gut mit uns meinen und uns helfen, wenn wir Hilfe brauchen.

Gib, dass wir mit unseren Familien und Freunden gut zusammenleben können und Konflikte friedlich lösen können.

Sei auch für andere Menschen da, für Menschen, die ohne Orientierung durch ihr Leben gehen, die keinen Ausweg mehr aus ihrer Notlage sehen, die Hilfe brauchen.

Hilf uns, zu helfen, wo wir gebraucht werden.
Wir hoffen auf dich und wir vertrauen dir, deswegen beten wir zu dir:

UNSER VATER

Lied 409,1–8
Gott liebt diese Welt (EG)

Segen

● Pastorin

Gott, segne uns und behüte uns.
Gott, schütze unser Leben und bewahre unsere Hoffnung.
Gott, lass dein Angesicht leuchten über uns,
dass wir für andere leuchten.
Gott, erhebe dein Angesicht auf uns und erhalte uns im Vertrauen auf dich. Amen.

Orgelnachspiel

Kaffeetrinken und Gespräch mit der Gemeinde

9 *Verurteilt*

Wer wirft den ersten Stein?

Jemand verstößt gegen die Regeln oder Gesetze der Gemeinschaft, der Clique oder der Gesellschaft und wird verurteilt und bestraft. Dies geschieht täglich, auch und gerade unter Jugendlichen oftmals ziemlich gnadenlos. Der oder die „Verurteilte" wird schnell zum Außenseiter, der wenig Chancen hat, wieder seinen Platz in der Clique einzunehmen. Im Konfirmandenunterricht und in der Jugendgruppe waren solche Erlebnisse häufig Gegenstand von Gesprächen und Diskussionen. Einerseits fanden einige Jugendliche das Verhalten der Clique gegenüber dem „Verstoßenen" richtig, andererseits gab es auch Jugendliche, die dieses Verhalten in Frage stellten. Dieses Thema beschäftigt die Jugendlichen häufig, weil sie in ihrem Schulalltag und auch in ihrer Freizeit in ihren Cliquen damit konfrontiert werden. Schließlich geht es hier nicht nur darum, wie sie sich gegenüber jemanden, der gegen die Regeln verstoßen hat, gerecht verhalten sollen. Es geht auch um die Angst, dass sie selbst einmal zu den „Verurteilten" gehören könnten. Im Konfirmandenunterricht und vor allem in Jugendgruppen bieten sich viele Gelegenheiten, mit den Jugendlichen dieses Thema aufzugreifen und Gespräche zuführen. Eine Form des seelsorgerlichen Umgangs mit diesem heiklen Thema kann ein Gottesdienst mit Jugendlichen sein. Wie ein solcher Gottesdienst aussehen kann, soll im Folgenden gezeigt werden.

In der Jugendgruppe oder in der Konfirmandengruppe wird der Umgang mit Jugendlichen, die „verurteilt" und „verstoßen" worden sind, thematisiert. In einer ausführlichen Diskussion sollte darüber gesprochen werden, was zu der „Verurteilung" geführt hat. Hat die Clique/die Gemeinschaft sich dem Betroffenen gegenüber gerecht verhalten? Hat die Gemeinschaft eigentlich das Recht dazu, den Betroffenen so zu bestrafen? Wie mag sich der Betroffene fühlen? Und wie fühlen sich diejenigen, die eine solche Strafe vollziehen?

Die Pastorin kann im weiteren Verlauf des Gesprächs einen Gottesdienst zu diesem Thema vorschlagen. Als Bibeltext bietet sich Joh 8,1b-11 an: Jesus und die Ehebrecherin. In dieser Erzählung wird eine Frau verurteilt, weil sie Ehebruch begangen haben soll. Sie soll gesteinigt werden. Die Menschen, die sie bei ihrer Verfehlung gefasst haben, sind empört und aufgebracht. Sie wollen die ihnen gerechte und dem Gesetz gemäße Strafe sofort ausführen und sie steinigen. Jesus soll sie in ihrem Urteil bestätigen und damit der Steinigung stattgeben. Doch er folgt ihnen nicht und sagt zunächst nichts dazu. Erst nachdem sie ihn weiter bedrängen, äußert er sich und fordert sie auf: *Wer unter euch ohne Sünde ist, der werfe den ersten Stein auf sie.* Die Menschenmenge entfernt sich nach und nach, niemand wirft den ersten Stein. Die Frau bleibt allein zurück. Das Urteil ist nicht vollstreckt worden. Auch Jesus verurteilt sie nicht.

Diese Geschichte stellt das Verhalten der Menschenmenge gegenüber der Frau, die gegen die Regeln der Gesellschaft verstoßen hat, in Frage. Auch die Jugendlichen können hier erkennen: Das Vergehen der Frau ist zwar als Vergehen benannt, aber es folgt nicht eine unbarmherzige und gnadenlose Verurteilung, sondern die Frau erhält eine zweite Chance: *Geh hin und sündige hinfort nicht mehr.*

Die Vorbereitungen

Im Gottesdienst sollte die Geschichte von Jesus und der Ehebrecherin im Vordergrund stehen. Die Jugendlichen können sich mit den Figuren der Geschichte identifizieren, ohne ihre eigenen Erlebnisse und Gefühle in der Öffentlichkeit preiszugeben. Um diese Geschichte im Gottesdienst zu erzählen, bietet sich eine szenische Darstellung an, denn die

Geschichte selbst ist im Johannes-Evangelium wie eine Szene erzählt. Die Jugendlichen suchen sich ihre Rollen aus: Die Menschen in der Menge, die Ehebrecherin und „Verstoßene", Jesus. Jeder und jede versucht, sich in die Rolle hineinzudenken: Warum sind die Menschen so empört? Wie fühlt sich die Frau, die auf frischer Tat ertappt worden ist und weiß, was ihr jetzt geschehen soll? Und Jesus? Was denkt er über die Frau? Was denkt er über die Menschen? Warum schweigt er zunächst?

Jeder schreibt sein Gedanken zu seiner Rolle auf. Im Gottesdienst wird die Szene dargestellt und diese Gedanken werden dort von den Jugendlichen vorgetragen. Der Gottesdienstraum wird entsprechend hergerichtet: In der Mitte wird die Szene stattfinden. Um die Mitte herum werden für die Gottesdienstteilnehmer die Stühle aufgestellt. So sind sie Zuschauer und gleichzeitig im Geschehen involviert. Die Pastorin legt mit den Jugendlichen zusammen den Gottesdienstablauf fest und sucht mit ihnen die Lieder aus. Sie bespricht mit den Jugendlichen, was als Einführung zu sagen ist und welche Gebetsanliegen der Jugendlichen im Gottesdienst aufgenommen werden sollen.

Der Gottesdienst kann gezielt für Jugendliche angeboten werden. Andererseits bietet sich dieser Gottesdienst auch als Gemeindegottesdienst an, denn die Problematik, die hier angesprochen wird, betrifft nicht nur Jugendliche, sondern ist ein allgemeines gesellschaftliches Problem.

Ablauf des Gottesdienstes

Orgel oder eine andere Eingangsmusik

Die Jugendlichen verteilen sich im Gottesdienstraum

Eingang/Begrüssung

● Pastorin

Die Gnade unseres Herrn Jesus Christus
und die Liebe Gottes
und die Gemeinschaft des Heiligen Geistes
sei mit euch allen! Amen. (1Kor 1,3)

Liebe Gemeinde, ich begrüße Sie zu unserem Gottesdienst. Wir, die Jugendgruppe und ich, haben den heutigen Gottesdienst vorbereitet und ihm die Überschrift: Verurteilt – Wer wirft den ersten Stein? gegeben. Die Jugendgruppe hat sich intensiv mit einer bekannten Geschichte, nämlich der Geschichte von Jesus und der Ehebrecherin, auseinandergesetzt und dazu eine szenische Darstellung entwickelt, mit der sie Ihnen diese Geschichte erzählen und auslegen wird. Seien Sie gespannt und neugierig darauf, was Ihnen die Jugendlichen zu sagen haben. Nach dem Gottesdienst sind Sie herzlich eingeladen, bei einer Tasse Kaffee oder Tee mit uns über diese Geschichte zu sprechen.

Lied 452,1–5

Er weckt mich alle Morgen (EG)

Psalm 1

● Pastorin liest im Wechsel mit der Gemeinde

Gebet

● Pastorin

Herr, unser Gott, wir vertrauen dir und hoffen auf deine Gerechtigkeit.
Darum sind wir heute hier versammelt, um Gottesdienst zu feiern und dir die Ehre zu erweisen. Wir wollen auf dein Wort hören. Gib uns deinen Geist, damit wir deine Wahrheit und Gerechtigkeit erkennen. Amen.

LIED 675,1–4
Lass uns den Weg der Gerechtigkeit gehen
(EG, Landeskirchlicher Liederteil)

Szenische Darstellung der Geschichte Joh 8,1b-11

Die Jugendlichen kommen durch die Reihen der Gottesdienstteilnehmer in die Mitte, die Szene. Die „Frau“ wird in die Mitte gestoßen, die „Menschenmenge“ steht um sie herum, „Jesus“ sitzt am Rand der Szene auf dem Boden.

Aus der „Menschenmenge“ sind Rufe zu hören: „Hure!“ „Wir haben sie gepackt!“ u.ä.

Hier können die Gedanken der Jugendlichen zu ihren Rollen eingebracht werden; die „Frau“ kann sagen, wie sie sich fühlt, dass sie Angst hat vor dem, was ihr gleich geschehen soll, um Hilfe rufen, um Verzeihung betteln. Die einzelnen in der „Menschenmenge“ können ihre Empörung über die „Frau“ und ihren Verstoß gegen das Gesetz, über den Ehebruch und die Verletzung der vom Ehebruch Betroffenen ausdrücken.

Einer ruft. „Steinigt sie!“ Ein anderer ruft: „Ja! Werft Steine auf sie!“

Einer ruft: „Moment! Da ist ja dieser Jesus! Was sagst du dazu? Wir haben diese Frau auf frischer Tat erwischt, beim Ehebruch. Mose aber hat uns im Gesetz geboten, solche Frauen zu steinigen.“

Hier kann das Gespräch zwischen der „Menschenmenge“ und dem schweigenden „Jesus“ weiter ausgebaut werden.

„Jesus“ sitzt auf dem Boden und schreibt mit dem Finger auf den Boden. Er schweigt.

Einer aus der „Menschenmenge“ sagt: „Los, nun sag schon etwas dazu! Du bist doch auch dafür, dass wir sie steinigen, oder? Schließlich verlangt unser Gesetz das von uns!“

„Jesus“ steht auf und geht auf die „Menschenmenge“ zu.

„Jesus" sagt: *„Wer unter euch ohne Sünde ist, der werfe den ersten Stein auf sie."*

Die „Menschenmenge" bleibt regungslos stehen und sieht ihn an. Dann entfernen sich die Menschen nach und nach und gehen auf ihre Plätze im Gottesdienstraum. Die „Frau" und „Jesus" bleiben auf der Szene.

„Jesus" fragt: „Wo sind die Leute? Hat dich niemand verdammt?"
Die „Frau" antwortet: „Niemand, Herr."
„Jesus" sagt: „So verdamme ich dich auch nicht; geh hin und sündige hinfort nicht mehr."

Auch hier gibt es Möglichkeiten, das Gespräch zwischen „Jesus" und der „Frau" weiter auszubauen.

LIED 295,1–4
Wohl denen, die da wandeln vor Gott in Heiligkeit (EG)

ABKÜNDIGUNGEN

FÜRBITTE

● Pastorin

Herr, unser Gott, wer von uns ist ohne Sünde? Wer von uns ist ohne Verfehlungen? Niemand kann das von sich behaupten.

Und doch sind wir immer wieder dabei, wenn Menschen verurteilt werden, wenn sie ausgeschlossen werden, weil sie gegen Regeln und Gesetze verstoßen haben.

Wir sind oft ungerecht, wenn wir meinen, unsere Gerechtigkeit reiche aus, unsere Gerechtigkeit sei der Maßstab, nach dem sich alle zu richten haben. Wir bitten dich: Zeige uns deinen Weg der Gerechtigkeit auf, wenn wir selbstgerecht sind. Zeige uns deine Gnade, wenn wir gnadenlos unser Urteil über andere sprechen.

Zeige uns deine Barmherzigkeit, wenn wir unbarmherzig gegen andere sind.

Sei mit deinem Geist der Wahrheit bei uns.

Wir bitten dich für alle, die bei ihren Mitmenschen in Ungnade gefallen sind, für alle, die durch ihre Verfehlung sich in eine aussichtslose Lage gebracht haben, stelle ihnen Menschen zur Seite, die ihnen helfen, die Chance eines Neuanfangs zu ergreifen, die ihnen verzeihen können und sie wieder in ihrer Mitte willkommen heißen.

Sei mit deinem Geist der Gnade bei ihnen.

In der Hoffnung und im Vertrauen auf deine Gnade beten wir:

UNSER VATER

SEGEN

● Pastorin

Die Gnade unseres Herrn Jesus Christus
und die Liebe Gottes
und die Gemeinschaft des Heiligen Geistes
sei mit euch allen! Amen

LIED 430,1–4
Gib Frieden, Herr, gib Frieden (EG)

ORGEL ODER ANDERE MUSIK

Kaffeetrinken und Gespräch mit der Gemeinde

10 *Fremd* Feind?

Die Mädchengruppe befasste sich mit dem Thema „Ausländerfeindlichkeit", weil eine türkische Mitschülerin in der Schule mit fremdenfeindlichen Verhalten konfrontiert worden war. Das löste bei den Mädchen große Betroffenheit aus. Sie diskutierten darüber, wie sie mit diesem Erlebnis umgehen sollten. In unseren Gesprächen stellte sich heraus, dass die Erfahrungen ihrer Mitschülerin nicht singulär sind. Die Mädchen stellten fest, dass in ihrer Umgebung eine latente, alltägliche Fremdenfeindlichkeit herrscht, ohne dass es einem sofort auffällt. Klischees, Vorurteile, Ressentiments, die aus einer Unkenntnis über Kultur und Religion von Ausländern heraus entstehen, finden sich in Äußerungen, Erzählungen ihrer Eltern und Großeltern, im eigenen Verhalten, in den Medien.

Nachdem an mehreren Gruppenabenden intensive Gespräche stattgefunden hatten, beschlossen die Mädchen, „etwas zu tun". Sie wollten der Ausländerfeindlichkeit etwas entgegensetzen. Mit einem Gottesdienst wollten sie ein Zeichen setzen.

Die Vorbereitungen

Die türkische Mitschülerin wird zu einem Vorbereitungsabend eingeladen. Sie erklärt sich bereit, auch am Gottesdienst teilzunehmen, um dort von ihren Erfahrungen zu berichten. Die Mädchen planen einen Gesprächsgottesdienst, weil es ihnen wichtig ist, dass sie und ihre türkische Mitschülerin mit den Gottesdienstteilnehmern die Möglichkeit des Gedankenaustausches und der Reflexion über dieses Thema haben.

Die Pastorin schlägt als Bibeltext für den Gottesdienst Lev 19,33–35 vor. Die Mädchen verfassen drei Texte, die sie in das Gespräch einbringen wollen. Außerdem formulieren sie ein Fürbittengebet und legen einen Gottesdienstablauf fest, in dessen Mittelpunkt das Gespräch mit der Gemeinde steht.

Im Gottesdienstraum werden Tischgruppen aufgestellt. Im Gottesdienst werden Kaffee, Tee, Saft und Kekse gereicht.

Ablauf des Gottesdienstes

ORGEL

EINGANG/BEGRÜSSUNG

- Pastorin

Unsere Hilfe kommt von dem Herrn,
der Himmel und Erde gemacht hat,
der Bund und Treue hält ewiglich
und der nicht preisgibt das Werk seiner Hände.
Amen.

Liebe Gemeinde, wir – die Mädchengruppe und ich – begrüßen Sie herzlich zu unserem Gottesdienst. Wir haben uns mit einem schwierigen Thema befasst : mit der Fremdenfeindlichkeit. „Fremd – Feind?" heißt unsere Überschrift, unter der wir viele intensive Gespräche hatten, über Fremdenfeindlichkeit in der Öffentlichkeit und in unserer Umgebung. Wir haben N.N. eingeladen, die heute an unserem Gottesdienst teilnehmen wird, um von ihren Erfahrungen an der Schule zu berichten. Ihre Erlebnisse waren für uns der Anlass, dieses Thema aufzugreifen. Herzlich willkommen, N.N., und vielen Dank, dass Du heute hier bist!

„Fremd – Feind?“, das soll auch für unseren Gottesdienst heute die Leitfrage sein, unter der wir mit Ihnen ins Gespräch kommen wollen. Wir wünschen uns, dass wir einander zuhören und uns gegenseitig zum Nachdenken anregen, wir wünschen uns ein gutes Gespräch miteinander!

Abkündigungen

Lied 199,1–5
Gott hat das erste Wort (EG)

Psalm 7,2.3

● Pastorin

Auf dich, HERR, mein Gott, traue ich! Hilf mir von allen meinen Verfolgern und errette mich, dass sie nicht wie Löwen mich packen und zerreißen, weil kein Retter da ist.

Herr, unser Gott,
wir sind heute hier versammelt, weil wir dir vertrauen. Wir vertrauen darauf, dass du uns anhörst, wenn wir unsere Sorgen vor dich bringen.

Wir vertrauen darauf, dass du uns zuhörst, wenn wir unsere Gedanken und unsere Fragen vor dich bringen. Und wir vertrauen darauf, dass du nicht weghörst, wenn wir dich um Hilfe bitten.

Wir bitten dich, sei mit deinem Geist in diesem Gottesdienst bei uns. Und sei mit deinem Geist bei jedem, der in Not ist und deine Hilfe braucht.

Auf dich, Herr, unser Gott, trauen wir! Amen.

Gemeindegespräch

● *Die Pastorin moderiert das Gespräch. Die Texte der Mädchen können am Anfang, als Einleitung des Gespräches, oder besser im Gespräch als Impulse gelesen werden. Am Beginn des Ge-*

spräches sollte der Bibeltext aus Lev stehen. Wenn weitere biblische Texte eingeführt werden sollen, sind z.B. auch denkbar: Lk 10,25–37 (Der barmherzige Samariter), Ps 22,13–18 oder Ps 69,2–4 (Klagen eines Verfolgten). Der „Erfahrungsbericht" der türkischen Schülerin erfolgt im Gespräch als Gesprächsbeitrag. Wenn die Schülerin sich nicht traut, frei zu sprechen, kann sie vorher einen kleinen Text verfassen und diesen im Gottesdienst vorlesen.

■ Ein Mädchen liest Lev 19,33–35

Wenn ein Fremdling bei euch wohnt in eurem Lande, den sollt ihr nicht bedrücken. Er soll bei euch wohnen wie ein Einheimischer unter euch, und du sollst ihn lieben wie dich selbst; denn ihr seid auch Fremdlinge gewesen in Ägyptenland. Ich bin der HERR, euer Gott.

■ 2. Mädchen liest

Derjenige, der diese Zeilen geschrieben hat, kennt die Situation von Ausländern in seinem Land. Er hat beobachtet, wie Ausländer unterdrückt und verfolgt werden. Er hat erlebt, dass Ausländer nicht die gleichen Rechte bekommen wie die Einheimischen, dass sie nicht genauso behandelt werden, nur weil sie woanders geboren sind. Er weiß: Den Fremden geht es schlecht hier, sie sind unglücklich. Sie haben keine Möglichkeit, sich eine Existenz aufzubauen und zufrieden zu leben.

Das findet er ungerecht. Und er erinnert sich daran, wie sein Volk, die hier Einheimischen, auch einmal Ausländer gewesen waren, in Ägypten, bevor sie nach Israel kamen. Und dort, in der Fremde ging es ihnen schlecht – so wie es den Ausländern jetzt hier in seinem Land schlecht geht. ‚Denkt daran! Damals ging es unserem Volk schlecht. Wollt ihr, dass Menschen in unserem Land auch so leiden müssen?'

3. Mädchen liest

Rechtsradikale Gruppen stecken Asylantenhäuser in Brand. Die Neonazis sind gegen Ausländer. Aber wenn es um sportliche Erfolge z.B. von Fußballmannschaften geht, werden ausländische Sportler oft gefeiert, weil sie Fans dieser Vereine sind.

Neulich sollte ein Fußballspiel zwischen Deutschland und England stattfinden. Aber dieses Spiel wurde abgesagt, weil Neonazis angekündigt hatten, während des Spiels zu randalieren.

Ohne Ausländer in unserem Land gäbe es keine griechischen und italienischen Restaurants, keine Dönerbuden und kein McDonald's.

In den Schulen gibt es in vielen Hofpausen Prügeleien zwischen Ausländern und Deutschen. Manchmal werden sogar Läden, die Ausländern gehören, ausgeraubt. Bei McDonald's wurden neulich ausländische Mitarbeiter von Neonazis gefilmt, bedroht und nach ihrer Adresse befragt.

4. Mädchen liest

‚Ihr seid selbst Fremdlinge gewesen in Ägyptenland.' Hinter diesem Satz steckt eine ganze Geschichte, eine wichtige Erfahrung Israels, die sich so sehr ins Gedächtnis eingeprägt hat, dass dieser eine Satz reicht, um die Erinnerung wieder wachzurufen. Als wir in der Mädchengruppe über diesen Text gesprochen haben, haben wir diese Geschichte nachgelesen. Die Israeliten waren in Ägypten Sklaven, sie mussten für den Pharao arbeiten. Sie hatten keine Rechte und keine Möglichkeit, über sich und ihr Leben zu bestimmen. Dann kam Mose und wurde ihr Anführer. Und unter Gottes Führung gingen sie einen langen und schwierigen Weg ins Gelobte Land. Gott schenkte ihnen das Land und die Freiheit. Und damit alle auch dauerhaft in Freiheit leben konnten, gab er ihnen Gebote und Regeln, nach denen sie leben konnten. Diese Freiheit sollte für alle

sein, die in diesem Land leben. Niemand soll sich über den anderen erheben und ihm die Freiheit nehmen. Denn Freiheit ist das Geschenk Gottes. Er ist der Herr, Gott – kein Mensch ist Herr über andere Menschen.

LIED 95
Schwarze, Weiße, Rote, Gelbe
(Menschenskinderlieder, ^{14}1993)

● Pastorin
Kurze Zusammenfassung des Geprächs

Wenn wir jetzt nach dem Gottesdienst nach Hause gehen, nehmen wir mit, dass Ausländer, die bei uns leben, in jedem Falle Menschen sind wie wir, mit Fehlern, unsympathischen und sympathischen Charakterzügen, individuell verschieden und nicht alle gleich, mit unterschiedlichen Lebensgeschichten und Schicksalen. Wir nehmen mit, dass sie unsere Mitmenschen sind und wir ihre Nächsten, ob uns das gefällt oder nicht. Wir nehmen mit, dass unsere Freiheit auch für sie gilt, und dass Konflikte anders gelöst werden müssen als mit Gewalt und Feindschaft. Und wir nehmen mit, dass wir miteinander sprechen müssen, um uns gegenseitig besser kennen und verstehen zu lernen. Es kann ja auch sehr spannend und bereichernd sein, die Kultur und die Religion des Anderen näher kennen zu lernen.

■ Ein Mädchen aus der Gruppe zieht ihr eigenes Fazit

Ich wollte mit diesem Gottesdienst ein Zeichen setzen gegen die Gewalt und die Anfeindungen gegen Ausländer, die ich in den letzten Wochen bei uns an der Schule miterlebt habe. Ich wollte, dass ich mit meinen Gedanken von anderen bestärkt und unterstützt werde. Ich wollte, dass die anderen Leute hier wissen, wie sehr ich darüber erschrocken bin, dass es hier bei uns nach unserer Geschichte mit dem Nationalsozialismus Fremdenfeindlichkeit gibt, auch unter Christen. Und ich wollte, dass alle hier wissen, was die Bibel dazu sagt und von uns fordert.

FÜRBITTE

■ zwei Mädchen beten im Wechsel

(Psalm 7,2.3) *Auf dich, HERR, mein Gott, traue ich! Hilf mir von allen meinen Verfolgern und errette mich, dass sie nicht wie Löwen mich packen und zerreißen, weil kein Retter da ist.*

Herr, unser Gott!
Menschen werden verfolgt, überall auf der Welt – auch bei uns,
weil sie anders sind, anders aussehen als wir, anders leben als wir, anders sprechen und denken als wir, andere Sitten und Bräuche kennen und anders glauben als wir.
Ist niemand da, der ihnen hilft?
Warum werden Menschen zu Feinden für andere?
Warum ist es so schwierig, Andere einfach zu respektieren?
Uns wird angst und bange, wenn wir sehen,
wie Menschen miteinander umgehen, wie sie zu Feinden werden.
Hilf uns, dass das anders wird. Hilf uns, dass wir mutiger werden, Zeichen gegen Fremdenfeindlichkeit zu setzen. Wir wollen uns auf die Seite derer stellen, die Anfeindungen ausgesetzt sind.
Wir wollen Nein zur Gewalt sagen.
Hilf allen in der Welt, die verfolgt werden,
die Opfer von Gewalt und Fremdenhass sind.
Gib ihnen Menschen, die ihnen helfen und
die für sie eintreten.
Dir, Herr, vertrauen wir!

UNSER VATER

Segen

● Pastorin

Gottes Stärke leite uns,
Gottes Macht beschütze uns,
Gottes Weisheit leite uns an,
Gottes Hand beschirme uns. Amen.

Lied 258
Zieht in Frieden eure Pfade (EG)

Orgel

Nach dem Gottesdienst sollte die Möglichkeit eines Nachgesprächs gegeben sein. Auch für die Mädchen hatte es sich als sinnvoll erwiesen, in der Gruppe noch einmal über die Eindrücke des Gottesdienstes miteinander zu sprechen.

11 *Offene Zukunft*

Abraham zieht aus

Grundlage dieses Gottesdienstentwurfs ist der Beginn der Abrahamsgeschichte, Gen 12,1–2. Die Geschichte Abrahams als das erste Kapitel der Geschichte der Erzväter hat entscheidende Bedeutung für das Volk Israel als das von Gott erwählte Volk. Die Geschichte des Volkes Israel kann als die Geschichte seiner Erwählung zur Freiheit und zur Selbstverantwortung verstanden werden. Das Volk Israel bricht aus Ägypten auf und macht sich auf einen langen Weg, der voller Entbehrungen und Gefahren ist, der das Gottvertrauen immer wieder auf die Probe stellt, schließlich aber ins Gelobte Land führt. Dieses Motiv findet sich ebenfalls in der Abrahamsgeschichte. Abraham wird von Gott aufgefordert, sein Elternhaus und seine Heimat zu verlassen und in ein Land zu ziehen, das Gott ihm zeigen werde. Im zweiten Vers wird die Nachkommensverheißung das erste Mal ausgesprochen: Die Nachkommenschaft Abrahams soll groß und gesegnet sein. Abraham bricht auf, verlässt seine vertraute Umgebung, lässt sein bisheriges Leben im Familienverband hinter sich und macht sich auf den Weg in eine unbekannte und ungewisse Zukunft. Er muss nun seinen eigenen Weg in ein neues, selbst verantwortetes Leben gehen.

Warum ist dieses Thema für Jugendliche interessant? Die Lebensphase, in der sich Jugendliche befinden, ist von dem Motiv des Aufbruchs, der Suche nach einem eigenen Weg und einer eigenen Zukunft geprägt. Dabei gestaltet sich dieser Lebensabschnitt für sie oftmals recht schwierig. Die Jugendlichen fühlen sich hin- und hergerissen zwischen Kindheit und Erwachsenenalter. Einerseits möchten sie sich allmählich vom Elternhaus lösen, andererseits verspüren sie den Wunsch nach Schutz und Geborgenheit der Kindheit. Sie schwanken zwischen eigenen Orientierungsversuchen und Orientierungslosigkeit. Die Jugendlichen werden zunehmend selbstständig. Sie machen sich ihre Gedanken über ihre Zukunft. Fragen nach dem richtigen Schulabschluss, Berufswünsche, die Suche nach Lehrstellen oder die Entscheidung zum Studium und Vorstellungen zur Lebensgestaltung bewegen sie. Auch wenn Einiges möglicherweise vorgezeichnet ist, bleibt das Ungewisse ihrer Zukunft, das zu Unsicherheit und auch zu Ängsten führen kann. Die Kirche kann hier die Jugendlichen begleiten, indem sie ein Forum schafft, das den Jugendlichen die Möglichkeit bietet, sich mit ihrer Situation auseinanderzusetzen und miteinander ins Gespräch zu kommen. Ein Gottesdienst, der sich mit der Abrahamsgeschichte beschäftigt, kann eine seelsorgerliche Form der Begleitung sein, die den Jugendlichen den Zuspruch Gottes gerade in dieser Lebensphase zusagt.

Die Adressaten des Gottesdienstes, der hier vorgeschlagen wird, sind Jugendliche, die an dieser Schwelle stehen, also 14–18-Jährige. Dieser Gottesdienst kann mit einer Jugendgruppe vorbereitet und gefeiert werden, beispielsweise als Wochenschlussgottesdienst an einem Samstagabend. Dazu können auch weitere Jugendliche über die Gemeinde, über Sportvereine, Freizeitheime u.ä. eingeladen werden. Denkbar ist auch, dass ein Jugend-Projekt ins Leben gerufen wird: Interessierte Jugendliche werden eingeladen, einen solchen Gottesdienst vorzubereiten und zu gestalten. Dies bietet sich besonders in den Gemeinden an, in denen keine Jugendgruppe (mehr) existiert und Jugendliche neu angesprochen werden sollen. Das Projekt kann entweder eine Initiative zur Gründung einer neuen Jugendgruppe sein oder aber eine Alternative zur Jugendarbeit mit kontinuierlichen und regelmäßigen Terminen darstellen.

Der vorliegende Gottesdienstvorschlag kann sich auf einen Gottesdienst nur für Jugendliche beziehen, muss aber nicht. Vorstellbar ist auch, dass dieser Gottesdienst, wie andere hier vorgestellte Entwürfe, die Sonntagsgemeinde ansprechen kann. Das Thema ist im Hinblick auf die Kommunikation zwischen den Generationen sicherlich interessant und fruchtbar zu machen.

Die Vorbereitungen

Für die Vorbereitungen sollte ausreichend Zeit vorhanden sein, das heißt, es sollten mehrere Termine vereinbart werden, um das Thema zu erarbeiten und den Gottesdienst dann vorzubereiten.

Der Text (Gen 12,1–2) wird gelesen. Danach ist es sinnvoll, Leitfragen zu formulieren, zu denen Gedanken und Ideen gesammelt werden, etwa: Abraham soll ausziehen – was lässt er zurück? Abraham soll ausziehen – was mag ihn erwarten? Abraham soll ausziehen – welche Gefühle und Gedanken wird er dabei haben? Die Ergebnisse des Gesprächs werden schriftlich festgehalten.

In einem weiteren Schritt kann ein Gespräch darüber stattfinden, wie die Jugendlichen selbst sich ihren Aufbruch, ihren Auszug aus dem Elternhaus und ihren Start in ein selbstständiges Leben vorstellen. Welche Gedanken machen sie sich dazu? Wie stellen sie sich Umstände und Bedingungen für einen solchen Schritt vor? Und gibt es Ideen, wohin ihr Weg führen soll? Dieses Gespräch kann – je nach Anzahl der Teilnehmenden – in der Gesamtgruppe oder in Kleingruppen geführt werden. Eine Alternative können kreative Arbeitsformen sein (Bilder, Collagen; Verfassen von kleinen Texten, Briefen, Gedichten, Liedern oder Rapsongs; Anspiele), deren Ergebnisse auch in den Gottesdienst eingebracht werden können.

Schließlich muss ausgewählt und sortiert werden: Was soll im Gottesdienst vorkommen? Und in welcher Form sollen die Gedanken und Ideen der Jugendlichen im Gottesdienst einen Platz finden?

Die Jugendlichen legen einen Gottesdienstablauf fest, suchen Lieder und eventuell auch Musikstücke aus, bringen Texte und Gebete ein. Wenn möglich, kann eine Gruppe von Jugendlichen die musikalische Gestaltung übernehmen.

Der folgende Gottesdienstablauf sieht eine kleine Theaterszene in drei Teilen vor, die den Bibeltext entfalten und die Gedanken der Jugendlichen aufnehmen können. Die Jugendlichen legen die handelnden Personen fest und übernehmen je eine Rolle, deren Texte sie selbst verfassen.

Ablauf des Gottesdienstes

EINGANGSMUSIK

(Orgel, Jugendband, Tonträger)

- Pastorin

Begrüßung und Eingangsvotum/Einführung in den Gottesdienst: Liebe Gemeinde, ich begrüße Sie/Euch zu dem heutigen Gottesdienst, den wir zusammen feiern wollen im Namen des Herrn, der Himmel und Erde geschaffen hat, der Wort und Treue hält ewiglich und nicht preisgibt das Werk seiner Hände. Amen.

Abraham zieht aus. Er soll sein altes, sicheres Leben innerhalb seiner Familie hinter sich lassen. Er soll sich auf den Weg machen in ein neues Leben. In der Jugendgruppe haben wir uns Gedanken gemacht darüber, wie das wohl ist, wenn man auszieht und etwas Neues, Eigenes anfängt. Darum soll es heute gehen in unserem Gottesdienst, den die Jugendgruppe vorbereitet hat. Lasst uns hören und sehen, was N.N. *(die Namen der beteiligten Jugendlichen nennen)* zu sagen haben, welche Gedanken und Ideen sie dazu entwickelt haben. Nach dem Gottesdienst werden wir die Möglichkeit haben, beim Kaffee miteinander darüber zu sprechen.

LIED 7

Der Himmel geht über allen auf
(Menschenskinderlieder, ^{14}1993)

(Anspiel I: Vor dem Aufbruch)
Mehrere Jugendliche (5–10) kommen durch den Gottesdienstraum nach vorne auf die „Bühne". Sie stellen die Familie, in der Abraham lebt, dar. Auch „Abraham" ist dabei. Auf der Bühne verteilen sie sich und gehen Beschäftigungen nach oder unterhalten sich über Alltägliches wie den Ertrag der Ernte dieses Jahr oder den Zustand ihrer Herde oder was noch alles zu tun ist. „Abraham" geht aus ihrer Mitte an den Rand des Geschehens und hält inne, steht da, als wenn er etwas hört.

MUSIK
(Leise, vielleicht Querflöte oder eine meditative Musik von einem Tonträger; die Szene auf der Bühne „friert ein".)

■ Eine Jugendliche liest

Und der HERR sprach zu Abram: Geh aus deinem Vaterland und von deiner Verwandtschaft und aus deines Vaters Hause in ein Land, das ich dir zeigen will. Und ich will dich zum großen Volk machen und will dich segnen und dir einen großen Namen machen, und du sollst ein Segen sein. (Gen 12,1–2)

(Anspiel II: Die ersten Schritte)
„Abraham" denkt laut: Ich bin hier groß geworden. Ich habe meinen Platz hier. Hier weiß ich, was ich tun und lassen kann. Ich habe meine Aufgabe und mein Auskommen. Es ist nicht immer alles so toll hier, und manchmal denke ich schon, ich müsste doch einmal raus hier. Aber dann wiederum denke ich: Warum? Hier habe ich alles, was ich brauche, und man kann es hier schon aushalten.

Ein Junge aus der Sippe kommt zu ihm und fragt: Hast du noch nie das Gefühl gehabt, du verpasst etwas? Bist du gar nicht neugierig, wie es woanders sein könnte?

„Abraham" wird nachdenklich und antwortet: Doch, sicher. Aber von der Familie weg? Alles, was ich gewohnt bin, was mir vertraut ist, hinter mir lassen? Ich weiß nicht. *Abraham ist wieder still und lauscht.* Vielleicht sollte ich es versuchen.

Vielleicht sollte ich mich aufmachen. Wer weiß, wohin der Weg mich führt.

(Die Szene kann weiter ausgebaut werden; Material bieten sicherlich die Gedanken und Ideen aus der Vorbereitung. Am Ende ziehen sich die „Familienmitglieder" in den Hintergrund zurück. „Abraham" bleibt allein vorn auf der Bühne.)

MUSIK

■ (Eine Jugendliche liest) Psalm 139,1–10

(Anspiel III:)
„Abraham" packt seine Sachen. Er geht an den Rand der Bühne, schaut noch einmal zurück und dann nach vorn. Ich werde losgehen. Ich muss meinen Weg gehen, anfangen, mein eigenes Leben zu leben. Ich bin gespannt, was auf mich wartet. Ein bisschen Sorgen mache ich mir ja schon. Wer weiß, wo ich landen werde. Wer weiß, wer und was mir alles begegnen wird. Trotzdem, ich soll gehen, und ich werde jetzt gehen.

(Auch hier kann die Szene weiter ausgebaut werden. Die Gedanken der Jugendlichen zum Aufbruch aus der Vorbereitung bieten auch hier sicherlich viel Material.)

MUSIK

■ (Texte von Jugendlichen und/oder von der Pastorin: Text I)

Abraham zieht aus. Er verlässt seine Familie, seine Heimat, seine ihm vertraute Umgebung. Er begibt sich aus dem Schutz der Sippe. Abraham zieht aus in eine ungewisse Zukunft, in ein ihm unbekanntes Land, er geht in die Fremde.

Abraham zieht aus, er macht sich auf den Weg. Er geht jetzt seinen eigenen Weg. Er lebt sein eigenes Leben, selbstständig, selbstverantwortlich. Es ist nicht vorhersehbar, wohin ihn dieser Weg führen wird und wie dieser Weg für ihn sein wird. Es wird Höhen und Tiefen geben, Hindernisse, Steine, aber auch Oasen und schöne Plätze, an denen sich das Verweilen lohnen wird.

Abraham zieht aus – auf Gottes Aufforderung hin: „Zieh in ein Land, das ich dir zeigen will." Vielleicht wäre Abraham selbst gar nicht auf die Idee gekommen, seinen eigenen Weg zu suchen? Gott fordert ihn auf. Abraham soll seinen Weg gehen. Er soll seine eigene Familie gründen. Er wird eine große Nachkommenschaft haben. Das bedeutet, dass er eine große Verantwortung übernehmen muss, für sich, seine Familie, seine Nachkommenschaft. Aber Gott fordert ihn nicht nur auf: Mach dich selbstständig, übernimm Verantwortung, geh deinen eigenen Weg! Er sagt ihm auch zu: Vertrau darauf, dass ich dich schützen und erhalten werde, dass ich dir Orientierung geben werde und dass ich dich begleiten werde auf deinem Weg.

Abraham zieht aus, und er kann guten Mutes gehen. Auch wenn, wie wir vorhin gesehen haben, ihm die Entscheidung sicher nicht leicht gefallen ist, auch wenn Sorgen und Befürchtungen ihn haben zögern lassen, er kann guten Mutes und im Vertrauen auf Gottes Schutz seinen Weg gehen.

(Text II)

An dieser Stelle können Jugendliche aus der Vorbereitungsgruppe eigene Texte vortragen, formuliert als Gedanken über ihre Zukunft und ihre Hoffnungen und Befürchtungen, als Gedichte oder Rapsongs; sie können auch Bilder oder Collagen vorstellen und erläutern. Es soll hier deutlich werden, dass die Situation Abrahams, wie sie in den Anspielen dargestellt worden ist, sich auf die Situation der Jugendlichen übertragen lassen kann.

(Text III)

Abraham geht seinen Weg, und Gott geht mit ihm. Das macht ihm Mut, nimmt ihm die Angst vor dem Ungewissen. Er hat es von Gott gehört: Er hat eine Zukunft, eine Zukunft, auf der Gottes Segen liegt.

Unser Weg liegt vor uns, und wir wissen nicht immer so ganz genau, wohin unser Weg uns führen wird. Niemand weiß, ob sich die Hoffnungen für die Zukunft erfüllen werden. Niemand weiß, welche Hindernisse zu überwinden sind. Unser Weg liegt vor uns, wir müssen ihn selber gehen, aber wir müssen ihn nicht allein gehen. Gottes Zusage an die Menschen, für sie da zu sein, gilt auch uns. So wie Abraham Gottes Segen und Schutz erfahren hat, so können auch wir erfahren, dass Gott uns begleitet, uns schützt, uns segnet. Auch wenn es uns schwer fällt, Vertrautes hinter uns zu lassen, erwachsen zu werden, Verantwortung zu übernehmen – wir wollen ja selbstständig und unabhängig werden. Auch wenn wir uns vielleicht manchmal hin- und hergerissen fühlen – wir wollen ja unseren eigenen Weg finden. Und in der Hoffnung auf Gottes Segen und Hilfe können wir guten Mutes suchen, ausprobieren und schließlich losgehen in das unbekannte, ferne Land.

LIED 52,1–4
Halte zu mir, guter Gott
(Menschenskinderlieder, [14]1993)

FÜRBITTE

● Pastorin

Herr, unser Gott,
du schenkst uns die Freiheit, unseren Weg zu gehen.
Dafür danken wir dir.
Und wir bitten dich: Sei bei uns auf unserem Weg
und trage uns, wenn der Weg steinig und schwierig wird.
Du schenkst uns das Vertrauen, dass wir verantwortlich unser Leben gestalten.
Dafür danken wir dir.
Und wir bitten dich: Erhalte unsere Hoffnung, dass du uns den rechten Weg weist, wenn wir ratlos sind und nicht mehr weiter wissen.

Du machst uns neugierig auf die Zukunft, die du für uns bereit hältst.
Dafür danken wir dir.
Und wir bitten dich: Erhalte uns die Freude am Leben, erhalte unser Vertrauen, dass unser Weg zu einem guten Ziel führen wird.
Wir bitten dich für uns und alle Menschen: Sei ihnen Trost in schlechten Zeiten, sei ihnen Schutz in der Bedrohung, gib ihnen Freude und Hoffnung, das ihr Leben gelingen möge. Amen.

UNSER VATER

LIED 77
Herr, gib uns deinen Frieden
(Menschenskinderlieder, [14]1993)

SEGEN

● Pastorin

Der Herr sei vor dir,
um dir den rechten Weg zu zeigen.
Der Herr sei neben dir,
um dich in die Arme zu schließen
und dich zu schützen.
Der Herr sei hinter dir,
um dich zu bewahren
vor der Heimtücke böser Menschen.
Der Herr sei unter dir,
um dich aufzufangen, wenn du fällst,
um dich aus der Schlinge zu ziehen.
Der Herr sei in dir,
um dich zu trösten,
wenn du traurig bist.
Der Herr sei um dich herum,
um dich zu verteidigen,
wenn andere über dich herfallen.

Der Herr sei über dir,
um dich zu segnen.
So segne dich der gütige Gott.
Amen.

AUSGANGSMUSIK

12 *Sommer*

Die Schöpfung genießen

In Gesprächen mit Jugendlichen tauchte öfter der Wunsch auf, fröhliche und feierliche Gottesdienste draußen zu feiern. Gemeindefeste sind willkommene Anlässe, solche Gottesdienste auf dem Gelände der Gemeinde zu feiern. An deren Gestaltung können Jugendliche einer Jugendgruppe oder einer Konfirmandengruppe beteiligt werden. Auch hier gibt es die Möglichkeit, ein Jugend-Projekt zu initiieren, wenn in der Gemeinde keine Jugendgruppe vorhanden ist.

Der folgende Vorschlag ist ein Entwurf eines Sommer-Gottesdienstes, der ein Gemeindefest einleiten kann, der aber auch den Beginn der Ferienzeit einläuten oder einfach die Gemeinde auf den Sommer einstimmen kann. Adressaten dieses Gottesdienstes können Familien mit Kindern, Jugendliche und/oder die Sonntagsgottesdienst-Gemeinde sein.

Die Vorbereitungen

Für einen Sommer-Gottesdienst bietet sich das Thema „Die Schöpfung genießen" an, ein Gotteslob der Schöpfung, ein dankbares Betrachten der Natur um uns herum. Der Psalm 104 ist ein solches Gotteslob und wird deswegen als Leittext für den Gottesdienst vorgeschlagen.

Die Jugendlichen lesen den Psalm und entwickeln im Gespräch ihre Gedanken dazu, die sie in kleinen Texten schriftlich festhalten. Gemeinsames Essen und ein Agape-Mahl mit Fladenbrot und Weintrauben betonen den Charakter des

Gottesdienstes als Gemeinschaftsfeier. Darum werden das Agape-Mahl und ein Picknick im Gottesdienstablauf eingeplant.

Für die Planung des Picknicks ist es sicherlich sinnvoll, die Gottesdienstteilnehmenden zu bitten, Speisen für ein „Mitbring-Buffet" mitzubringen und sich mit Getränken, Geschirr und Besteck selbst zu versorgen. Darauf muss in der Einladung, die die Jugendlichen schreiben können, hingewiesen werden. Die Jugendlichen können nach Absprache mit der Küsterin die Sitzgelegenheiten organisieren.

Der Ablauf des Gottesdienstes und die musikalische Gestaltung wird von den Jugendlichen festgelegt. Für einen Gottesdienst, der draußen stattfindet, ist es notwendig, Zettel mit dem Verlauf des Gottesdienstes, mit den Liedern und Texten, die gemeinsam gelesen werden sollen, bereitzuhalten.

Material

Gottesdienst-Zettel
Fladenbrote und Weintrauben für das Agape-Mahl

Ablauf des Gottesdienstes

MUSIK

(Jugendband, Posaunenchor oder Tonträger)

BEGRÜSSUNG UND VOTUM

● Pastorin

Ich begrüße Sie und Euch zu unserem Sommergottesdienst. Die Jugendlichen *(werden mit Namen vorgestellt)* haben diesen Gottesdienst vorbereitet. Wir wollen zusammen feiern, singen, essen, wir wollen zusammen Gott loben und ihm danken, dass wir uns unseres Lebens freuen können. Die Schöpfung lässt uns staunen: *HERR, wie sind deine Werke so groß und viel! Du hast sie alle weise geordnet, und die Erde ist voll deiner Güter!* Amen.

LIED 23
Lasst uns miteinander singen
(Menschenskinderlieder, [14]1993)

LESUNG
Psalm 104,1–5. 10–15
(Die Gottesdienstgemeinde wird in zwei oder mehrere Gruppen aufgeteilt und liest die Psalmverse im Wechsel)

GEBET

■ Jugendlicher

Gott, wir freuen uns, dass wir hier zusammen sind und Gottesdienst feiern. Die Sonne scheint, es ist Sommer. Die Natur ist wunderschön jetzt. Wir genießen die Wärme der Sonne. Wir danken dir, dass es uns heute so gut geht. Wir bitten dich, sei mit deinem Geist bei uns, lass uns mit dir und miteinander eine Gemeinschaft sein. Amen.

LIED 640
Die Herrlichkeit des Herrn bleibe ewiglich
(EG, Landeskirchlicher Liederteil)

ANSPRACHE

● Pastorin und/oder Jugendliche aus der Vorbereitungsgruppe)
(Die folgenden Texte sind als Beispiele bzw. Denkanstöße zu verstehen.)

Liebe Gemeinde, heute wollen wir feiern. Und wir tun das, indem wir in das Gotteslob einstimmen, das jemand vor langer Zeit so formuliert hat, wie wir es eben im 104. Psalm gelesen haben. Wir staunen mit ihm darüber, wie schön die Natur ist. Wir entdecken mit ihm: Alles hat seinen Platz in der Natur, alles hat seinen Sinn. Und für alle und alles ist gesorgt. Alles ist wohlgeordnet. Und mit unserem Psalmensänger hier sind wir dankbar und loben Gott und preisen ihn dafür, dass auch wir uns gut aufgehoben fühlen können bei Gott. Auch für uns sorgt er, auch wir haben einen Platz in seiner guten Schöpfung.

■ Ein Jugendlicher
Wenn ich morgens aufstehe und aus dem Fenster sehe, sehe ich die Sonne scheinen. Ich denke, es wird ein guter Tag. Ich habe gute Laune, ein gutes Gefühl: Heute wird mir mein Tag gelingen.

■ Zweiter Jugendlicher
Wenn ich abends schlafen gehe und aus dem Fenster sehe, sehe ich den Mond scheinen und die Sterne am Himmel leuchten. Ich bin zufrieden und werde gut schlafen können. Und morgen bin ich ausgeruht und fit für den neuen Tag.

■ Dritter Jugendlicher
Wenn ich durch den Wald gehe und sehe, wie die Sonne durch das Blätterdach scheint, rieche, wie der Wald duftet, höre, wie die Vögel singen, dann spüre ich Frieden um mich herum und in mir. Und ich werde still und zufrieden. Ich fühle mich stark für alles, was dann auf mich wartet, wenn ich wieder in meinem Alltag bin.

■ Vierter Jugendlicher
Wir freuen uns, wenn es uns gut geht. Wir sind froh, wenn uns unser Leben gelingt und wir zufrieden sein können. Und wir freuen uns über die schönen Dinge um uns herum, über die Sonne mit ihrer Wärme, über die Wiesen mit ihren Blumen und ihren Düften, über das kleine Pflänzchen, das zu wachsen beginnt und über den stattlichen Baum, der schon viele Jahre gesehen hat.

Lied 640

Lesung

Psalm 104, 16–28

(Die Gottesdienstgemeinde wird wieder in zwei oder mehrere Gruppen aufgeteilt und liest die Psalmverse im Wechsel)

Lied 53

Herr, ich werfe meine Freude
(Menschenskinderlieder, [14]1993)

■ Jugendlicher oder Pastorin

Wir wollen jetzt gemeinsam das Agape-Mahl feiern. Wir tun dies, weil wir uns darüber freuen, dass wir hier zu einer Gemeinschaft zusammengekommen sind. Wir tun dies, weil wir dankbar sind und unsere Gemeinschaft untereinander und mit Gott genießen wollen. Das Agape-Mahl ist ein Zeichen unserer Gemeinschaft, unserer Zuneigung untereinander und der Zuneigung Gottes zu uns. Darum lasst uns jetzt Brot und Weintrauben zu uns nehmen und uns an diesen Gaben freuen.

Herr, unser Gott, *aller Augen warten auf dich, und du gibst ihnen ihre Speise zur rechten Zeit. Du tust deine Hand auf und sättigst alles, was lebt, nach deinem Wohlgefallen. Der Herr ist gerecht in allen seinen Wegen und gnädig in allen seinen Werken. Der Herr ist nahe allen, die ihn anrufen, allen, die ihn ernstlich anrufen.* Amen.

Gebet

■ Jugendliche und/oder Pastorin

Herr, unser Gott, du bist der Schöpfer dieser Welt, auf der wir leben. Wir danken dir dafür, dass wir unser Auskommen haben. Wir bitten dich:

Gib, dass alle Menschen Anteil haben können an den Gütern deiner guten Schöpfung. Lass uns miteinander teilen und deine Gaben gerecht verteilen.

LIED 1
Alles kommt von dir
(Menschenskinderlieder, ^{14}1993)

Herr, unser Gott, deine Welt ist für alle Geschöpfe da, für Menschen, Tiere und Pflanzen. Alles hat seinen Platz, alles Leben hat sein Recht. Dafür danken wir dir. Wir bitten dich: Gib, dass alle Geschöpfe miteinander im Einklang leben können. Lass uns der Natur, den Tieren und Pflanzen als unsere Mitgeschöpfe, ihren Platz einräumen und verteidigen gegen alles, was ihren Lebensraum zerstören will. Lass uns Hüter der Natur sein und hilf uns dabei mit deiner Kraft und deinem Geist.

LIED 1

Herr, unser Gott, du führst uns zusammen zu deiner Gemeinde. Unsere Gemeinschaft feiern wir heute und freuen uns darüber. Wir danken dir, dass du in unserer Mitte bist und unsere Gemeinschaft stiftest. Wir bitten dich: Gib, dass wir uns immer wieder zusammenfinden und unsere Gemeinschaft nicht aufgeben. Sei mit deinem Geist bei uns und stärke unsere Gemeinschaft, die wir nicht nur zum Feiern, sondern auch in unserem Alltag zum Leben brauchen.

LIED 1

Unser Vater

oder das Lied 29: Vater unser, Vater im Himmel (Menschenskinderlieder, [14]1993)

An dieser Stelle kann jetzt das Picknick veranstaltet werden. Nach dem Picknick sollte dann ein gemeinsamer Abschluss mit dem Lied 72,1–3: Gib uns Frieden jeden Tag (Menschenskinderlieder, [14]1993) *und dem Segen erfolgen.*

Segen

- Pastorin

Der Herr segne und behüte uns.
Der Herr lasse sein Angesicht leuchten über uns und sei uns gnädig.
Der Herr hebe sein Angesicht über uns
und gebe uns Frieden. Amen.

Gottesdienste zur Konfirmation

Max Koranyi

Vandenhoeck & Ruprecht

Inhalt

Vorwort

Konfirmationsgottesdienste sind der Beginn eines großen Festtages für Jugendliche. Natürlich geht es in ihnen hauptsächlich um eine verantwortungsbewusste Aufnahme in die Gemeinde, die von einer persönlichen Glaubensbejahung der KonfirmandInnen getragen werden sollte. Daneben spielen sicherlich auch familiäre Gefühle eine nicht ganz unbedeutende Rolle:

Mit 14 endet die Kindheit der Kinder, und der nicht ganz einfache Weg in die Erwachsenenwelt beginnt. Nach dem Gottesdienst aber geht die Feier weiter: In besonderen Kleidern wird besonders gegessen, Reden gehalten, Programme gestaltet, Geschenke übergeben. Damit die Konfirmation selber nicht ganz so rasch vergessen wird, bedarf sie einer sorgfältigen Planung durch die Pfarrerin und den Pfarrer. Jugendlichen (aber auch immer mehr Erwachsenen) fällt es nicht leicht, längere Zeit konzentriert zuzuhören, zumal, wenn man besonders aufgeregt ist. Hilfreich ist deshalb ein Predigtthema, das bei aller biblischen Verortung dennoch auch in der Welt junger Menschen und ihrer Angehörigen einen Platz hat. Darüber hinaus kann die „Ansprache“ durchaus auch in Dialogform oder als kleines Theaterstück präsentiert werden. Geschichten, Bilder, Alltagsgegenstände und Symbole erhöhen dabei den Grad der Aufmerksamkeit. Diese „Erinnerungsstücke“ an die Predigt können nach der Einsegnung den Jugendlichen ebenfalls geschenkt werden. Dann bleibt die Konfirmation keine abgehakte Formalität, schnell vergessen schon am Tage danach, sondern der bleibende, erinnerungswerte Höhepunkt eines wirklichen „Fest des Lebens“.

Die vorliegenden 12 Konfirmationsgottesdienste haben alle ihre „Uraufführung“ in der kleinen Kirche in Königswinter-Stieldorf im „wunderschönen Monat Mai“ erfahren. Vielleicht bereichern ihre Ideen jetzt auch andere Gotteshäuser.

Ich widme dieses Büchlein meiner Frau, Anne Hubert-Koranyi, die nach den Gottesdiensten wesentlich dazu beigetragen hat, dass die Festtage für unsere drei Söhne Moritz, Nicolas und Johannes wirklich gelungen waren.

Max Koranyi

1 „Wie in einem Spiegel“

I. Anmerkung:

Für diesen Gottesdienst braucht man einen großen Spiegel. Ich habe einen schönen Barockspiegel mit Goldrahmen benutzt, den ich (s.u. zu Beginn der Predigt) den KonfirmandInnen einzeln vorgehalten habe. Anschließend habe ich ihn neben dem Altar an der Kirchenwand aufgehängt, sodass einige Gottesdienstbesucher sich darin „gespiegelt“ sahen.

Als Geschenk bekommen die KonfirmandInnen nach der Einsegnung eine Bildkarte: Wolfgang Seehaus, „Spiegelkreuz“ (Erhältlich über das Gottesdienst-Institut der Ev.luth. Kirche in Bayern, Postfach 440445, 90209 Nürnberg).

II. Begrüssung:

Liebe Konfirmandinnen und liebe Konfirmanden, liebe Eltern, Großeltern und PatInnen, Verwandte und Gäste, liebe Gemeinde!

Ganz herzlich möchte ich Euch und natürlich Sie alle zu diesem besonderen Konfirmationsgottesdienst hier in unserer Kirche willkommen heißen. Es ist schon ein bedeutender Tag, der vor unseren Jugendlichen liegt: Ihr werdet heute konfirmiert und damit als Mitglieder in unsere Kirche aufgenommen, genau so wie es die Erwachsenen schon sind. Zugelassen zum Abendmahl und zum PatInnenamt könnt Ihr dann mitbestimmen, wie eine christliche Gemeinde in unserer Zeit gestaltet werden kann. Immer wieder habt Ihr Euch während unseres gemeinsamen Unterrichts mit Anregungen und Ideen eingebracht. Ich jedenfalls habe gerne mit Euch zusammengearbeitet. Und ich finde, Ihr seht heute auch überzeugend aus, gewachsen und gereift während der letzten eineinhalb Jahre. Auf den Photos vom Begrüßungsgottesdienst könnt Ihr selber sehen, wie sehr Ihr Euch verändert habt. Wie nun Euer

Äußeres mit Eurem unsichtbaren Inneren, Euren Gedanken und Gefühlen zusammenhängt, darüber wollen wir uns in diesem Gottesdienst gemeinsam Gedanken machen.

Und so feiern wir diesen Konfirmationsgottesdienst im Namen Gottes, des Vaters, der Euch so geschaffen hat, wie Ihr seid; im Namen seines Sohnes Jesus Christus, der das Abbild der Liebe Gottes für uns geworden ist; und im Namen des Heiligen Geistes, der uns mit seinem Wehen alle hierher zusammengeführt hat. Amen.

III. Psalm: 139,1–12

IV. Lieder:

Lobe den Herren, den mächtigen König der Ehren (EG 317,1–4); Wo Menschen sich vergessen (Lieder zwischen Himmel und Erde, tvd-Verlag, 2,1–3); Gott gab uns Atem (EG 432,1–3); Geh den Weg nicht allein (tvd, 326,1–3+6); Bewahre uns, Gott, behüte uns, Gott (EG 171,1–4); Möge die Straße uns zusammenführen (tvd, 89,1+2+4), Herr; deine Liebe ist wie Gras und Ufer (tvd, 224,1–4); Nun danket alle Gott (EG 321,1–3)

V. Lesung:

1. Korinther 13,1–13

VI. Fürbittengebet:

Herr Jesus Christus! Wir danken Dir, dass Du uns mit Deiner Liebe ansiehst und damit schön machst für Dich und diese ganze Welt. Und weil Du uns auch in Zukunft nahe sein willst, bitten wir Dich jetzt: Sei bei den Jugendlichen, die sich selber trotz des äußeren Scheins auch immer wieder kritisch betrachten. Lass sie in ihrem Leben erfahren, dass Du die Fähigkeit hast, die Bruchstücke in ihrem Leben zu neuem Glanz wieder zusammenzufügen. Gib ihnen den Einblick, in Dir den Spiegel Gottes zu erkennen, der nur Gutes mit ihnen vorhat und ihnen den Blick auf die Schönheiten dieser Welt immer wieder neu ermöglicht. Schenke ihnen den Mut, ehrlich ins eigene Gesicht sehen zu können, um mit Deiner Hilfe an sich selber zu arbeiten. Zeige ihnen dann auch in ihrem Spiegelbild, zu welchen Aufgaben sie besonders gerufen sind, hier in der Kirche als konfirmierte Mitglieder, aber auch sonst in ihrem Leben und dieser ganzen Welt. Und schließlich: Leuchte Du selber in ihren Gesichtern als Dein Spiegel immer wieder auf, dass sie sich verschönt, getragen und geborgen wissen in dem Lichte Deiner Liebe.

VII. Segen:

Segen sei mit dir, der Segen strahlenden Lichtes. Licht um dich her und innen in deinem Herzen. Sonnenschein leuchte dir und erwärme dein Herz, bis es zu glühen beginnt wie ein großes Torffeuer, und der Fremde tritt näher, um sich daran zu wärmen. Aus deinen Augen strahle gesegnetes Licht wie zwei Kerzen in den Fenstern deines Hauses, die den Wanderer locken, Schutz zu suchen dort drinnen vor der stürmischen Nacht. Wen du auch triffst, wenn du über die Straße gehst, ein freundlicher Blick von dir möge ihn treffen.

(Aus Irland)

VIII. Predigt:

Meine lieben Konfirmandinnen und liebe Konfirmanden!

Was ist eigentlich die letzte Handlung gewesen, die Ihr zu Hause vor diesem feierlichen Gottesdienst getan habt? Fast könnte ich wetten, dass ich es weiß. Oder sagen wir einmal so: Zumindest eine Eurer letzten Tätigkeiten hat hiermit zu tun (P. zeigt einen großen Spiegel). Jawohl, Ihr habt Euch noch einmal im Spiegel betrachtet, um zu sehen, ob die Haare, und bei den Mädchen vielleicht auch die Schminke, stimmen. Und nicht nur der Spiegel hat dann wie im Märchen zu Euch gesagt: „Daniel oder Rebecca, Madeleine oder Paul, Ihr seid die Schönsten im ganzen Land!" Ich selber kann diesen Eindruck wirklich nur bestätigen: Ihr seht einfach gut aus. Überzeugend. Erwachsen. Zum Teil seid Ihr richtig süß anzusehen. Eure Eltern sind mit Recht stolz auf Euch. Und ich bin es auch, wenn ich merke, was für einen guten Geschmack Ihr für Eure Präsentation entwickelt habt. Schaut selber noch einmal, der Spiegel zeigt Euch, wie hübsch Ihr seid. (P. geht langsam mit dem Spiegel an jeder/m Konfirmandin/Konfirmanden vorbei. Anschließend hängt er ihn an der Wand auf.)

Aber nun ist das mit den Spiegeln so eine Sache. Wohl zeigen sie uns, wie unser Äußeres beschaffen ist. Aber manchmal verbergen sie gerade auch dabei, was eigentlich hinter unserer Fassade noch so alles steckt. Aus Eurer Kindheit wisst Ihr noch sehr gut, wie das mit dem „Spieglein, Spieglein an der Wand" im Märchen weiterging. Denn eines Tages lobte der Spiegel nicht mehr nur das Antlitz der Königin, sondern pries darüber hinaus viel mehr noch ihre Konkurrentin; und holte dabei das Dunkelste aus ihr zum Vorschein: „Frau Königin, Ihr seid die Schönste hier" (evtl. Gemeinde zum Mitsprechen animieren), „aber Schneewittchen über den Bergen, bei den sieben Zwergen, ist noch tausendmal schöner als Ihr." Bei so einer Nachricht verändert der Spiegel unser Gesicht und unser Herz; und macht aus uns Menschen nur allzu oft ganz neidische, eifersüchtige Geschöpfe, die sich immer gleich mit anderen vergleichen müssen. Weil ja jeder der Schönste und Beste und Klügste sein will.

Ich muss Euch heute einmal ganz ehrlich erzählen: Als ich konfirmiert wurde, da fand ich mich in unserem Badezimmerspiegel gar nicht so toll. Meine Eltern hatten mir aus Protest gegen die Beatles beim Friseur um die Ecke einen „Fassonschnitt-möglichst-kurz" verpassen lassen; und entsprechend rasiert sah ich dann auch aus. Außerdem war ich noch zu meinem Leidwesen Brillenträger. Mit dem Spiegel stand ich also auf Kriegsfuß. Ich hatte den Eindruck: eigentlich verdeckt er mein wirkliches Wesen, statt die ganze Wahrheit über meine Person zu zeigen. Ich war doch nicht nur das, was man äußerlich von mir wahrnehmen konnte. Ich war doch noch viel, viel mehr. Ich hatte Humor. Ich konnte ganz gut Klavier spielen. Ich hatte ziemlich interessiert im KonfirmandInnenunterricht mitgemacht. Wo war das alles denn jetzt im Spiegel geblieben?

Auch der Apostel Paulus kannte sehr wohl die Fragwürdigkeit und die Begrenztheit eines Spiegels. Nicht nur für Menschen. Auch auf ihrer Suche nach Gott. Beim Versuch, ihn zu „sehen", ihn zu verstehen, meinte Paulus, würde man nur ein verschwommenes, eher dunkles, schemenhaftes Bild von ihm zu erkennen bekommen. Erst viel später im Leben, wahrscheinlich erst nach diesem Leben hier, werden wir erkennen und richtig begreifen, wer da hinter dem Spiegel dieser Welt als Gott auf uns gewartet hat. Und wie wir dann in seinem Licht auch unser eigenes ganzes Leben verstehen dürfen.

Denn das ahnt auch schon Ihr als Jugendliche: Unser Leben ist vielschichtiger und reichhaltiger, manchmal eben auch komplizierter und schwieriger, als der erste Blick in einen Spiegel uns heute Morgen verraten hat. Versteht mich richtig: In keiner Weise will ich Euer fesches Aussehen und selbstbewusstes Auftreten an diesem Tag infrage stellen. Eure Ausstrahlung gehört gewiss zur Konfirmation dazu. Aber es stecken eben noch viele andere Dinge ich Euch drin, die der Spiegel so nicht gezeigt hat. „Herr, Du kennst mich", heißt es im Psalm 139, den wir zu Beginn des Gottesdienstes gehört haben. „Egal, ob ich sitze oder aufstehe, du verstehst alle meine Gedanken auch aus der Ferne."

So einen, der hinter unser Spiegelbild sieht, können wir gerade an diesem Tag gut gebrauchen. Denn: Was weiß auch ich eigentlich wirklich von Euch? Kann ich Eure Gedanken lesen, was Euch dieser Gottesdienst bedeutet? Verstehe ich wirklich, mit welchen Gefühlen Ihr diesem Tag entgegenseht? Verrät dieser Spiegel hier vorne tatsächlich, was für Menschen Ihr seid?

Denn seht, es gibt noch ein anderes Märchen, das von einem Spiegel handelt. Es heißt „Die Schneekönigin", und der dänische Dichter Hans-Christian Andersen hat es für uns aufgezeichnet. Es beginnt so: „Es war ein böser Zauberer, einer der allerärgsten, es war der Teufel selbst! Eines Tages war er recht bei Laune, denn er hatte einen Spiegel gemacht, der die Eigenschaft besaß, dass alles Gute und Schöne, was sich darin spiegelte, fast zu nichts zusammenschwand, aber das, was nichts taugte und sich schlecht ausnahm, das trat hervor und wurde noch ärger. [...] Die besten Menschen wurden darin widerlich oder standen auf dem Kopf ohne Rumpf. [...] Und so konnte man schließlich sehen, wie die Menschen und die Welt wirklich aussehen." Das Märchen geht so weiter, dass eines Tages der Spiegel vom Himmel auf die Erde fällt, wo er in hundert Millionen Stücke zerspringt. Und sich schließlich als Spiegelscherben in den Herzen der Menschen festsetzt. Und dabei werden die Herzen der Menschen zu einem Klumpen Eis.

Es ist ein Märchen. Aber es enthält eine große Wahrheit über uns Menschen, auch über Euch, die Ihr heute konfirmiert werdet. Denn wenn wir ehrlich sind, müssen wir eingestehen, dass wir alle den einen oder anderen Splitter dieses dunklen Spiegels im Herzen tragen. Es würde unserer Wirklichkeit völlig widersprechen, wenn wir nicht dazu stehen, darüber auch heute nachdenken würden.

Gerade auch die Bibel weiß sehr wohl um die Schattenstellen unseres Herzens Bescheid. Sie sieht schon jetzt vielleicht den Splitter des Neides, wenn wir in den kommenden Tagen unsere Geschenke mit denen der MitKonfirmandInnen vergleichen. Oder sie sieht den Splitter des Stolzes, wenn wir uns in diesem Moment besser und hübscher empfinden als die Jugendlichen neben uns. Sie sieht auch den Splitter der Unwahrheit, der uns manchmal nach außen hin als andere erscheinen lässt, als wir in Wirklichkeit sind. Wir selber wissen oft nichts davon. Und deshalb gab es früher an den Höfen der Könige einen Narren, der seinem Herrscher einen Wahrheitsspiegel vorhielt und ihm damit zeigte, was neben seinem herrschaftlichen Glanz sonst noch alles in ihm steckte.

Auch Euer Leben hat neben glanzvollen auch dunkle Seiten, und manchmal besteht es sogar aus teuflischen Scherben. Aber in Eurer Konfirmation geschieht nun etwas ganz Wichtiges mit dem zerbrochenen Spiegel in Euerm Herzen. Bei Eurer Einsegnung werdet Ihr dieses Spiegelkreuz (P. zeigt Karte, s. unter I. Anmerkung) erhalten. Das Kreuz umfasst all die Scherben, die sich vorher in Eurem Herzen befunden haben: Splitter der Missgunst, der Unzufriedenheit, der Unsicherheit und der Scham. Aber auf diesem Bild haben sie keine Macht mehr über Euch. Sie sind jetzt gebändigt und zusammengefasst im Kreuz Christi. Christus, so sagt man, ist der Spiegel, den uns Gott von sich selber zeigt. In Christus spiegelt sich Gott wider. Er ist das tröstliche, liebevolle Spiegelbild Gottes. In ihm erkennt man Gott am Besten. Und die Vergebung all unserer Lebensbruchstücke.

Und so können wir selber nun ganz guten Mutes in diesen Kreuzesspiegel sehen und zu uns selber stehen. Hier, im Kreuz, können die Splitter unseres Lebens uns nichts mehr anhaben. Hier werden sie zusammengefügt zu einem Ganzen, zu einem ganzen Menschen, zu dem eben nicht nur der äußere Schein, sondern auch die ungelösten Fragen unserer Person gehören. Ein im Ganzen von Christus zusammengehaltener und damit geliebter Mensch. Wenn Ihr nachher die Karte ein wenig zusammenrollt, dann werdet Ihr wie in dem Märchen von der Schneekönigin auf dem Kopf stehen. So sehen wir aus, wenn wir auf den festen Halt durch Christus verzichten wollen – und uns damit ganz schön verbiegen lassen. Aber zu unserem Glück lässt uns dieser Heiland nicht im Stich. Denn wenn Ihr diese Karte als Bild für Euer Leben wieder öffnet und glatt streicht, dann werdet Ihr Euch erkennen, wie Ihr wirklich seid: Natürlich auch mit Rissen und Brüchen, aber gerade so geliebt und verbunden von dem Herrn Eures Lebens. Und dabei geschieht eine Verwandlung mit uns: Wer sich in diesem Spiegelkreuz erkennt, der wird dabei selber ein Teil von Christus und gehört auf die Ewigkeit zu ihm. Das ist Euch schon einmal bei Eurer Taufe zugesagt worden. Und das wird nun gleich bei Eurer Einsegnung noch einmal unterstrichen und bestätigt.

Aber nun ist ja irgendwann einmal Euer schönes Konfirmationsfest vorbei. Dann werdet Ihr wieder jeden Morgen aufstehen und Euch etwas müde im Badezimmerspiegel betrachten. Ihr werdet dafür sorgen, euch ein bisschen herzurichten, wie man so schön sagt, um von den anderen halbwegs gut angesehen zu werden. Aber wo ist dann in Euerm Spiegel Euer Glaube, das Kreuz und Euer Ja zu diesem Spiegelkreuz geblieben? Immer wieder erlebe ich es ja, dass nach der Konfirmation der Kontakt zur Kirche zumindest eine Zeit lang unterbrochen wird. Und manche Jugendliche sagen einem auch ganz offen, dass sie im Grunde die Kirche für überholt, ihre Ausstrahlung im Spiegelglanz matt, ihre Angebote für tot halten. Gerne erzähle ich ihnen dann immer wieder die Geschichte eines englischen Kollegen, der sich auch immer wieder diese „Kirche-ist-tot"-Behauptungen anhören musste. Eines Tages lud er deshalb ganz konsequent seine Gemeinde zur Beerdigungsfeier seiner Kirche ein; bat aber die Mitglieder vor dem letzten Abschied, doch noch einmal in den Sarg der toten Kirche hineinzusehen. Nichts anderes lag darin als dies hier! (P. zeigt auf den Spiegel). Und der Spiegel sagte damit: Du bist Kirche! Du darfst auf Deinem Gesicht den Christusglanz auch in Deiner Gemeinde widerspiegeln. Und wenn nicht? „Nun", sagte der Jakobusbrief, „wenn jemand ein Hörer des Wortes und nicht ein Täter ist, der gleicht einem Menschen, der sein liebliches Angesicht im Spiegel beschaut hat. Kaum hat er das getan, geht er weg und vergisst, wie er ausgesehen hat." (Jak 1,23f) Vergesst Ihr Euer Gesicht im Spiegel Christi nie!

Denn, liebe Konfirmandinnen und liebe Konfirmanden, es liegt auch an Euch, ob diese Kirche glänzt, ausstrahlt und lebendig bleibt. Werdet selber im Laufe Eures Lebens immer mehr zu so einem blankgeputzten, strahlenden Spiegel des Himmels, in dem auch andere erkennen können, wie hübsch Ihr seid: Als Konfirmierte, die auf ihrem eigenen Gesicht die Herrlichkeit Gottes widerspiegeln.

Amen.

2 „Und nichts als die Wahrheit … ?“

I. Anmerkung:

Die Predigt in diesem Konfirmationsgottesdienst über das 9. Gebot (nach reformierter Zählung), „Du sollst nicht lügen!“, findet in Form eines Gespräches zwischen PfarrerIn und dem „Lügentroll“ statt.

Die KonfirmandInnen bekommen nach der Einsegnung als Geschenk ein T-Shirt mit der Aufschrift „Du sollst nicht lügen“ überreicht. Es ist über die „edition chrismon“ erhältlich gewesen. Ansonsten kann man es sicherlich auch in den entsprechenden Copy-Shops selber herstellen.

II. Begrüssung:

Liebe Konfirmandinnen und liebe Konfirmanden, liebe Eltern, Großeltern und PatInnen, Verwandte und Gäste, liebe Gemeinde!

Ganz herzlich möchte ich Euch und Sie alle zu diesem Konfirmationsgottesdienst in unserer Kirche willkommen heißen. Es ist schon ein besonderer Tag, der vor den Jugendlichen liegt: Mit ihrer Konfirmation werden sie offiziell in die christliche Gemeinde aufgenommen und bekommen damit auch entsprechende Rechte und Pflichten als Mitglieder der Kirche zugesprochen. Und gleichzeitig geschieht etwas auf ihrem Weg zum Erwachsensein: Ihre Kinder sind keine Kinder mehr – nichts zeigt das mehr als die Fotos, die bei ihrem Begrüßungsgottesdienst vor eineinhalb Jahren von ihnen aufgenommen wurden. Jetzt wollten sie als Jugendliche immer stärker selber Verantwortung übernehmen. Das ist keine einfache Sache. Es ist – und zwar für alle Beteiligten – auch nicht immer eine leichte Zeit des Heranwachsens. Wohl haben wir versucht, die Gebote Gottes für unser Leben kennenzulernen; aber sie auswendig daher zu sagen allein, reicht natürlich nicht aus. Eigene

Überlegungen und Entscheidungen in komplizierten Situationen sind gefragt, was Gottes gute Ratschläge denn nun konkret für unsere Zeit bedeuten. Dazu möchte auch dieser Konfirmationsgottesdienst beispielhaft in der Auslegung eines der Gebote seinen Beitrag leisten.

Und so feiern wir auch dieses Fest im Namen Gottes, des Vaters, der diese Welt so wunderbar geschaffen hat; im Namen seines Sohnes, Jesus Christus, der uns vorgelebt hat, dass die Liebe als wichtigstes Licht unsere Lebensstraße bescheint; und im Namen des Heiligen Geistes, der uns heute Mut, Tatkraft und Fantasie für ein Leben als Christen schenken möge. Amen..

III. PSALM: 1 (in moderner Übertragung)

Der ist gut dran, der falsche Ratgeber durchschaut, der sich von schlechten Vorbildern nicht verleiten lässt und nicht die Wege geht, die in Schuld enden müssen. Der ist gut dran, der sich nicht zu denen hält, die gedankenlos über Gott daherreden und spöttisch über Menschen, die glauben. Der ist gut dran, der sich Gedanken macht, der zu begreifen sucht, was er glaubt und wofür er lebt. Der ist wie ein Baum mit tiefen Wurzeln, am Wasser gepflanzt, der Kräfte hat, dem Wetter standzuhalten und Frucht zu tragen, wenn es an der Zeit ist. Der verbringt sein Leben nicht nutzlos und woran er arbeitet, das wird nicht vergeblich sein. Denn wer nach Gott fragt, der entdeckt das Leben, das ganzen Einsatz lohnt und sich bewährt.

IV. LIEDER:

Lobe den Herren, den mächtigen König der Ehren (EG 317, 1–4); Gott gab uns Atem (432,1–3); Wenn das Brot, das wir teilen (EG 667,1–3); Herr, deine Liebe ist wie Gras und Ufer (Lieder zwischen Himmel und Erde, tvd-Verlag, 224,1–4); Bewahre uns Gott, behüte uns Gott (EG 171,1–4); Möge die Straße uns zusammenführen (tvd 89,1+2+4); Unser Leben sei ein Fest (tvd 59,1+2); Nun danket alle Gott (EG 321,1–3)

V. LESUNG:

Die Seligpreisungen (in moderner Übertragung)

Die nicht schon auf alles eine Antwort wissen, die sind gut dran, denn ihnen tut sich die Welt Gottes auf. Die unter den Zuständen leiden, die sind gut dran, denn sie werden Mut und Hoffnung gewinnen. Die nicht auf Gewalt setzen, die sind gut dran, denn ihnen wird die Erde gehören. Die keine Ruhe geben und nach Gerechtigkeit schreien, die sind gut dran, denn sie werden zufrieden sein. Die barmherzig sind, die sind gut dran, denn sie werden Barmherzigkeit erleben. Die sich selbst und anderen nichts vormachen, die sind gut dran, denn sie werden Gott vor Augen haben. Die den Frieden herbeiführen, die sind gut dran, denn ihnen wird man glauben, dass sie von Gott sind. Die angefeindet werden wegen neuer Gerechtigkeit, die sind gut dran, denn ihnen tut sich die Welt Gottes auf.

VI. FÜRBITTENGEBET:

Jesus Christus, Du bist der Weg, / die Wahrheit und der Lebenssteg. / Wenn wir uns ganz nach Dir nur richten / werden uns Sorgen nie vernichten. / Und so bitten wir Dich heute: / Mach' aus uns doch solche Leute, / die in Dein'n Geboten steh'n, / ihre Meinung nicht verdreh'n. / Gerade um der Wahrheit willen / helfen nicht Beruhigungspillen, / sondern nur ein off'nes Wort, / das die Lüge treibet fort. / Dass es Situationen gibt,/ auch im Alltag sehr beliebt,/ die nach einem Flunkern suchen, / lass uns als Erfolg nicht buchen. / Eher noch als Ausrutscher, / die nicht oft soll'n kommen vor. / Doch zu Dir mög' unser Reden / hängen nur an Weisheitsfäden, / das wir Dich nur nicht belügen / und dabei uns selbst betrügen. / Denn es gibt Situationen, / in den'n Lügen sich nicht lohnen: / Steht die Wahrheit auf dem Spiel, / ist schon eine viel zu viel. / Gewöhnt man gar sich Lügen an / verlier'n Vertrauen Frau und Mann. / In der Deutung von Martin Luther / kommt's bei Menschen dann in Butter, / wenn sie nicht nur Lügen meiden, / sondern Gutes nur verbreiten. / Wer and're entschuldigt und and're versteht / am Besten auf Deinem Weg, Jesus, geht, / der Du selbst Wahrheit bist und Leben, / mach uns Herr Christ, so Gott ergeben! Amen.

VII. Segen:

Geht und seid Salz für die Erde und Licht für die Welt. Geht mit der Zuversicht, dass Ihr dabei nicht allein seid, sondern in der Gemeinschaft aller Christen lebt, ja mehr noch in der Gemeinschaft mit Christus selbst. Es segne und behüte Euch der allmächtige und barmherzige Gott, der Vater, der Sohn und der Heilige Geist. Amen.

VIII. Predigt: „Du sollst nicht lügen … oder doch?" Ein Konfirmationsgespräch zwischen der/m Pfarrer/in und dem Lügentroll

PfarrerIn (P):

Meine lieben Konfirmandinnen und liebe Konfirmanden!

Es gibt einfach Tage, die ragen aus dem Alltag heraus. Der Geburtstag ist so ein Termin. Da wird man gefeiert und beschenkt. Und der erste Ferientag im Sommer, wenn die Fahrt ans Meer geht und alle Freiheiten der Welt vor einem liegen. Vergessen wir nicht all die kirchlichen Feste als zusätzliche Höhepunkte im Jahr: Die vielen vertrauten und gelungenen Weihnachtsabende. Die Spaziergänge im ersten Frühlingsduft am Ostersonntag zum Beispiel. Aber all diese Feiern teilen andere Menschen mit Euch. Und das ist auch schön. So wie Ihr natürlich auch heute von Familie, Nachbarn und FreundInnen begleitet werdet. Und doch ist heute ein herausragender Tag als alle anderen Jahresfeste zusammen. Die Konfirmation mit dem Konfirmationsspruch gehört ganz persönlich Euch, nur Euch! Jedem und jeder einzelnen. Heute seid ganz allein Ihr der Mittelpunkt eines kirchlichen Geschehens. In dieser Art gibt es eigentlich nur vier Termine in Eurem ganzen Leben. Das war einmal Eure Taufe. Das wird wahrscheinlich einmal Eure Trauung sein. Und am Ende Eures Lebens ein Abschied, wenn Euer Name ein letztes Mal bewusst genannt werden wird.

In dieser Reihe ist nun das heutige Fest auch herausragend als Bestätigung Eures christlichen Glaubens. Eineinhalb Jahre habt Ihr Euch eifrig darauf vorbereitet, mitgearbeitet, in einem Vorstellungsgottesdienst Euer Wissen und Können der Gemeinde gezeigt. Der eigentliche Sinn dieses Tages ist aber nun Eure feierliche Aufnahme in die Gemeinde, die Zulassung zum Abendmahl und PatInnenamt.

Lügentroll (L trägt ein T-Shirt mit der Aufschrift „Du sollst nicht lügen“):

Sag mal, übertreibst Du da nicht ein bisschen? Du meinst doch nicht allen Ernstes, dass den Jugendlichen dieser Gottesdienst mehr bedeutet als die viele Geschenke nachher und Geldgutscheine und versprochenen Bildungsfahrten und Büfetts und ihre Klamotten und die Kuchenaufbauten und den abendlichen Restaurantbesuch mit musikalischem Ausklang und …

P: Solche Miesepeter habe ich gern. Habe ich denn behauptet, die anschließende Feier und das Essen wären völlig unwichtig? Hab ich das? Also! Ich wage nur zu behaupten, dass dieser persönliche Festtag für die Jugendlichen auch eine besondere geistliche Bedeutung hat mit Gebet und Musik, mit Liedern und Sprüchen …

L: Ist ja doch ganz gut, dass ich wieder einmal in einer Kirche vorbeischaue. Die Leute haben mich nämlich manchmal ganz besonders nötig.

P: In einer Kirche vorbeischauen? Besonders nötig haben? Dürfte ich freundlicherweise einmal wissen, wer Du überhaupt bist und was Du hier mitten in unserem Konfirmationsgottesdienst treibst?

L: Ja, sieht man das denn nicht *(zeigt auf sein T-Shirt)?* Ich bin schlicht und einfach der Lügentroll und tauche überall dort auf, wo es die Menschen in ihrem Leben mit der Wahrheit – wie sagt Ihr hier immer? – nicht besonders ernst nehmen.

P: Und wie bitteschön habe ich das jetzt zu verstehen? Du willst doch nicht etwa behaupten, dass das Lügen gerade in der Kirche fröhliche Urstände treiben würde? Du kannst ja gerne mal die Jugendlichen befragen, wie wir uns Nachmittage lang bemüht haben, den Sinn des 9. Gebotes – nach der Zählung Martin Luthers des 8. – auf unser Leben zu beziehen: „Du sollst nicht falsch Zeugnis reden wider deinen Nächsten"; modern übertragen: „Du sollst nicht lügen." *(Zu den KonfirmandInnen:)* Stimmt das etwa nicht?

L: Habe ich das etwa bestritten. Aber fangen wir einmal bei Dir selber an. Ich behaupte einmal ganz frech von der Leber weg, dass Du Dich gerade eben selbst belogen hast.

P: Mich selber belogen? Na, das würde ich doch gerne etwas genauer wissen wollen?!

L: Schau mein Lieber/meine Liebe, das war doch gerade kaum mehr anzuhören, wie Du den Konfirmationstag aus dem Leben der Jugendlichen in den Himmel gehoben und sie gelobt hast und Dir auch durch sie zukünftig eine volle Kirche versprichst und …

P: Und was ist bitteschön daran verkehrt? Was soll denn sonst der Sinn dieser schönen Feier sein?

L: Na, jedenfalls nicht die Unwahrheit sagen. Und dann auch noch durch eine/n sogenannte/n Geistliche/n. Aber jetzt einmal ernsthaft: Wie viele Jugendliche hast Du in Deinem Leben schon konfirmiert?

P: Was für eine Frage!? Also, wenn ich es mir recht überlege und einmal nachrechne … über 1.000 Jugendliche sicherlich.

L: Aha, und denen hast Du auch Jahr für Jahr erzählt, wie toll sie wären und was sie mit der Konfirmation für ihr Leben erhalten würden …

P: Und? Was wäre daran so verwerflich oder sogar lügenhaft?

L: Muss ich Dir das wirklich noch erklären? Schau Dich doch einmal in Deinem normalen Gottesdienst, im Gemeindeleben unter der Woche um. Siehst Du da noch jemand wieder von den über 1.000 Jugendlichen? Aha! Das meinte ich mit dem Selbstbelügen. Aber dabei bleibt es nicht: Ich habe gewaltig den Eindruck, dass auch sonst das Lügen in der Kirche keine ganz unwichtige Rolle spielt.

P: So, jetzt reicht's mir aber. Du möchtest also eine theologische Diskussion über's 9. Gebot halten? Die kannst Du gerne haben.

L: Da bin ich aber sehr gespannt, wie Du Dich diesmal rausreden willst. In sprachlichen Darbietungen habt Ihr PfarrerInnen ja Übung.

P: Nun mach uns mal nicht schlechter als wir sind! Also: Zunächst einmal geht es in diesem Gebot darum, vor Gericht als Zeuge die Wahrheit zu sagen und eben keine Falschaussage zu machen. Und da bin ich mir jetzt ziemlich sicher: Kein einziger meiner lieben KonfirmandInnen hat auch nur einmal im Leben vor einem Richter die Unwahrheit gesagt.

L: Ach mein Lieber/meine Liebe, so hoch will ich gar nicht hinaus. Natürlich, beim Gericht hat tatsächlich keiner Deiner jungen Leute gelogen, schlicht und einfach aus dem kühlen Grunde, weil sie dort noch nie im Zeugenstand waren. Aber, mal ehrlich, Du möchtest jetzt doch nicht allen Ernstes behaupten, dass Deine KonfirmandInnen die frömmsten und ehrlichsten Lämmer im Dorf wären? So blind kannst doch selbst Du nicht sein. Als ob Deine Schäfchen noch nie z.B. ihre Eltern oder LehrerInnen angelogen hätten, bei Hausaufgaben, beim Zuspätkommen, beim Zimmeraufräumen, bei Computerspielen, bei Verabredungen mit FreundInnen, vielleicht sogar in finanziellen Dingen …

P: Habe ich das denn jemals behauptet? Du wirst lachen, aber die Jugendlichen haben wir selber ganz offen erzählt, in wie vielen Situationen sie schon die Unwahrheit gesagt haben: Aus Angst, aus Bequemlichkeit, manchmal sogar aus dem Versuch heraus, zu testen, wie weit sie dabei gehen könnten. Und glaub's jetzt oder glaub's nicht: im Nachhinein fanden die meisten das alle selber gar nicht mehr so toll. Denn sie haben etwas Neues dabei gelernt: Familien, Beziehungen, Freundschaften, ja viele Verhaltensregeln in unserer Gesellschaft kommen ganz schön ins Schleudern, wenn Menschen nicht mehr die Wahrheit sagen. Dann traut man sich nämlich gegenseitig nicht mehr über den Weg. Man verletzt das Vertrauen anderer und verrät einmal gegebene Versprechen. Und diese Erfahrung sollte die Jugendlichen nicht zum Nachdenken angeregt haben – eben auch zum Nachdenken über das 9. Gebot?

L: Sag mal, in welcher Welt lebst Du eigentlich? Selbst wenn Deine KonfirmandInnen sich ganz fest vorgenommen haben, in ihrem Leben immer die Wahrheit zu sagen, meinst Du wirklich, sie kämen damit weit und blieben auf der Überholspur? Abend für Abend bekommen sie im Fernsehen serviert, wie die vermeintlich ehrlichen Erwachsenen in der Wirtschaft, Politik, Sport oder Kultur es mit der Wahrheit nicht so ganz ernst nehmen. Vor allem dann nicht, wenn es zu ihren Gunsten ist. Oft genug kommen sie dabei völlig ungeschoren davon. Du bist wirklich ein ziemlicher Wahrheits-Träumer!

P: Ungeschoren davon? Also zum einen gibt es zum Glück immer noch gute Gerichte in Deutschland, die sehr wohl und sehr genau auf die Wahrheit achten. Aber vielleicht war mir eines im Gespräch mit den Jugendlichen fast noch wichtiger: Sie sollten lernen zu unterscheiden zwischen einer – sagen wir einmal – verzeihbaren, lässlichen Lüge und einer Lüge, die alles zerstören kann und unverzeihlich bleibt.

L: Ja, ja, so kenne ich Euch PfarrerInnen schon seit Langem. Immer eine butterweiche, selbstgemachten Unterscheidung parat. Immer eine recht windige Ausrede zu Hand, wenn es hart auf hart kommt. Um euch damit die Wahrheit so zurechtzubiegen, wie es Euch gerade mal so in den Kram passt.

P: Jetzt hört sich aber wirklich bald alles auf! Niemand hat ernsthaft in der Kirche jemals behauptet, dass es überhaupt keine kleinen Lügen und verzeihliche Unwahrheiten gäbe. Jeden Tag, irgendwo. Ich kann Dir auch gerne gleich ein aktuelles Beispiel geben. Keine Patentante/kein Patenonkel wird gleich im Anschluss beim Menu auf die Frage, wie denn die Vorsuppe geschmeckt hätte, antworten: „So etwas Entsetzliches musste ich noch nie essen!" – selbst wenn das Süppchen wegen einem verliebten Koch völlig versalzen gewesen ist.

L: Sehr witzig!

P: Nein, das ist nicht witzig, so etwas tut man einfach nicht. Und genauso wenig sagt man einer Konfirmandin/einem Konfirmanden an ihrem/seinem Ehrentag: Deine Frisur sieht aber ganz schön bescheiden aus. Selbst wenn es so wäre. Und warum flunkert man ein bisschen? Weil man Menschen, die einem nahe stehen, nicht unnötig verletzen will und sie auch vor Gelächter schützen möchte. Was ist denn wichtiger: Das Lügenverbot auf Gedeih und Verderb durchzudrücken oder lieben Menschen eine Freude zu machen und sie vor Verletzungen zu schützen?

L: So einfach ist das also: Man kann sich als konfirmierter Christ/konfirmierte Christin die Wahrheit immer so zurechtlegen, wie es einem gerade passt. Und genauso flott darf man dann wohl auch mit den anderen Geboten umgehen: Ein bisschen stehlen, wenn's keiner sieht, kein Problem! Ein bisschen den Feiertag zur Party umfunktionieren; ein bisschen die Eltern hintergehen, neben der Ehe ein bisschen liebäugeln mit anderen Liebesbeziehungen; das alles ist gar nicht so tragisch, wenn man nur nach Außen hin die Fassade einer scheinbaren Christlichkeit aufrecht erhält. Das nennt man dann wohl die Freiheit eines evangelischen Christenmenschen.

P: Wer hätte denn so einen Unfug schon wieder behauptet? Oh nein, die 10 Gebote gelten bei uns in der Kirche sehr, sehr viel. Sie sind doch gerade nicht irgendwelche unmenschlichen, unsinnigen Forderungen, sondern Hinweise, Ratschläge, wie unser Leben unter Gottes Führung wunderbar gelingen kann. Und dabei gilt es tatsächlich in aller Freiheit jedes Mal, immer wieder, sehr genau zu überlegen, was mit einer undurchdachten buchstäblichen Erfüllung geschehen würde; oder aber wie man sie vielleicht ganz individuell, also von Fall zu Fall persönlich auslegen und ins wahre Leben behutsam übertragen sollte.

L: So ist das also: Wenn's einem denn passt, darf man ruhig munter seine Umgebung belügen: Den Nachbarn/die Nachbarin über die scheinbar superbillige Schnäppchenflachbildschirmanlage, den Chef/die Chefin über die liegengebliebenen Aufträge; die Polizei über den nicht getrunkenen Cocktail … Prima Anregungen für junge Leute!

P: Gerade so eben nicht! Ich habe Dir doch eben noch erklärt, dass natürlich die Wahrheit zunächst einmal immer die erste Rolle spielen muss. Sonst funktioniert gar nichts mehr in unserem Zusammenleben. Nichts in der Schule und Betrieben. Und schon gar nichts mehr in der Kirche. Wir Menschen würden uns dann nur noch gegenseitig misstrauen. Das kann's doch wirklich nicht sein. Und doch können Situationen auftauchen, da können Lügen hilfreich sein, ja manchmal sogar Menschenleben retten.

L: Na, die würde ich gern mal kennen lernen.

P: Jetzt sei doch nicht immer gleich so eingeschnappt. Denk doch mal selber nach: Es gab z.B. einmal eine Zeit in Deutschland, da war es lebensgefährlich, eine bestimmte Religion zu haben oder zu einer bestimmten Partei zu gehören oder einer bestimmten Überzeugung anzuhängen. Da gab es dann mutige Leute, die haben diese verfolgten Menschen aufgenommen und versteckt und beschützt. Du meinst doch jetzt nicht allen Ernstes, dass sie die Wahrheit über das Versteck ihrer Schützlinge gesagt haben, wenn plötzlich die Geheime Staatspolizei vor der Tür stand und nach ihnen fragte.

L: Ihr seid doch immer stolz auf Eure Bibelauslegung. Wäre denn so ein Verhalten der Unwahrheit tatsächlich auch von der Heiligen Schrift gedeckt und damit erlaubt gewesen?

P: Gut, dass Du selber endlich einmal die ganze Bibel ansprichst. Ob Du es jetzt glaubst oder nicht: Auch in ihr wird gelogen – sehr oft zum Wohle von Menschen. Da gibt es z.B. ganz zu Beginn eine Geschichte, in der Abraham einem unangenehmen König gegenüber seine Frau als seine Schwester ausgibt, aus berechtigter Angst, weil sonst dieser Herrscher ihn umgebracht hätte und seine Frau in dessen Harem verschwunden wäre. Abraham, der Urvater der Glaubens von Juden, Christen und Moslems – ein Lügner, einzig und allein aus dem Grund, um schlimmere Gefahren abzuwenden – leuchtet so ein Verhalten selbst Dir nicht ein?

L: Ist ja ganz gut, dass wir endlich beim Heiligen Buch gelandet sind. Schon zu Beginn: Wie steht es denn dort mit der Schlange, die Eva im Paradies belügt, Eva, die Adam belügt, und beide, die Gott belügen? Und deren Sohn Kain, der nach einem Brudermord auf die Nachfrage Gottes nach seinem Verbleib nichts anderes zu sagen hat als: „Keine Ahnung, wo der gerade steckt!"? Und am Ende: Die vielen sogenannten Lügenpropheten, die bewusst die Unwahrheit über schlimme Verfehlungen der Mächtigen sagen, und deshalb im letzten Buch der Bibel, der Offenbarung, in einem „feurigen Pfuhl" landen werden. Das sollen alles ganz nebensächliche Geschichten sein, die längst keine Bedeutung mehr für uns hätten?

P: Oh nein: Deine Beispiele zeigen ja gerade das genaue Gegenteil auf. Fängt der Mensch nämlich an, Gott gegenüber die Unwahrheit zu sagen, dann vollzieht er selber den ersten Schritt aus einem paradiesischen Leben heraus und muss sich auf einen beschwerlichen Erdenweg begeben. Aber, lies mal genau, selbst dem Brudermörder Kain gibt Gott nach seiner schweren Lüge noch eine zweite Lebenschance. Übrigens ganz zu schweigen vom Segen, der über Jakob lag. Jakob, der sprichwörtliche Lügner, der seinen eigenen Vater nach Strich und Faden hintergeht, sich als sein Bruder Esau verkleidet, um sich den Segen zu ergattern – und dennoch nach einer Nacht- und Nebelflucht am Ende zum Stammvater Israels wird. Ein großmäuliger Petrus, der seinem Herrn das Blaue vom Himmel verspricht, ihn dann aber verrät und völlig schutzlos lässt – und dem dann aber trotzdem vom gleichen Herrn nicht nur verziehen, sondern ein Auftrag zur Gemeindegründung übergeben wird. Also, die Bibel ist durchaus eine große Menschenkennerin: Sie unterscheidet sehr genau, wie schwerwiegend eine Lüge ist, ob Gott dabei verachtet oder manchmal eben auch durch krumme Wege ein Mensch gerettet und damit einem höheren Lebensziel gedient wird.

L: Hm…, so ganz unberührt lassen mich Deine Geschichten jetzt nicht. Du meinst also, es gibt einerseits Lügen, die nur zum eigenen Vorteil eingesetzt werden und damit andern schaden; aber auf der anderen Seite dann doch auch solche, die gerade andere Menschen achten, schützen, vielleicht sogar hochschätzen wollen. Und all dies vielleicht sogar im Auftrag Gottes tun?

P: Ja, mein Lieber, die Gebote Gottes und speziell nun heute das Lügengebot sollten auch von einem Lügentroll sehr differenziert gesehen werden. Lügen, da hast Du völlig recht, sind zunächst einmal nichts Menschliches. Woher man das weiß? Nun, Lügen sind nicht angeboren, erst im Alter von circa vier Jahren merken Kinder, was in anderen Menschen vor sich geht, z.B. dass die Eltern manchmal weniger wissen, als ihre Kinder. Und das nutzen die Kleinen dann schon einmal gerne aus. Aber grundsätzlich sagen Kinder doch lieber die Wahrheit. Und noch etwas: Kluge PsychologInnen haben die Behauptung aufgestellt, ab und an wäre es eigentlich völlig normal und gesund, sich selber ein bisschen was vorzuschwindeln, weil dies einem gesunden Selbstvertrauen dienen würde. Weißt Du im Übrigen, wie oft durchschnittlich ein Mensch am Tag lügt?

L: Ich? Woher sollte ich so etwas wissen. Ich tue doch so etwas nie?

P: Na, das bezweifle ich doch stark. 200-mal lügt täglich ein Mensch. Das beginnt schon mit der Antwort auf das eigene

Befinden: „Danke, mir geht es sehr gut!", auch wenn die Stimmung völlig im Keller ist. Manches legt man sich halt zurecht, um halbwegs unbeschadet durch den Tag zu kommen. Und was vielleicht auch noch interessant für Dich ist: Männer und Frauen lügen über unterschiedliche Dinge. Männer sagen am häufigsten die Unwahrheit, na, über was …? *(An die Gemeinde und den Lügentroll gerichtet:)* Stimmt, über ihr Auto, ihren Job und ihre Freizeitaktivitäten. Und Frauen schummeln am liebsten … *(na?)*, jawohl, über ihr Gewicht, ihr Alter und ihre Partnerschaft.

L: Verstehe ich das jetzt richtig: Das 9. Gebot ist also letzten Endes dafür da, dass Deine KonfirmandInnen selber sehr genau überlegen sollen – eigenverantwortlich, sagt man wohl heute dazu –, wie sie es in ihrem Leben umsetzen, damit sie Gott, andere und natürlich nicht zuletzt auch sich selbst möglichst zufrieden, vielleicht sogar glücklich dabei machen? Und mit der Erfüllung der anderen Gebote steht's dann vielleicht ebenso?

P: Siehst Du, mein guter Lügentroll, jetzt haben wir uns zuletzt doch ein wenig angenähert. All das, was diese jungen Menschen in unserer Kirche gelernt haben, das sollen sie immer wieder durchdenken und versuchen, es ganz persönlich in ihr eigenes Leben umzusetzen. Und das kann – je nach Situation – auch mal zu unterschiedlichen Entscheidungen führen. Sie sollen keine toten Anweisungen einfach nachbeten. Viel mehr wird ihnen zugetraut, nämlich Verantwortung zu übernehmen, die sie ab heute jeder und jede für sich umsetzen können. Deshalb ist dieser Konfirmationstag ja auch so herausragend. Die Gebote liegen in ihrer Hand. Sie dürfen sie jetzt so umsetzen, dass möglichst viel Liebe wächst, und möglichst wenig Verletzung dabei entsteht. Und damit sie nie vergessen, wie wichtig diese Regeln für unser Leben sind, bekommen auch sie gleich nach ihrer Einsegnung ein T-Shirt geschenkt, so eines wie Du, lieber Lügentroll, es anhast. Allerdings in etwas kleineren Größen! Damit sie die Gebote Gottes nicht nur im Kopf, sondern immer auch über dem Herzen tragen. Und das war doch auch Dein größtes Anliegen heute, nicht wahr?
Amen.

3 „Die Farben Gottes“

I. Anmerkung:

Für die Predigt während dieses Konfirmationsgottesdienstes braucht man vier Stolen in den Farben rot, grün, violett und weiß, die der/ die PfarrerIn bei der jeweiligen Besprechung sich umhängen. Besonders festlich sehen diese – falls vorhanden – auf einer Albe aus. Ebenfalls während der Predigt werden nach den entsprechenden „Farbabschnitten“ die vier Strophen des Liedes „Gott, Du bist wie buntes Licht“ gesungen.

Nach der Einsegnung bekommen die KonfirmandInnen ein Kreuz geschenkt, das je nach Wärme seine Farbe verändert. Dies ist zu beziehen über Versandbuchhandlungen wie z.B. „Neues Buch“.

II. Begrüssung:

Liebe Konfirmandinnen und liebe Konfirmanden, liebe Eltern und Großeltern und PatInnen, Verwandte und Gäste, liebe Gemeinde!

Ganz herzlich möchte ich Euch und Sie alle zum Konfirmationsgottesdienst in unserer Kirche willkommen heißen. Ich kann mir lebhaft vorstellen, was für eine Fülle von Vorbereitungen und an Planungen hinter Ihnen liegen: Gäste wollen eingeladen, das Haus aufgeräumt und das Essen organisiert werden, neue Kleider angeschafft und, wer weiß, vielleicht auch manche Unstimmigkeiten geglättet werden. Da mag es kein Wunder sein, dass es einem bei den vielen Herausforderungen manchmal vielleicht schwarz vor Augen wurde; oder sich in aller Überforderung graue Gedanken eingeschlichen haben. Aber hier, in dieser Kirche, soll von diesen trüben Farben nun nichts mehr zu verspüren sein. Denn wir dürfen diesen Gottesdienst unter dem Schutz dessen feiern, der seinen bunten Regenbogen über unser aller Leben gesetzt hat und mit all seinen leuchtenden Farben auch diesen Gottesdienst strahlend anmalen will. In seinem Namen, dem Namen des Vaters und des Sohnes und des Heiligen Geistes sind wir jetzt beisammen. Seine Farben, die Farben Gottes, sollen deshalb auch zu den jungen Menschen, die heute konfirmiert werden, ganz besonders sprechen.

III. Psalm: 139,1–14

IV. Lieder:

Lobe den Herren, den mächtigen König der Ehren (EG 317,1–5); Laudato Si (Lieder zwischen Himmel und Erde, tvd-Verlag, 146,1–4); Gott gab uns Atem (EG 432,1–3); Bewahre uns, Gott, behüte uns, Gott (EG 171,1–4); Herr, deine Liebe ist wie Gras und Ufer (tvd, 224,1–4); Nun danket alle Gott (EG 321,1–3)

V. Lesung:

Die Seligpreisungen (in moderner Übertragung). Siehe unter *2. V.*

VI. Fürbittengebet:

(Nach Franz von Assisi:) O Herr, mach mich zu einem Werkzeug deines Friedens (z.B. EG, Ausgabe für die Ev. Kirche im Rheinland, 875).

VII. Segen:

Gott, die Kraft aus den Tiefen, durchströme Dich. Gott, die Kraft aus den Höhen, bewege Dich. Gott, die Kraft aus der Mitte, halte Dich. Gott segne Dir diesen besonderen Tag.

VIII. Predigt: „Die Farben Gottes“ – Eine Regenbogenpredigt über die Buntheit des Christenlebens

Liebe Konfirmandinnen und Konfirmanden, liebe Eltern, Großeltern und PatInnen, liebe VerwandtInnen und FreundInnen, liebe Gemeinde!

Unser Gott hat keine graue Welt geschaffen. Gerade auf dem Weg hierher zu diesem Konfirmationsgottesdienst wird es Euch und Ihnen wieder aufgefallen sein, wie gerade im wunderschönen Monat Mai die Farben in der Natur nur so explodiert sind. Seht, nicht umsonst hat dieser Gott als sein besonderes Merkmal nicht etwa graue Sturmwolken ausgesucht, sondern hat mit dem buntschillernden Regenbogen für alle Zeiten eine farbige Brücke zu uns geschlagen. Insofern freue ich mich auch an diesem Tag über Eure bunten Kleider und die farbigen Anziehsachen Eurer Verwandten. Ich weiß wohl, dass man früher „schwarz-weiß" zur Konfirmation ging; und das machte sicherlich auch einen besonders ernsten und feierlichen Eindruck. Aber, wenn ich die Bibel recht verstehe, hat Gott Euch KonfirmandInnen ja gerade nicht als genormte graue Mäuse geschaffen, sondern – wenn ich das einmal ein wenig kess sagen darf – als „bunte Hunde", die in sehr unterschiedlicher, unvergleichlicher Weise ganz eigene Geschöpfe und Persönlichkeiten sind. So wird es Euch vielleicht gar nicht so sehr verwundern, dass ich heute einmal besonders über die Farben Gottes reden möchte. Wahrscheinlich ist Ihnen und Euch schon aufgefallen, dass auch unser Liturgieblatt heute besonders bunt gestaltet ist. Auch das soll ein Zeichen dafür sein, dass Ihr, liebe KonfirmandInnen, in Eurem Leben unterschiedlichen Farben – und damit eben auch unterschiedlichen Situationen und Farbstimmungen – begegnen werdet. Aus diesem Grund hat auch die Kirche das ganze Jahr und damit auch unser Leben in vier Farben eingeteilt, die Euch sicherlich im Gottesdienst auf dem einen oder anderen Stoffbehang aufgefallen sind. 1570 wurden diese vier Farben endgültig von Papst Pius V. festgelegt. Und ich möchte nun in dieser Ansprache nichts anderes tun, als diese vier Farben in ihrer Bedeutung zu beschreiben und sie dann vor allem auf Eure Lebenssituationen beziehen. Denn diese werden von Gott selber bunt gestaltet. Und um das auch ganz augenfällig zu machen, habe ich mir heute diesen weißen Talar, eine Albe, angezogen. Wenn wir über die einzelnen Farben gleich nachdenken, werde ich mir jedes Mal die entsprechende Stola umhängen, damit Euch so der passende Farbeindruck vermittelt wird. Und noch etwas: Nach der Erklärung jeder Farbe möchte ich mit Ihnen und mit Euch einen Liedvers singen, der musikalisch noch einmal zusammenfasst, was wir vorher gehört haben. Diese Strophen werden von einem Refrain umgeben, den Sie – mit allen Versen zusammen – auch auf Ihrem Liedblatt finden. Ihn wollen wir nun zusammen kurz einüben: „Gott, Du bist wie buntes Licht, Deine Farben sind das Leben. Du verlässt die Menschen nicht, hast das Leben uns gegeben."

(Rote Stola): Und hier ist sie, die erste Farbe: Rot! Vielleicht verwundert Ihr Euch jetzt, aber sie ist in der Tat die allererste Farbe, die Menschen gefunden und bei den frühesten Höhlenmalereien verwendet haben. Man bezeichnet sie auch als Ur-Farbe, weil sie natürlich eine lebenswichtige Bedeutung hat: Rot ist das Blut; für die Menschen in Urzeiten der Lebensquell. Deshalb haben auch die jüdischen Gelehrten in ihrer hebräischen Sprache nicht ohne Grund das gleiche Wort für „Rot" und „Blut" verwendet. Aber sie ist natürlich auch die Farbe des Feuers, der Wärme und Glut, ohne die man – gewärmt und beschützt – nicht überlebt hätte. Wisst Ihr, von dort ist es gar kein weiter Weg mehr, in der Farbe Rot so etwas wie den „brennenden" Ausdruck für den christlichen Glauben zu finden. Vielleicht erinnert Ihr Euch noch an die Erzählung, in der Gott Mose aus einem feurigen Dornbusch heraus anspricht. So „heiß" – vor Liebe brennend – ist Gott auf seine Menschenkinder. Rot, das wisst Ihr, hat sich auch deshalb bis in unsere Tage hinein als Farbe der Liebenden gehalten; und wenn Ihr eines Tages Euren ersten Liebesbrief schreibt – vielleicht habt Ihr das ja längst schon getan –, dann werdet Ihr ihn wahrscheinlich auch mit einem roten Herz, in dem Euer Name steht, unterschreiben. Auch das kommt daher, dass man Gottes Liebe immer schon mit der Farbe Rot in Verbindung gebracht hat. Sie ist die Farbe, die Euch, meine lieben KonfirmandInnen, Euer Leben lang deutlich machen soll, wie intensiv Gott Euch liebt und mit seinem ganzen Herzen Eure Jahre begleiten und erwärmen will. Vielleicht ist die Farbe Rot so etwas wie der Grundton für alle weiteren Erlebnisse und Empfindungen. Wenn Ihr Euch auf diese Gottesliebe verlasst, die wie ein Feuer für Euch brennt und ihr Blut für Euch verschenkt, dann wird auch Euer Leben nie herzlos, unterkühlt oder sinnlos sein. Nicht ohne Grund hat man deshalb das Pfingstfest, das wir in einem Monat feiern werden, mit dieser Farbe verbunden, weil diese intensive Nähe Gottes vor allem durch seinen guten Geist auch heute noch spürbar ist. Und deshalb werden auch die Paramente, Stoffe, die an Altar und Kanzel hängen, zum Reformationsfest in Rot gehalten: Denn gerade zur ständigen Erneuerung und Wiederbelebung unserer Kirche ist Gottes Herz besonders gefragt. Erhaltet Euch diesen roten Faden für Euer Leben! Wisst Ihr eigentlich, woher dieser Ausdruck kommt? Nein, nicht, wie manche denken, vom Ariadnefaden des Orpheus, sondern aus der englischen Marine! Sie

hatte mitten in ihre aufgerollten Taue immer einen roten Faden hineingeschmuggelt, damit man – im Falle eines Diebstahls – genau erkennen konnte, wem die Seile wirklich gehörten. Eben so gehört auch Ihr als konfirmierte Christen durch die Farbe Rot – Gott allein. Wie ein roter Feuerlöscher, wie eine rote Notbremse wird Euch dieser Glaube an seine Liebe ein Leben lang warnen und beschützen.

Und deshalb singen wir nun auch die 1. Strophe unseres Liedes „Gott Du bist wie buntes Licht“, beginnend und endend mit dem Refrain: „Rot das Feuer, Glut und Flamme, Wärme und Stärke fühle ich, und ich ahne das Geheimnis: Gottes Liebe trägt auch mich.“

(Grüne Stola): Wir kommen zur nächsten Farbe, der Farbe Grün. Natürlich werdet Ihr Euch alleine denken können, wofür diese steht: Schon in der Schöpfungsgeschichte wird mit dieser Farbe das „Kraut“, das alle Tiere zu essen bekommen, beschrieben. In der Tat, sie ist die Symbolfarbe für die ganze Natur, der Pflanzen und Bäume, von Vegetation und damit allen blühenden Lebens. Kräuter und Blätter, manch frisches Obst und Gemüse ist grün. Das ist wohl auch der Grund, warum Menschen, denen die Bewahrung der Schöpfung besonders am Herzen liegt, diese Farbe als ihren Namen, ihr Markenzeichen ausgewählt. Mit Sicherheit fallen Euch aber darüber hinaus zwei Bibelstellen ein, in denen diese Farbe ebenfalls vorkommt: „Er weidet mich auf einer grünen Aue und führet mich zum frischen Wasser.“ – Psalm 23, den Ihr gelernt habt! Um die Lebenskraft geht es dabei, die Gott Euch als Euer guter Hirte jeden Tag schenken will. Die Mystikerin Hildegard von Bingen lobte in diesem Zusammenhang die „Grünkraft“ aller Heilkräuter und Pflanzen. Den anderen Vers des Propheten Jeremia habt Ihr einmal selber in einem Vorstellungsgottesdienst zitiert: „Auch wenn die Hitze kommt, fürchtet sich (ein gesegneter Mensch wie) ein Baum nicht, sondern seine Blätter bleiben grün.“ (Jes 17,8b). Darin drückt sich die Hoffnung aus, die man ja bis heute mit der Farbe grün verbindet, nämlich dass Gott auch nach schweren Zeiten neues Wachsen, Erblühen, einen neuen Frühling also nach Dunkelheit und Kälte kommen lässt. Andererseits: Macht Euch deshalb nichts daraus, wenn einige Erwachsene Euch heute noch als „Grün-Schnäbel“ bezeichnen. Denn schon im Mittelalter

wurden auf alten Altarbildern die Heiligen mit grünen Mänteln versehen, ein Zeichen dafür, dass auch diese GlaubenswanderInnen von Gott selber mit Geduld, Weitherzigkeit, Barmherzigkeit und immer wieder einer Chance zum Neuanfang beschenkt wurden. Liebe KonfirmandInnen, nehmt deshalb auch diese Farbe in Euer Leben mit: Sie soll Euch einerseits ein Zeichen dafür werden, dass Ihr liebevoll und verantwortungsbewusst mit der Euch anvertrauten Natur und Schöpfung umgeht. Andererseits soll Grün die Farbe sein, die Euch daran erinnert, wie die Kraft Gottes Jahr für Jahr in Euch wachsen und neue Früchte bringen wird. Deshalb tragen alle „normalen" Sonntage, vor allem natürlich in der Sommerzeit, diese Farbe. Ist es doch meist der Alltag, in dem – übrigens oft im Verborgenen – die grüne Hoffnung ihre Kraft entfaltet und wächst.

Wieder singen wir den Refrain, dann die Strophe zur Farbe Grün und anschließend noch einmal den Refrain: „Grün die Pflanzen, grün die Bäume: Wachsen und Werden spüre ich. Und ich ahne das Geheimnis: Gottes Kräfte stärken mich."

(Violette Stola): Mit dieser Farbe, Lila, Violett, werden in der Kirche und in unserem Leben Zeiten beschrieben, die nicht ganz einfach sind. Sie ist – wie soll ich sagen? – eine Farbe, die etwas mit den manchmal schwierigen Übergängen und Wechseln unseres Lebens zu tun hat. Ihr seid mit Euren vierzehn Jahren inzwischen auch alt genug, um zu wissen, dass das Leben nicht alle Tage aus fröhlichen und leuchtenden Farben besteht. Unsere Welt kennt eben auch Krankheiten und Leid. Auch unser eigenes Leben ist manchmal randvoll an Enttäuschungen und Verletzungen, Ungerechtigkeiten und Streit. Der christliche Glaube wusste immer schon, dass man diese schwierigen Zeiten nicht einfach verdrängen darf. Auch während eines schönen Konfirmationsgottesdienstes sollte man deshalb nicht einfach so über sie hinweggehen. Dabei erinnert sich die Kirche zunächst immer daran, dass auch Jesus Leid zu spüren bekam. In einer seiner dunkelsten Stunden wurde er in einen purpurnen, lila Mantel gehüllt – übrigens ursprünglich das Zeichen für ein Herrscherkleid! – und dann geschlagen und gequält. Das war der Grund, warum man für die Passionszeit auf die Farbe Violett zurückgriff. Sie wurde Leidenszeiten zugeordnet, in denen man innerlich und still Ausschau hielt nach Antworten auf unge-

löste Glaubensfragen. Hilfe empfand man dabei im Bedenken des Mit-Leidens Christi. So wurde in der evangelischen Kirche das violette Kreuz zur Kirchenfarbe, um damit auch die Nähe zu diesem nahen Herrn – in allen Lebenslagen – auszudrücken. Violett redet über die Zeiten des Lebens, in denen Einkehr, Fasten, auch Umkehr und Buße angesagt sind. Der Kirche war es immer wichtig, auch diese Möglichkeiten für ihre Gläubigen nicht nur farblich festzuhalten. Also, liebe KonfirmandInnen, ihr braucht Euch nicht zu schämen, wenn ihr etwa in den Wochen vor Ostern oder auch der Adventszeit, nicht einfach gedankenlos ständig weiterlebt wie sonst auch. Leben besteht nicht nur aus Trubel. Immer wieder – in zahllosen Gottesdiensten und Veranstaltungen – bietet unsere Gemeinde Euch an, Ruhe zu erleben, den Alltag zu unterbrechen, um so Euch und Euren Glauben auch wiederzufinden. Leben besteht eben auch aus Scheitern, Enttäuschungen und Schwierigkeiten. In solchen Moment ist es gut, dass es in Ruheräumen die violette Kirchenfarbe gibt. Sie macht Euch Mut, zu den Übergängen und Veränderungen Eures Lebens zu stehen; weil Christus Euch dabei begleiten will.

Wir singen wieder unseren Refrain, schließen die Strophe zur Farbe Violett an und wiederholen den Kehrvers: „Violett die Kirchenfarbe, stille Zeiten brauche ich. Und ich ahne das Geheimnis: Gottes Segen sucht auch mich."

(Weiße Stola): Wir sind bei der letzten Farbe Gottes angelangt, die man als Stola auf der Albe kaum erkennen kann: Die Farbe Weiß. Sie ist der festliche Höhepunkt eines jeden Kirchenjahres; so wie ja auch nicht ohne Grund bis zum heutigen Tag bei aller Buntheit auch das strahlende Weiß in den Kleidern zur Konfirmation – oder auch Kommunion – sein Recht behalten hat. Weiß erinnert zunächst einmal an die Farbe des ersten Lebens, des Ur-Lebens, des Eies. Und sie zielt auf das wunderbar neugeschaffene Leben im Taufkleid der Christusgläubigen. Nicht ohne Grund wird deshalb auch der auferstandene Christus oft in einem leuchtenden Gewand dargestellt. Weiß erzählt eben vom Wunder einer neuen Welt, und des neuen ewigen Lebens aus Gott. So beschreibt die Bibel die Kleider Jesu auch während seiner Verklärung auf dem Berg als leuchtend weiß, ebenso im Übrigen wie die Gewänder der Engel am leeren Grab. Auch die Kleider der MärtyrerInnen und standhaft Geblie-

benen mitten in den Schwierigkeiten von Verfolgung und Leid beschreibt die Offenbarung des Johannes mit der Farbe Weiß. Liebe KonfirmandInnen, zusammen mit Euch sind wir alle noch unterwegs auf diese Farbe hin, zur leuchtenden Ewigkeit Gottes. Aber schon hier, mitten im Ablauf des Kirchenjahres, dürfen wir immer wieder einen Blick werfen auf diese strahlende, reine, neue, weiße Gotteswelt. Deshalb werden die wunderbarsten Christusfeste Weihnachten und Ostern mit dieser Farbe versehen. Sie wird zum Abbild für das Lamm Gottes, das leuchtend weiß mitten in unsere Welt gekommen ist, um dem schwarzen Tod die helle Auferstehungssonne entgegenzuhalten. In Gestalt einer weißen Taube wird diese Hoffnung als guter Lebensgeist mit Euch ziehen. In den weißen Lilien auf dem Felde und im Weiß des Brautkleides wird auch in Eurem persönlichen Leben diese Schönheit Gottes immer wieder aufleuchten.

Steht zu dieser Ausstrahlung Gottes und sing mit mir nach dem Refrain die letzte Strophe über die Farben Gottes: „Weiß die Feste und das Glück, Auferstehung glaube ich. Und ich ahne das Geheimnis: Gottes Geist belebt auch mich.“

Damit sind wir am Ende unserer Farben-Reise durch das Kirchenjahr und Euer ganzes Leben angelangt. Nehmt die Regenbogenfarben Gottes mit auf Euern Weg: Rot, Grün, Violett und Weiß. Dann wird es Euch gelingen, durch Euern Glauben alle Zeit „Farbe zu bekennen“. Denn Ihr werdet damit sichtbar machen, wer Euch – denkt an die Farbe Rot – geschaffen hat; wer Euch – Grün! – ständig wachsen und reifen lässt; wer – violette Zeiten! – Eure schwierigen Phasen begleitet; und schließlich, wer Euch zuletzt – ganz in Weiß – in seine Herrlichkeit aufnehmen wird.

Amen.

4 „Schwerter zu Pflugscharen“ (Micha 4,3)

I. ANMERKUNG:

Bei dieser Konfirmation wurde den KonfirmandInnen ein T-Shirt nach der Einsegnung geschenkt, das mit dem Emblemsticker „Schwerter zu Pflugscharen“ (erhältlich über die Organisation der „Ökumenischen Friedensdekade“, c/o Kontenpunkt e.V., Beller Weg 6, 56290 Buch/Hunsrück) versehen und in eine Papiertaube eingewickelt war. Das Bild, das bei der Predigt besprochen wird („Taube“ von Yvonne Hoppe-Engbring) ist über den Junker-Verlag auch als Titelbild für das Liturgieblatt erhältlich.

II. BEGRÜSSUNG:

Liebe Konfirmandinnen und liebe Konfirmanden, liebe Eltern, Großeltern und PatInnen, VerwandtInnen und Gäste, liebe Gemeinde!

Ganz herzlich möchte ich Sie und Euch alle zu diesem Konfirmationsgottesdienst hier in der Kirche willkommen heißen. Es ist schon ein besonderer Tag, der nach eineinhalb Jahren Unterricht vor unseren Jugendlichen liegt. Mit der Konfirmation werden sie offiziell in die christliche Gemeinde aufgenommen und bekommen damit die Möglichkeit geschenkt, mit kirchlicher Begleitung ihren ganzen Lebensweg unter Gottes Segen zu verstehen. Aber das ist nicht immer eine ganz einfache Sache. So viele andere Anregungen und Vorschläge wollen mit ihren Versprechungen und Traumbildern auch Einfluss auf das Leben junger Menschen nehmen. Da ist es sicherlich gut, dass wir in diesem Konfirmationsgottesdienst noch einmal auf ein besonderes christliches Symbol sehen dürfen, das die Jugendlichen zu einem großen Lebensziel ermutigen will. Und so feiern wir auch dieses Fest im Namen Gottes, der diese

Welt so wunderbar geschaffen hat; im Namen seines Sohnes Jesus Christus, der uns vorgelebt hat, wie seine Liebe das hellste Licht für unseren Lebensweg ist; und im Namen des Heiligen Geistes, der uns an diesem Tag Mut, Tatkraft und Fantasie für ein Leben als ChristInnen schenken will. Amen.

III. PSALM: 1 (in moderner Übertragung). Siehe unter *2. III.*

IV. LIEDER:

Lobe den Herren, den mächtigen König der Ehren (EG 317, 1–4); Gott gab uns Atem (EG 432,1–3); Freunde, dass der Mandelzweig (Lieder zwischen Himmel und Erde, tvd-Verlag, 268,1–4); Unfriede herrscht auf der Erde (tvd, 277,1–3); Bewahre uns, Gott, behüte uns, Gott (EG 171,1–4); Herr, deine Liebe ist wie Gras und Ufer (tvd, 224,1–4); Möge die Straße uns zusammenführen (tvd, 89,1+2+4); Nun danket alle Gott (EG 321,1–3)

V. LESUNG:

Die Seligpreisungen (in moderner Übertragung). Siehe unter *2. V.*

VI. FÜRBITTENGEBET:

Herr Jesus Christus! Du entlässt uns alle an diesem Tage nicht ohne Traumbilder von einer neuen Welt. Wir danken Dir, dass Du den Jugendlichen, die heute konfirmiert wurden, Symbole Deiner Nähe mit auf ihren Lebensweg gibst. Da schwebt die Taube über ihnen und schenkt ihnen ein Ölblatt als Zeichen, wie fürsorglich und gut es Gott mit ihnen meint. Da werden sie mit dem heutigen Tag in das Schiff der Gemeinde aufgenommen, um auf Deck ihre Kirche mitzusteuern; orientiert am Leuchtturm Deiner Liebe. Auch ein Engel von Dir wird um sie sein, wenn sie in schwierigen Zeiten die Orientierung zu verlieren drohen. Vor allem aber hast Du ihnen heute die Möglichkeit geschenkt, mitzuwirken, dass aus Unwahrheit Wahrheit, aus Verzweiflung Hoffnung, aus Angst Vertrauen, aus Hass Liebe und aus Krieg Frieden wird. Gib ihnen Mut und Fantasie, in der Schule und später in ihrem ganzen weiteren Leben Pflugscharen aus Schwertern und Sicheln aus Speeren zu schmieden. Schenke ihnen die Erfahrung, wie befreiend es sein kann, wenn bedrohliche Mittel ihr Gesicht verändern und plötzlich der Versöhnung, dem Frieden und der Gerechtigkeit dienen können. Lass sie dabei herausfinden, wie wahres, erfülltes Leben nur dann wächst, wenn alle Deine Kinder friedlich unter dem Feigenbaum sitzen und die Früchte ihres Weinstocks genießen können. Begleite die KonfirmandInnen an allen wichtigen Wegkreuzungen ihres Lebens, dass sie sich nicht von falschen zerplatzten Träumen entmutigen lassen, sondern sich festhalten an dem Bild Deines Hauses, in dem sie zusammen mit allen Völkern der Erde einmal in Frieden werden wohnen dürfen.

VII. Segen:

Leicht werde Dein Herz / trotz der Gewichte. / Behutsam zu sein, / verlerne Deine Hand nicht / und nicht der anderen Hände. / Lebendig sei Dein Geist und widerstehe / dem zausenden Wind der Zeiten. / Warm sollst Du es haben, / bei Regen und Sturm geschützt / vor der kalten Nässe. / Schön sollst Du sein / wie der Glanz eines Gefieders / und geschützt von der Liebe Gottes / wie unter den Schwingen / des Adlers leben. (Aus Irland)

VIII. Predigt:

In den letzten Tagen aber wird der Berg, darauf des Herrn Haus ist, fest stehen, höher als alle Berge und über die Hügel erhaben. Und die Völker werden zu ihm strömen, und viele Nationen werden hingehen und sagen: Kommt, lasst uns hinauf zum Berge des Herrn gehen und zum Hause des Gottes Jacobs, damit er uns in seinen Wegen unterweise und wir auf seinen Pfaden gehen. Denn von Zion aus wird Weisung ausgehen und das Wort des Herrn von Jerusalem. Er wird für Recht sorgen zwischen vielen Völkern und mächtigen Nationen Recht sprechen selbst in fernen Ländern. Dann werden sie ihre Schwerter zu Pflugscharen schmieden und ihre Speere zu Sicheln. Keine Nation wird gegen eine andere das Schwert noch erheben, und das Kriegshandwerk werden sie nicht mehr erlernen. Ein jeder wird friedlich unter seinem Weinstock sitzen und neben einem Feigenbaum wohnen. Niemand wird sie dort mehr aufschrecken. Denn der Mund des Herrn der Heerscharen hat dies zugesagt. Ein jedes Volk wandelt im Namen des eigenen Gottes, lasst uns aber gehen im Namen des Herrn, unseres Gottes, für alle Zeit und Ewigkeit. (Micha 4,1–5)

Liebe Konfirmandinnen und liebe Konfirmanden, liebe Eltern und Großeltern und PatInnen, liebe VerwandtInnen, Nachbarn und FreundInnen, liebe Gemeinde! – Wir leben in einer Welt voller Bilder, in einer richtigen Bilderwelt. Und wer etwas auf sich hält, entwickelt für sein Produkt ein Markenzeichen. Einer meiner Söhne geht am liebsten in einem der MEXX-Läden einkaufen, weil ihm der dortige Stil der Textilien am meisten zusagt. Und der eben „in" ist. Nicht wahr, im Grunde habt doch auch Ihr schon in der Grundschule gelernt, dass Ranzen mit dem „For You-" oder „Scout"-Aufnäher Anerkennung bei den MitschülerInnen hervorrufen. Wer das Symbol mit einem Haken auf seinem T-Shirt trägt, weiß, dass die anderen ihn als Nike-Fan achten. Es gibt nur *einen* Mercedes-Stern, auch wenn andere Automarken zumindest versuchen, ihn etwas neidisch zu kopieren. Nur *ein* Logo hat ein magentafarbenes T, das in aller Welt und in jeder Lebenslage zum Telefonieren verführt. Bilder und Symbole erzählen eben immer eine ganze Geschichte: Wozu man das Produkt erfunden hat; wie es einen an ein bestimmtes Ziel führt; vor allem auch, wie man damit andere beeindrucken kann. Offensichtlich sind wir Menschen auf solche „Leuchtzeichen" ansprechbar, denen wir uns anvertrauen, an die wir uns halten wollen, damit unser Leben glücklich gelingt.

Interessanterweise hat sich ja auch Eure Gruppe beim Vorstellungsgottesdienst mit Symbolen, christlichen Symbolen beschäftigt. Daran möchte ich heute bei Eurer Konfirmation anknüpfen. Auch mit einer Bilderwelt. Einer biblischen Bildgeschichte. Die Bilder findet Ihr vorne auf dem Liturgieblatt. Einige der Symbole werdet Ihr darauf sofort erkennen, weil sie Euch wahrscheinlich seit Kindertagen vertraut sind. Unübersehbar prangt die Taube mit dem Ölzweig in der Mitte der farbigen Darstellung. Immer schon diente sie als verheißungsvolles Bild für Gottes Versprechen, seine Welt trotz mancherlei katastrophaler Ereignisse niemals aus seiner Fürsorge fallen zu lassen. Dahinter leuchtet das bekannteste Kennzeichen der Kirche und aller christlichen Gemeinde auf: das Kreuz. Auf unserem Bild hat es einen grünen Stamm, weil es sich mitten in unserem Erdenleben verankert. Zum Himmel hin aber glänzt es leuchtend in die Welt hinaus, um über den Alltag hinaus Zukunft und Ewigkeit anzuzeigen. Das ist die Geschichte Jesu Christi, dem Mittel- und dem Höhepunkt unseres Glaubens. Darunter segelt ein Schiff. Immer schon war es das Bild für die Gemeinde, die selbst über haushohe Wellen unterwegs bleibt auf Gottes Hafen zu. Es lädt auch Euch heute ein, einzusteigen und damit teilzunehmen an der Kirchenfahrt über die Meere der Welt. Das geht, das ist machbar, weil von oben her ein Engel, ein Bote Gottes Euch begleitet, in himmlischen Blau gehalten, um mit seinen ausgebreiteten Händen Eure Lebensfahrt zu segnen.

Ja, aber darüber hinaus fallen auf dem Bild nun doch noch zwei Berge auf, links und rechts, als ob sie – fast etwas ungeduldig – zur Bildgeschichte des Propheten Micha überleiten wollen. Seine farbenprächtige Lebenswandergeschichte hat die Menschen in früheren Zeiten so beeindruckt, dass ein späterer Prophet, Jesaja, sie fast wörtlich noch einmal auf seine Schriftrolle übertragen hat. Wahrscheinlich auch deshalb, weil in dieser Geschichte so ungemein plastisch beschrieben wird, auf welches Ziel die Menschen Gottes zugehen dürfen; also auch Ihr nach Eurer Konfirmation. Euer Weg, er wird auf der linken Seite durch eine Brücke, eine Art Strickleiter angedeutet, die sich der Spitze des Berges nähert. Oben auf dem Gipfel winkt, nein strahlt ein Leuchtturm; Zeichen der Orientierung und Lebenssuche. Auf diesen Weg wollen wir uns nun nach den Worten des Propheten Micha aufmachen.

Fast ein bisschen nüchtern beginnt seine Erzählung zunächst. Schlicht und einfach wird als erstes erzählt, dass es ein ziemlich langer, auch mühevoller Weg sein wird, bis wir auf der Spitze des Berges angekommen sein werden. Liebe KonfirmandInnen, so schön und festlich Euer heutiger Einsegnungstag auch ist, im Grunde markiert er nur eine Startlinie für eine lange Suche nach dem erhofften Lebensziel. Natürlich werdet Ihr heute ausgestattet mit einem guten Reiseproviant, also einem schönen Konfirmationsspruch für jeden einzelnen, einem besonderen Segen für die ganze Gruppe, dem stärkenden Mahl des Herrn. Aber schon in ein paar Tagen wird Euch das normale Leben wieder zurück haben. Die Feierlichkeiten samt Konfirmationsmenu liegen dann hinter Euch, die Geschenke sind einsortiert, das Geld ist auf die Bank gebracht worden. Und was kommt jetzt? Äußerlich gesehen klettert Ihr weiter den Weg zur Spitze hoch, in der Schule, Eurer kommenden Berufsausbildung, Familiengründung, Arbeitsplatzsuche. Daneben aber spielt sich in Eurem Inneren noch eine ganz andere Wanderung ab. Ich nenne sie jetzt einmal den Pilgerweg zum Gottesberg. Oben, dort auf dem Hügel, steht ja im wirklichen Leben meist kein wirklicher Leuchtturm, sondern ein Haus Gottes, unsere kleine Kirche hier. So wie etwa auch auf zahlreichen Bergen weit sichtbar Kapellen stehen; Zeichen der Beziehung unserer Welt auf den Himmel zu. Und doch erleben wir auf unserer Wanderung immer wieder genug Abzweigungen, die oft in Sackgassen münden; verschlungene Pfade, die vom weiteren Aufstieg auf den Gottesberg ablenken. Ihr werdet auch der Meinung von Menschen begegnen, die empfinden es geradezu als lächerlich, sich überhaupt den Mühen eines Glaubensaufstiegs zu unterziehen. Seid Ihr nicht wirklich mit vielen anderen Lebenswegen so voll und ganz ausgefüllt, als dass Ihr Euch noch den Abzweig auf den Gottesberg leisten könntet? Nur zu verständlich klingen diese Anfragen: Denn welcher Mensch hätte sich im Laufe seines Lebens noch nicht vor diese Entscheidung gestellt gefühlt?

Der Prophet Micha weiß sehr wohl um unsere Wanderschwierigkeiten Bescheid. Und deshalb ist er auch sachlich genug, seine Geschichte in eine ziemlich ferne Zukunft zu verlegen, in der dann nicht mehr nur ein paar versprengte treue Fromme, sondern alle, alle Völker und Nationen – und wir sind dann wie selbstverständlich dabei! – den Aufstieg zu Gott nicht nur wagen, sondern sogar andere noch dazu ermuntern, himmlische Höhen zu erklimmen. Sie erklären ihre Einladung zum Mitmarschieren damit, dass alle Welt dort oben, vom Gipfel aus, weitblickend, vorausschauend lernen wird, das Wichtigste erfahren kann: Nämlich wie Leben gelingt. Im Großen wie im Kleinen: voller Frieden, Rücksicht und Sinn. Einmal ehrlich: Woher sollten wir denn wissen, wie wir uns auf dem Schulweg, im Berufsleben, in Beziehungen zu unterschiedlichsten Menschen, am Arbeitsplatz verhalten sollen, wenn es da nicht auf dem Heiligen Berg Wegweiser und Leuchttürme, Kapellen und Kanzeln gäbe, die uns in schwierigen Entscheidungen die rechte Richtung anbieten würden.

Liebe KonfirmandInnen, nicht ohne Grund haben wir so viel Zeit zum Kennenlernen der 10 Gebote investiert. In Ihnen sollt Ihr so etwas wie Kompass und Landkarte zur Hand haben, die Euch klug und sicher durchs ganze Leben führen wollen.

In unserer Wandergeschichte des Propheten findet Ihr aber nun *ein* ganz besonderes Bild, das Ihr heute auf dem Rückweg vom Berge Gottes in Eure Zukunft hinein mitnehmen dürft. Dieses Symbol findet Ihr auch abgedruckt auf der Rückseite des Liturgieblattes: „Schwerter zu Pflugscharen“ steht geschrieben im Kreis, um die Skulptur eines Menschen, der tatsächlich genau dies gerade tut: Nämlich mit einem Hammer eine tödliche Waffe in ein friedliches Erntegerät umzuschmieden. Das Originalmodell steht vor den Vereinten Nationen in New York. Später, in den 80er-Jahren des letzten Jahrhunderts wurde es zu einem Symbol der Friedensbewegung in der damaligen DDR und als Stoffemblem auf Jackenärmel genäht. Was für ein Bild: Gott sehnt sich danach, dass wir auf seinem Berg keine andere Arbeit mehr tun als Spieße in Winzermesser zu verwandeln. Jeder von uns weiß, was für ein mühsamer Prozess das ist. Zu Hause. In der Gesellschaft. Selbst in der Kirche. Und deshalb beschreibt der Prophet Micha diese endgültige Um- und Abrüstung für eine Zeit, die noch in ferner Zukunft liegt. Aber, liebe KonfirmandInnen, das sollte Euch nicht davon abhalten, schon heute diesen oder jenen kleinen Hammer zur Hand zu nehmen. Ihr habt schon jetzt die eine oder andere Möglichkeit, aus Bedrohlichem Gutes zu formen. In meiner Jugend gab es einen Protestsong von Pete Seeger: „If I had a hammer“. Dabei bezog er sich auf den Hammer eines Richters. Es heißt dort in dem Lied: „Wenn ich einen Hammer hätte, dann würde ich Gefahren heraus- und Gerechtigkeit einhämmern; und so Liebe zwischen Brüdern und Schwestern schaffen.“ Vielleicht klingt Euch das ein bisschen zu martialisch, es ist aber sehr kreativ und liebevoll gemeint.

Schon jetzt, schon hier, schon heute bei Eurem Aufstieg zum Gottesberg könnt Ihr versuchen, aus bedrohlichen Situationen mit einem kostbaren Liebeshämmerchen leuchtendes Gold der Versöhnung herauszuklopfen. Ihr könnt Euch als Konfirmierte von Vorurteilen, von Hass, von Brutalitäten und unkontrolliertem Waffeneinsatz verabschieden. Euer Lebensweg wird ohne dies alles viel erfüllter sein. Überall dort, wo Ihr in der Schule Missverständnisse in Geduld umformt, arbeitet Ihr am Verschwinden spitzer Verletzungen mit. Da, wo Ihr – vielleicht sogar beruflich – Friedenswege ausprobiert, Konflikte entschärft und Versöhnung unter zerstrittenen Menschen fördert, da blitzt inmitten Eurer Arbeit schon ein heilendes Winzermesser auf. Ich weiß selber, dass all diese kleinen Schritte längst noch kein Friedensparadies herbeizaubern werden. Aber sie werden zu sichtbaren Feuerstellen, wie der Liebesberg Gottes tatsächlich alle anderen Höhenzüge der Welt überragt; Ihr werdet mit dazu beitragen, sein Licht in alle Lande weit ausstrahlen zu lassen. Damit Ihr nie unter Euren Möglichkeiten bleibt, bekommt Ihr nach Eurer Einsegnung ein T-Shirt mit dem Friedensemblem des Propheten Micha geschenkt. Ihr könnt es immer dann besonders bewusst tragen, wenn Ihr Euch in unterschiedlichsten Situationen einbringt, Schwerter in Pflugscharen, Hass in Liebe, Perspektivlosigkeit in Hoffnung zu verwandeln.

Was dann geschehen wird? Nun, das könnt Ihr schließlich auf dem bunten Liturgieblatt auf dem anderen Berg, auf der rechten Seite erkennen. Da wächst nämlich ein Baum, der wunderbare Früchte trägt. In der Erzählung des Propheten Micha ist es ein Feigenbaum, der neben dem eigenen Haus wächst, und ein Weinstock, unter dem man friedlich den Feierabend des Lebens genießen kann. Schon heute dürft Ihr etwas von dieser versprochenen Schönheit und Sicherheit im Garten Gottes erfahren: Gutgelaunt und fröhlich werdet Ihr – vielleicht sogar wirklich in einem Garten – einen wunderschönen Konfirmationstag feiern. Aber auch später, an anderen Orten Eures Lebens, auf dem Weg hoch hinauf zum Gottesberg werdet Ihr diese Ruhemomente erfahren, in denen Ihr Euch stärken und erfrischen lassen dürft; übrigens auch immer wieder auch hier, in unserer kleinen Kirche, die viele bunte Früchte bereit hält, um Eurer Seele Nahrung zu geben. Aber natürlich auch überall dort, wo Erfolge Euer Leben krönen werden; und liebevolle Menschen all diese Höhepunkte Eures Lebens zusammen mit Euch feiern wollen. Das werden Tage und Orte sein, die Gott jetzt schon über Euerm Leben als Bilder vor Augen hat. Sein Versprechen gilt. Am Konfirmationstag. Auf ihn ist heute Verlass – aber auch für Euren ganzen weiteren Lebensweg.

Und nun bleibt eigentlich für Euch gar nichts anderes mehr zu tun übrig, als dass Ihr Euch in den kommenden Tagen das T-Shirt überstreift und Euch – begleitet von all den muntermachenden Symbolen der Taube, des Kreuzes, des Engels, des Schiffes, des Leuchtturms und des Baumes – aufmacht auf den Friedensweg, den Gott Euch schon gebahnt und vorausgegangen ist. Wer sich auf ihn einlässt, der wird ganz gewiss einmal von der Bergesspitze aus, unter einem Bergkreuz in ein weites Land hinein sehen, in dem es keine Schwerter und Spieße mehr geben wird, sondern nur noch Pflugscharen, die fruchtbare Erde durchziehen und Sicheln, die allen Menschen eine gute Lebensernte einbringen.

Amen.

5 „Wenn Schuhe reden würden“

I. Anmerkung:

Für diese Predigt der Schuhe braucht man sieben Paar Schuhe: Taufschuhe (Psalm 121,3); Lauflernschuhe (Jesaja 40,31); Schulschuhe für Jungen und Mädchen (Psalm 91,11f); Turnschuhe (1. Kor 9,24); Tanzschuhe für Jungen und Mädchen (Prediger 3,4b); Stiefel (Jesaja 52,7); Jugend-/Konfirmationsschuhe für Jungen und Mädchen (5. Mose 29,4). Ich habe mir je ein Exemplar bei einem Schuhgeschäft ausgeliehen. Natürlich kann man auch gut erhaltene gebrauchte benutzen. Bilder bzw. Zeichnungen der Schuhe sind mit dem entsprechenden Bibelvers versehen im Liturgieblatt abgedruckt. Während der Predigt wurden sie nacheinander aus einem alten Koffer geholt und auf einem Tischchen neben dem Altar aufgereiht.

Als Geschenk bekamen die KonfirmandInnen einen Schuhanhänger aus Metall (Herrenschuh/Damenschuh) an einem Lederband, den die Firma Lloyd (als Schlüsselanhänger gedacht) in größeren Schuhgeschäften anbietet.

II. Begrüssung:

Liebe Konfirmandinnen und liebe Konfirmanden, liebe Eltern und VerwandtInnen und Gäste, liebe Gemeinde!

Ganz herzlich möchte ich Euch und Sie alle zu unserem Konfirmationsgottesdienst hier in der Kirche willkommen heißen. Unser gemeinsamer Weg durch die vergangenen eineinhalb Jahre findet mit dieser Feier sein Ziel; aber auch einen neuen Anfang, den Ihr nun als mündige ChristInnen auf dem Weg zum Erwachsenwerden finden könnt. Und weil Ihr an diesem Tag sicherlich noch öfter etwas von „Weitergehen“ und „Lebensweg“ hören werdet, soll auch in diesem Gottesdienst einmal über all die Schuhe nachgedacht werden, die Ihr bis zum heutigen Tag getragen habt. Gerade auch an Schuhen kann man sehr wohl erkennen, wie Gott Euch mit seinem Segen bis hierher begleitet hat – und auch in Zukunft dies ganz gewiss mit anderen Schuhformen und -größen machen wird. Und so feiern wir auch diese Stunde in seinem Namen, dem Namen Gottes des Vaters, des Sohnes und des Heiligen Geistes. Amen.

III. PSALM: 121

IV. LIEDER:

Lobe den Herren, den mächtigen König der Ehren (EG 317, 1–5); Wir haben Gottes Spuren festgestellt (Lieder zwischen Himmel und Erde, tvd-Verlag, 230,1–3); Gib uns Frieden jeden Tag (EG 425,1–3); Möge die Straße uns zusammenführen (tvd, 89,1+2+4); Geh den Weg nicht allein (tvd, 326, 1–6); Nun danket alle Gott (EG 321,1–3)

V. LESUNG:

1. Korinther 13,1–13

VI. FÜRBITTENGEBET:

Bewahre mich, guter Gott, davor, dass ich über einen Menschen urteile, ehe ich nicht eine Meile in seinen Schuhen gegangen bin. Und so mache mich stattdessen zu einem Werkzeug Deines Friedens … (nach Franz von Assisi, z.B. EG Ausgabe Rheinland, Westfalen, Lippe, 875)

VII. SEGEN:

Das Licht helfe Dir, / Kurs zu halten auf Deiner Reise. / Der Wind stärke Dir den Rücken. / Der Sonnenschein wärme Dein Gesicht, / und der Regen falle sanft / auf Deine Haare. / Bis wir uns wiedersehen, / halte Gott Dich / geborgen in seiner / schützenden Hand. (Aus Irland)

VIII. Predigt:

Liebe Konfirmandinnen und liebe Konfirmanden!

Es war die Nacht vor Eurer Konfirmation. In einer Mischung von Aufgedrehtheit und Übermüdung lagt Ihr schließlich doch in Euren Betten. Was war aber auch nicht alles vorzubereiten gewesen: Noch am Abend musste eine Patentante/einen Patenonkel vom Bahnhof abgeholt werden. Die letzten Tischkärtchen fürs Mittagessen waren auch noch nicht fertig. Und schließlich mussten noch Kleider und Schuhe für den wichtigen Tag herausgelegt und geputzt werden. Ja, da standen sie also vor Eurem Bett, Eure Konfirmationsschuhe. Eigentlich sahen sie recht unauffällig und harmlos aus, so wie eben modische Schuhe von vierzehnjährigen Jungen und Mädchen eben ausschauen. *(P. zeigt jeweils ein Paar Jungen- und Mädchenschuhe, passend zur Konfirmation.)* Alles war fertig. Und so konntet Ihr Euch also nach all den Vorbereitungen und Aufregungen ruhig zur Seite drehen, um doch noch einen guten Schlaf zu finden.

Aber was war das? Kaum hatten sich die Zeiger auf der großen Küchenuhr auf die 12 zu bewegt, da raschelte es am Boden, die Schuhe streckten und bewegten sich, rutschten hin und her – und fingen dann tatsächlich auch noch zu sprechen an. „Was wird das für ein wichtiger Tag für unseren Jugendlichen sein“, begann der linke Schuh das Gespräch. „Jawohl“, erwiderte der rechte, und fügte stolz noch hinzu: „ Und wir, wir beide sind dabei!“ „Ja“, bestätigte sein Partner, „wir werden ihn/sie sicher in die schön geschmückte Kirche führen. Und dann werden wir es sein, die ihn/sie zum Altar bringen werden.“ „Genau so ist es!“, bestätigte sein Wandergenosse, „und dann werden wir die ersten sein, die den Konfirmationsspruch, den Vers für das Leben unseres Kindes zu hören bekommen. Ach, was gibt es da nicht alles für wundervolle Sätze, Psalmen, Bildverse und Sprüche aus der Bergpredigt. Die alle irgendwie zu seinem Lebensweg passen würden.“ „Eben“, bestätigte sein Laufkompagnon, „und wenn dann unser Kind seinen Vers erhalten hat, dann werden wir ihn/sie mit festen Tritt hinaus in sein/ihr Leben tragen, in einen wunderschönen Tag hinein und darüber hinaus mit sicherem Schritt in eine Welt, die wir weit mit ihm/ihr erwandern werden und …“

In diesem Moment gab es einen Ruck und einen Knall und mit einem lauten Schnappgeräusch öffnete sich – wie von unsichtbarer

Hand bewegt – der alte Schuhkoffer auf dem Schrank. Na ja, so etwas passiert schon mal in der Nacht vor der Konfirmation. Und so schnell konnten die Jugendschuhe zur Konfirmation vor dem Bett gar nicht hochsehen, wie da mit einem Satz ein Paar niedliche, blauweiße *Taufschuhe* herunterhüpfte. „Nun ist es aber genug", schimpfte während des freien Falls ein helles Stimmchen. „Was seid Ihr für ein eingebildetes Volk! Als ob Ihr die einzigen Schuhe im Leben und beim Heranwachsen des Konfirmationskindes gewesen wärt!" Inzwischen hatten sich die Konfirmationsschuhe vorm Bett etwas gefangen. „Aus welchem Jahrhundert stammst Du denn?", spöttelte der linke. Und der rechte fügte hinzu: „Vielleicht warst Du ja früher mal ein ganz klein bisschen für das Kind wichtig gewesen, so die ersten Lebensmonate. Aber was Ihr da so gehört und miterlebt habt, das spielt doch wohl heute an diesem Ehrentag der Konfirmation nun wirklich keine Rolle mehr." Da aber reckte sich das kleine Taufschuhpaar, räusperte sich zu zweit und hielt gemeinsam eine kleine Ansprache: „Wie kann man nur so selbstbezogen sein? Natürlich haben wir auch heute noch ein Wörtchen mitzureden!" „Und das wäre bitteschön was?", fragten die Jugendschuhe spöttisch zurück. „Wir", sagten die kleinen Schuhe jetzt in ruhigem, festem Ton, „wir waren dabei, als unserem Kind sein/ihr Taufspruch mit auf den Weg gegeben wurde. Damals, als es selber noch gar nicht gehen konnte. Und doch ging es schon damals in dem *dritten Vers aus dem 121. Psalm* um das Gehen seines Lebensweges: *‚Gott wird deinen Fuß nicht gleiten lassen.'* Das war ein Versprechen, mit dem unser Kind in sein/ihr ganzes weiteres Leben entlassen wurde: Gott würde die kleinen Füße nicht ausrutschen lassen, selbst wenn sie einmal auf eine glatte Bahn geraten würden. Wir Taufschuhe wurden für das Kind zu einem Bild der Lebensstütze. Man würde sich wohl manchmal auch verlaufen, in einer Sackgasse landen; aber die Zusage Gottes, das kleine Wesen immer wieder neu aufzurichten und Halt zu geben, würde niemals wanken. Und", schlossen die kleinen Schuhe ihre Ansprache, „hat Gott nicht bis zum heutigen Tag sein Wort gehalten: ‚Er wird deinen Fuß nicht gleiten lassen?'"

Aber da rumorte es schon wieder im Schuhkoffer und nun, nun ließen sich die ersten *Laufiernschuhe* an der Schrankwand herab. „Papperlapapp", riefen sie schon während des Abseilens völlig aufgekratzt. „Die Allerkleinsten nehmen doch immer den Mund am vollsten. Mal ehrlich, wo wäre denn unser Kind geblieben, als es dann wirklich Laufen lernte, wenn es uns damals nicht gegeben hätte?“ Der rechte Kinderschuh posaunte ganz kess jetzt alleine, sicherheitshalber dabei den linken am Schnürsenkel festhaltend: „Ja, nur mit uns hat es die ersten Unternehmungen machen können, raus aus der Küche und in den Garten und ...“ „Und hinein in den Matsch“, spöttelten die feinen Taufschuhe. Da aber griff der rechte Kinderschuh in die Diskussion ein und schaute weihevoll umher: „Meint doch bloß nicht, dass nur Ihr von einem frommen Spruch über des Menschen Gehen gesegnet worden wärt.“ Als wir unser Kind zum ersten Mal auf die Straße hinaus führten, da war gerade seine/ihre Patentante zu Besuch, schaute aus dem Fenster und rief uns nach: *‚Die auf den Herrn harren, kriegen neue Kraft, dass sie auffahren mit Flügeln wie Adler, dass sie laufen und nicht matt werden, dass sie wandeln und nicht müde werden.'* Der Spruch steht beim *Propheten Jesaja 40,31*, fügte sie nachdenklich hinzu. Und? Hat nicht gerade dieser Vers recht behalten? Wie oft hat sich unser Kind in den vergangenen 14 Jahren auf den Weg gemacht, ging, lief und wandelte in immer weitere Bezirke hinaus? Und hat es nicht tatsächlich Tag für Tag Kraft zum Weiterlaufen vom Himmel her erhalten?“ „In der Tat“, meldete sich noch einmal der linke Lauflernschuh, „das alles war doch wohl nur möglich, weil der Herr gerade uns brauchte, diesem Kind bei all seinen ersten neugierigen Unternehmungen einen wirklich festen Halt zu geben. Eben wie einem Adler“, fügte er noch stolz hinzu.

Kaum aber waren die letzten Worte im Kinderzimmer verhallt, da kletterte ein vorwitziges Paar *Schulschuhe* über den Kofferrand und sprang mitten auf die Bettdecke des schlafenden Kindes. „Ach, was wisst Ihr denn schon vom wahren Leben?“, ließ es sich selbstbewusst vernehmen. Und als die beiden anderen Paare erstaunt zum Bettgestell hoch blinzelten, fingen die Schulschuhe sofort weiter im Wechsel zu schnattern an: „Wir“, begann der rechte, „wir haben unser Kind wohl behalten in den Einschulungsgottesdienst gebracht.“ „Jawohl“, fügte der linke hinzu, „über den Zebrastreifen, am Polizisten vorbei.“ „Genau so war's“, bestätigte der erste die launige Rede. „Wir haben ihm Halt verschafft, damit es nicht mit der schweren Schultüte zur Seite kippte und umfiel.“ „Und dann, ja dann“ übernahm der linke aufgeregt die Rede-Stafette, „dann standen wir mit vielen anderen kleinen Schuhen um den Altar und haben – selbstverständlich in der ersten Reihe – genau mitgehört, wie der Pfarrer den *Psalmvers 91,11f* uns allen auf den Weg mitgab. Weißt Du noch, wie der hieß?", stupste nun der Redner seinen rechten Kompagnon an. „Selbstredend. Diesen schönen Spruch mit seinem traumhaften Bild hatte ich immer vor Augen, wenn ich mit dem Kind unterwegs war." Und nun deklamierte er ihn noch einmal vor versammelten Sohlen: *„Gott hat seinen Engeln befohlen, dass sie Dich behüten auf allen Deinen Wegen, dass sie Dich auf den Händen tragen und Du Deinen Fuß nicht an einen Stein stoßest."* „Ja, ja", nickte der andere fast schon meditativ, „wozu Elefantenschuhe nicht alles gut sein können!" „Seid Ihr denn jetzt völlig größenwahnsinnig geworden?", fauchte da einer der Lernschuhe dazwischen. „Ihr habt doch nicht allein für diese gesicherten Schritte gesorgt; da hatte doch wohl noch ein anderer seinen Fuß drin." „Jetzt reg Dich mal ab", setzte einer der Schulschuhe nach, „so klug sind wir schon selber. Klar war es Gott, der mit seinem Segen auf Hunderten von Schulwegen mitgegangen ist und vor allerlei Gefahren bewahrt hat." „Aber wir haben dabei in seinem Auftrag den rutschfesten Tritt vermittelt", konnte sich der rechte Schulschuh zuletzt doch nicht enthalten, noch eins draufzusetzen.

Aber was war das jetzt? Ein einziger Anlauf genügte und ein paar fesche *Sportschuhe* schafften es, mit einem Dreisprung zielgenau auf dem kleinen Teppich neben dem Bett zu landen. „Na, Ihr lahmes Völkchen", riefen beide –noch im Sturzflug – den anderen Tretern zu. „Wie langweilig! Ihr seid ja immer nur brav gegangen und marschiert. Wir, wir haben mit unserem Kind Geschwindigkeitsrekorde ausprobiert, die Luft vorbei zischen lassen, phantastische Sprünge hingelegt. Runden über den Aschenplatz. Ballspiele in der Halle." „Eindrücklich", bekannten die Taufschuhe, stichelten aber gleich danach weiter: „Einen kleinen bescheidenen Bibelvers habt Ihr für diese Raserei aber wohl nicht parat gehabt, oder?" „Na ja, kleinschrittig wie Ihr seid" erwiderte ein Turnschuh, „kennt Ihr ja nur die Sprüche über's Gehen. Vielleicht mal was vom Apostel Paulus gehört? *„Wisst Ihr nicht"*, hat er einmal im *1. Brief* an seine *Korinther 9,24* geschrieben, *„wisst Ihr nicht, dass die, die in der Kampfbahn laufen, die laufe aller aber nur einer empfängt den Siegespreis? Lauft so, dass Ihr ihn erlangt."* „Liebe Leute", schaltete sich ein Lauflernschuh ein, „Ihr wollt doch nicht wirklich behaupten, dass dieser Vers auf Eure schwitzigen Turnübungen passt? Dabei geht es doch wohl viel mehr um den Lauf zum wahren Glauben." „Superschlau! Als ob wir das nicht selber wüssten", schüttelte der rechte Turnschuh genervt seinen Absatz. „Und trotzdem, trotzdem ist dieser Vers *auch* so etwas wie ein Bild für *unsere* Zeit mit dem Kind, Es hat sich anstrengen müssen, in vielerlei Bereichen. Es ist um manche Preise gerannt. Und? Nur ganz selten ist es dabei ins Stolpern geraten; und hat so zu spüren bekommen, dass gerade eigene Bemühungen dann gelingen können, wenn sie unter einem besonderen Segen von Oben stehen – im Sport, aber natürlich auch anderswo."

War das jetzt ein Dröhnen? Richtig, es konnte gar kein anderes Geräusch sein, denn fast schon bedrohlich stieg nun – fast schon marschartig – ein Paar hellere *Stiefel* aus der Schuhkiste. Die anderen Schuhe duckten sich automatisch. Irgendwie war ihnen diese Schuhform noch nie so ganz geheuer gewesen. Sie kannten manche Erzählungen, in denen Stiefel mit ihren metallenen Kappen, harten Kanten und scharfen Absätzen keine allzu friedliche Rolle gespielt hatten. „Alle Schuhe angetreten!", klang es nun tatsächlich mit schnarrender Stimme. Als sich aber die Schuhe wirklich fast schon untertänig ausrichten wollten, brach der rechte Stiefel in ein schallendes Gelächter aus: „SportsfreundInnen, lasst Euch doch nicht gleich so einschüchtern", begann er in vollem Ton seine Ansprache. „Klar, wissen wir auch, Stiefel können Ängste schüren. Aber einmal ganz abgesehen davon, dass wir am Meer, im Schnee und vor allem in den größten Lehmhaufen treu und brav immer ein besonders großer Trost für die Mutter gewesen sind – habt ihr denn beim KonfirmandInnenunterricht unseres Kindes nie darauf geachtet, dass wir sehr wohl zu friedensfördernden Maßnahmen eingesetzt werden?" „Die Kleinen haben eben keine Ahnung vom Propheten *Deuterojesaja 52,7*", fügte der linke Langstiefel hinzu. „Dann sag's uns doch!", meldete sich keck eines der Taufschühchen. *„Wie lieblich sind auf den Bergen die Füße der Freudenboten"*, deklamierte das Paar gemeinsam mit sonoren Stimmen, *„die da Frieden verkündigen, Gutes predigen, Heil verkündigen, die da sagen zu Zion: ‚Dein Gott ist König!'"* „Und genau so ist es auch", übernahm nun wieder als Sprecher für beide der rechte Stiefel die Führung, „auch unser Kind wird bei seiner Konfirmation dazu beauftragt, anderen Menschen in schwierigen Situationen gute Nachrichten zu überbringen; sich für den Frieden in der Welt mit haltgebenden Stiefeln einzusetzen; verantwortungsvolle Aufgaben mit einem zuverlässigen, festen Stand zu übernehmen.

„Ach, was sind das nur für ernste Reden!“, klang es da mit einer glockenhellen Stimme vom Kofferrand aus. „Aufgaben, Verantwortung, Engagement! Das Leben besteht doch nicht nur aus Arbeit!“ Erstauntes Aufhorchen über allen Absätzen. „Ja, schaut einmal her, wozu ich unserem Kind geschenkt wurde, noch gar nicht so lange her.“ Und vor den neugierigen Sohlen der anderen Schuhe schwebte elfengleich ein Paar *Tanzschuhe* zu Boden. „Die erste Liebe, habt ihr das eigentlich vergessen?“, flüsterte diese schöne Erscheinung, „die erste Liebe, die haben *wir* mit unserem Kind erlebt, Wir haben es zum Schweben und Wiegen gebracht. Mit uns hat es seine zärtlichen Schritte zum Freund, zur Freundin gelenkt.“ „Ob so was zum Ernst einer Konfirmation passt?“, murmelten kritisch die Stiefel, mehr zu sich selbst. Aber die Tanzschuhe hatten gute Ohren; und waren für jede Auseinandersetzung natürlich auch gut vorbereitet „ach, Ihr Miesepeter!“, reagierten sie gelassen, „Auch für fröhliche Anlässe kann man zur Bibel greifen. Wir empfehlen heute mal *Prediger 3,4*. Dort könnt ihr die Aufgabe von uns Schuhen nachlesen, wenn es heißt: *„Lachen hat seine Zeit, Lieben hat seine Zeit und auch Tanzen hat seine Zeit.“*

Langsam rückten die Zeiger der Uhr weiter. Bald würde es ein Uhr schlagen. Da aber räusperten sich noch einmal die *Konfirmationsschuhe*. Sie wussten: eigentlich waren sie ja der Anlass für den munteren Schlagabtausch gewesen. „Was haltet Ihr von einem Friedensangebot?“, sprachen sie milde und unisono, mit einer Stimme. „Lasst uns mit dem Streit aufhören. Denn ist es nicht wirklich so, das ihr *alle* in *eurer* Art mit *euren* Bibelversen für unser gemeinsames Kind wichtig wart? *Taufschuhe und Laufernschuhe, Schulschuhe und Turnschuhe, Stiefel und Tanzschuhe.* Aber nun ist es doch so, dass *wir* den Jugendlichen heute in die Erwachsenenwelt einführen. Und wir werden ihn über diesen Tag hinaus auch weiter begleiten. „Ja“, redete nun der rechte Jugendschuh alleine weiter, „mit uns wird das Kind das Gleiche erfahren, was es mit Euch auch bisher erleben durfte: Nämlich dass Gott auch die kommenden Jahre und Jahrzehnte weiter mit ihm/ihr zieht. Wir stützen und tragen es mit, wir helfen ihm/ihr im Namen eines Größeren immer wieder auf die Beine. Die gute Erfahrung, die es schon mit Euch allen im *5. Buch Mose 29,4* gemacht hat, geht weiter: *„Gott hat euch 40 Jahre in der Wüste wandern lassen. Eure Kleider sind euch nicht zerrissen, auch deine Schuhe nicht an deinen Füßen."* Und das gilt jetzt nicht nur für den weiteren Weg des Kindes mit *uns*, sondern natürlich auch für all die vielen, vielen anderen Schuhe, die es in seinem Leben noch anziehen wird. Auf seiner Wanderung durch die Welt. Auf den Himmel zu.

Da schlug es eins, und mit einem Schlag verschwanden die Schuhpaare im Koffer und rührten sich nicht mehr. Und als nun der Morgen Eurer Konfirmation kam, da hattet Ihr irgendwie das Gefühl, von ganz vielen Schuhpaaren geträumt zu haben. Und so zogt ihr nachdenklich eure *Konfirmationsschuhe* an, die Euch dann tatsächlich in unsere Kirche getragen haben. Gleich werden sie mit Euch vor den Altar treten, um vielleicht dann doch noch ganz für sich von Eurem Pfarrer einen Konfirmationsspruch aus *Psalm 23,4* – für ihren persönlichen Weg mit Euch – zu erhalten: *„Und ob ich schon wanderte im finstern Tal, fürchte ich kein Unglück. Denn Du bist bei mir."* In dem Moment werden sie alle noch einmal um Euch herumstehen, eure Schuhe, mit denen ihr auf unterschiedliche Art bis heute Gottes Begleitung erfahren habt. Und dann? Dann werdet ihr nach dem Gottesdienst voller Zuversicht hinaus in euer Leben gehen, auf guten, rutschfesten, verlässlichen Sohlen; vor allem aber auch unter dem völlig vertrauenswürdigen Segen Gottes.

Amen.

6 „Eine haarige Geschichte“

I. Anmerkung:

Zugegeben, es mag vielleicht ein wenig eigenartig klingen: Aber als Geschenk bekamen die KonfirmandInnen nach der Einsegnung wundeschöne echte blonde Locken – mit einer roten Schleife versehen – geschenkt, die mir unser Hausfriseur – handgeschnitten und -verlesen – vermacht hat.

II. Begrüssung:

Liebe Konfirmandinnen und liebe Konfirmanden, liebe Eltern und VerwandtInnen und Gäste, liebe Gemeinde!

Ganz herzlich möchte ich Euch und Sie alle zu unserem Konfirmationsgottesdienst hier in unserer Kirche willkommen heißen. Unsere gemeinsame Zeit während der eineinhalb Jahre Eures Unterrichts findet mit dieser Feier auf der einen Seite ihren Abschluss – und gleichzeitig den Anfang eines neuen Weges, den Ihr nun als verantwortliche und mündige ChristInnen in unserer Welt selber gehen sollt. Und da an einem Tage wie diesem auch das eigene Aussehen – so wie man sich selber eben auch äußerlich vorbereitet hat – eine Rolle spielt, möchte ich in diesem Gottesdienst einmal darüber nachdenken, was Ihr da alles so auf dem Kopf tragt: Eure Haare sollen an diesem Tag zum Zeichen dafür werden, wie sehr der Segen Gottes Euch ein Leben lang begleiten will. Und so feiern wir auch diese Stunde in seinem Namen, dem Namen des Vaters und des Sohnes und des Heiligen Geistes. Amen.

III. Psalm: 8

IV. Lieder:

Lobe den Herren, den mächtigen König der Ehren (EG 317, 1–5); Wir haben Gottes Spuren festgestellt (Lieder zwischen Himmel und Erde, tvd-Verlag, 230,1–3); Hilf, Herr meines Lebens, dass ich nicht vergebens (EG 419,1–5); Bewahre uns Gott, behüte uns, Gott (EG 171,1–4); Herr, deine Liebe ist wie Gras und Ufer (tvd, 224,1–4); Nun danket alle Gott (EG 321,1–3)

V. Lesung:

Matthäus 21,28–32

VI. Fürbittengebet:

Drum soll vor Dir mein Herz sich stillen; ich weiß, dass ohne deinen Willen / kein Haar von meinem Haupte fällt. / Auf Dich allein kann ich vertrauen / und meiner Zukunft Hoffnung bauen / in dieser unbeständ'gen Welt (Johann Samuel Patzke). Und deshalb: Herr, mach mich zu einem Werkzeug Deines Friedens … (nach Franz von Assisi, z.B. EG Ausgabe für Rheinland, 875)

VII. Segen:

Der Herr sei vor dir, um dir den rechten Weg zu zeigen. / Der Herr sei neben dir, um dich in die Arme zu schließen und dich zu schützen. / Der Herr sei hinter dir, um dich zu bewahren vor der Heimtücke böser Menschen. / Der Herr sei unter dir, um dich aufzufangen, wenn du fällst, und dich aus der Schlinge zu ziehen. / Der Herr sei in dir, um dich zu trösten, wenn du traurig bist. Der Herr sei um dich herum, um dich zu verteidigen, / wenn andere über dich herfallen. / Der Herr sei über dir, um dich zu segnen. / So segne dich der gütige Gott. (Aus Irland)

VIII. Predigt:

Liebe Konfirmandinnen, liebe Konfirmanden!

Bevor der Konfirmationsgottesdienst losgeht, stehe ich immer draußen auf unserem kleinen Vorplatz, warte auf Euch und – bin selber ganz gespannt, wie Ihr aussehen werdet. Ich weiß wohl: Im

Vorfeld gibt es immer wieder große Diskussionen in Euren Familien, was Ihr denn wohl an diesem wichtigen Tag Eures Lebens anziehen sollt: Eher festlich „schwarz/weiß“ oder doch lieber jugendlich bunt/leger. Aber das alles, Euer Outfit, wie man heute so schön sagt, ist für mich nicht das Interessanteste, wenn ich Euch anschaue. Das, was mich am meisten fasziniert sind – Ihr werdet lachen – Eure Haare. Manchmal sind sie nämlich modisch hinten kurz angeschnitten und oben auf dem Kopf – als i-Tüpfelchen sozusagen – blond gefärbt. Oder habt Ihr sie doch eher einfach wild wuchern lassen, wie eine Blumenwiese im Sommer? Was auch noch passiert: Ihr habt Euch nach einer intensiven Typberatung mittels diverser Modell-Aufnahmen zu einem Styling entschieden, das von den Größen im Show- oder Sportgeschäft geprägt wurde. Nun, ein bisschen sehe ich Euren Gesichtern an, dass Ihr – gelinde gesagt – doch etwas überrascht seid, nun ausgerechnet am Tage Eurer Konfirmation vom Pfarrer eine Predigt über Eure Haare zu hören. Und ich gebe gerne zu, dass ich mich selber bis vor einem Jahr wahrscheinlich auch nicht auf die Idee gekommen wäre, über so ein abgedrehtes Thema auch nur ein paar Sätze in einem Gottesdienst zu verlieren. Aber wisst Ihr, nachdem ich einige Überraschungen mit Haaren erfahren habe, über die Bedeutung von Haaren mich informiert und ungewöhnliche Haargeschichten studiert habe, bin ich dann doch bekehrt worden und zu einer ganz anderen Überzeugung gelangt. Ich glaube nämlich inzwischen, dass das, was Ihr da alles so auf dem Kopf habt, nicht nur etwas über Euren Typ, Eure Persönlichkeit aussagt. Haare – ob Ihr es nun glaubt oder nicht – können eben auch etwas über Eure Beziehung zu Gott erzählen. Und damit Ihr mich jetzt nicht weiter so ungläubig anschaut, berichte ich Euch, wie ich zu dieser weisen Einsicht gekommen bin.

Alles begann am Ende der letzten Sommerferien. Wir hatten mitbekommen, dass der Sohn unserer besten Freunde in ein kirchliches Ferienlager im Ausland geschickt worden war. Wir hatten ihn lange nicht gesehen, und da wir ihn auch sehr mochten, fuhren wir zusammen mit seinen Eltern zum Düsseldorfer Flughafen, um ihn dort abzuholen. Als wir ihn hinter der Gepäckausgabe erspähten, trauten wir alle unseren Augen kaum: Da kam uns ein junger Mann entgegen, der sich dort – offensichtlich beraten von einer der BetreuerInnen – sämtliche Haare hatte abrasieren lassen. Einfach so. Nicht, das wir uns nicht mit den Eltern mitgefreut hätten, die nach langer Zeit überglücklich ihren Jungen in die Arme schlossen. Und doch ließ uns die nicht mehr vorhandene Haarpracht – und er hatte wirklich schöne Naturkrause – schlucken, und auf der Rückfahrt etwas einsilbig werden. Warum? Na ja, man verbindet halt mit so einer ratzekahlen Glatzenfrisur nicht nur etwas Erfreuliches. Da gibt es bedrohliche Aufmärsche mit solchen Kurzhaarschnitten. Aber natürlich auch Bilder erkrankter Menschen. Als der Rückkehrer unser Unwohlsein im Auto schließlich selber nicht mehr ignorieren konnte, meinte er nur ganz lässig dazu: „Ich weiß überhaupt nicht, was Ihr wollt. Das tragen doch heute ganz viele – bis in die Chefetagen hinein. Damit zeigt man halt, wie cool und windschnittig man sich empfindet – und außerdem ist es äußert pflegeleicht." Nach einiger Zeit des Runterschluckens hatte mein Freund, also sein Vater, dann doch die Sprache wiedergefunden. „Ich weiß ja nicht", was *mein* Vater gesagt hätte, wenn ich damals so wie du rumgelaufen wäre." „Und? Wie bist du denn rumgelaufen?", konterte sein Sohn. „Na jedenfalls nicht so wie Du", war das einzige, was ihm als Antwort einfiel. Und ich? Ich pflichtete ihm natürlich bei. Als wir zu Hause bei unsren Freunden ankamen, war der erste Weg ihres Sohnes zum Schrank mit den Fotoalben. Zielstrebig schlug der Junge das Konfirmationsbild von seinem Vater und mir auf. Das war die Zeit der Höhepunkte von Beatles und Rolling Stones. Wahrscheinlich könnt Ihr Euch jetzt alleine ausrechnen, wie wir damals ausgesehen hatten: Fast schulterlanges Haar – man nannte das früher eine „Matte" – und im Hintergrund unsere etwas unglücklich dreinschauenden Eltern. „Interessant", kommentierte der Junge trocken, „ihr wolltet damals also auch mit Euern Haaren zeigen, wer ihr seid, wo ihr steht, wem ihr nacheifert und was euch besonders gefällt. Sind wir uns da nicht ziemlich ähnlich, na?" Zu Hause angekommen, ließ mir diese Bemerkung keine Ruhe. Hatte er nicht irgendwo recht: Die Haare und ihre Gestaltung sind wohl wirklich ein ganz wichtiger Teil jedes Menschen; und zwar besonders in Phasen des Groß- und Erwachsenenwerdens, wenn man sich als ganz eigenständige Persönlichkeit der Welt zeigen will. Ich las nach und erfuhr: Zu allen Zeiten und in allen Kulturen hatte das Kopfhaar eine besondere Ausstrahlung, besaß eine geheimnisvolle Symbolkraft. Unergründlich wuchs es ja immer wieder nach, wie sonst kaum ein anderer Körperbestandteil. Mich ließ das Thema nicht mehr los. Die Friseur-Innung schickte mir Infomaterial über die Geschichte des Haares zu. Dabei wurde zunächst auf Märchen und Legenden verwiesen, in denen dem Haar eine besondere magische Kraft zugesprochen wurde. Erinnert Ihr Euch noch an Rapunzel, die so langes Haar hatte, dass sie es aus Ihrem Turm herunterlassen konnte, um ihrem Freund den Aufstieg daran zu ermöglichen? Haare als Brücke zur Liebe. Oder, wer sich am Rhein auskennt, kommt schwer an der faszinierenden Anziehung der goldenen Locken der Lorely vorbei, vor allem, wenn er mit dem Schiff unterwegs ist. Haare als Verführung in den Strudel des Lebens. Und wer noch mit dem Struwwelpeter groß geworden ist, weiß, wie verwahrlost, ja geradezu abstoßend ungepflegtes Haar machen kann. Als nächsten Schritt empfahl die Friseur-Innung, doch einmal die Bibel zurate zu ziehen. Für einen Pfarrer natürlich besonders reizvoll. Als erstes erinnerte ich mich an die Haarpracht des starken Richters Simson im Alten Testament. Diese verlor er erst, als sein ungetreue Geliebte Delila sie ihm heimlich abschnitt. Diese Info schickte ich per E-Mail an die befreundete Familie. Und was kam als Antwort. Der Junge hatte doch tatsächlich seinen Religionslehrer zurate gezogen, der ihn auf das 4. Buch Mose, Kapitel 8, Vers 7 hingewiesen hatte: „Und der Herr redete mit Mose und sprach: Nimm aus den Israeliten die Leviten und reinige sie. So sollst du aber mit ihnen tun, wenn du sie reinigst: Du sollst Wasser zur Entsündigung auf sie sprengen, und sie sollen alle ihre Haare ganz abscheren und ihre Kleider waschen und reinigen." Sofort blätterte ich in meiner Bibelübersetzung nach: Tatsächlich, da stand Wort für Wort: „Sie sollen sich alle Haare abrasieren." Ach, dachte ich bei mir, sicherlich eine einmalige Ausnahme. Tatsächlich, beim Zurückblättern, zwei Kapitel vorher im Buche Numeri, klang es völlig anders: „Wenn jemand ein besonderes Gelübde tut, sich dem Herrn zu weihen", stand dort schwarz auf weiß, „so soll kein Schermesser auf sein Haupt fahren. Bis die Zeit um ist, soll er das Haar auf seinem Haupte frei wachsen lassen." Eine Bestätigung meiner früheren Beatles-Frisur. Das smste ich dem jugendlichen Bekannten sofort zurück. Und er? Nun, er sprach mich am nächsten Tag auf der Straße an: Er hielte sich eben nicht für einen „Gottgeweihten"; und ob ich denn schon mal darüber nachgedacht hätte, warum sich fromme Mönche meist eine Tonsur geschnitten hätten. Außerdem hätte ich selber mal in einer politischen Diskussion behauptet, alte Zöpfe müssten endlich einmal abgeschnitten werden. Ja, was denn nun? Ich merkte, so kämen wir beide miteinander nicht weiter. Wahrscheinlich würde diese Haar-Diskussion im Sande verlaufen. Irgendwann würde sich der junge Mann schon von alleine eines Besseren belehren und seine Locken wieder wachsen lassen.

Zufällig stieß ich bei einer Bibellektüre dann doch noch auf zwei Sätze Jesu, die die Bedeutung unserer Haare noch einmal in einem völlig anderen Licht erschienen ließen. Sie wollte ich jetzt nicht mehr nur meinem Bekannten weitergeben, sondern genau über sie zu Eurer Konfirmation predigen. Sie machten mir nämlich deutlich, dass Haare nicht nur ein Markenzeichen für's Selbstverständnis der eigenen Persönlichkeit sind – gerade in Zeiten des Erwachsenwerdens. Nein, Haare wollten darüber hinaus etwas ganz Wichtiges über unsere Beziehung zu Gott aussagen. Das erste Haar-Wort Jesu hat der Evangelist Matthäus überliefert: „Alle eure Haare auf dem Kopf sind (von eurem himmlischen Vater) gezählt." Wie eine Befreiung, wie eine innere Versöhnung mit meinem Diskussionspartner wirkten plötzlich diese Worte auf mich. Da ging es ja überhaupt nicht mehr darum, ob meine Haare lang oder kurz, gefärbt, gelockt, gegeelt oder angeschnitten waren. Sie wurden plötzlich in jeder Form zu einem Bild für die liebevolle Beziehung Gottes zu seinen Menschenkindern. In Abwandlung eines alten Kinderliedes könnte man, so empfand ich, auf die Frage: „Weißt du, wie viel Haare stehen auf dem KonfirmandInnenkopf?", getrost mit dem Bekenntnis antworten: „Gott der Herr hat sie gezählet, dass ihm auch nicht eines fehlet an der ganzen großen Zahl." Mit der unübersichtlich großen Schar Eurer Haare will Gott gerade zu Eurer Konfirmation deutlich machen: Er kennt Euch so, wie keiner sonst Euch kennt, liebt und mag. Er lässt noch den scheinbar geringfügigsten Haarwirbel, den unscheinbarsten Teil Eures Lebens nicht aus seiner Fürsorge fallen – und verbindet mit all Euren Namen ganz individuelle Schöpfe, auf die er seinen Segen legen will. Immer. Ein Lebtag lang. Und so zeigen also Eure Frisuren heute nicht nur an, wie Ihr Euch selber seht und versteht, sondern dass Ihr für Kopf, Körper, Seele und Geist deshalb nichts zu befürchten braucht, weil Gott beim Nachzählen Eurer Haare sehr genau herausspüren wird, was Ihr besonders an Fürsorge, Rat, Anregung und Trost brauchen werdet. Unzählig viel – wie die Anzahl all Eurer Haare.

Danach fiel mir noch eine zweite Textstelle ins Auge, die Jesus selber auch zitiert, und die übrigens in der Bibel immer wieder dann auftaucht, wenn Menschen in Schwierigkeiten geraten und ihnen unüberschaubare Gefahren drohen. Diesmal hatte sie der Evangelist Lukas für uns bewahrt: „Kein Haar von Eurem Haupte soll verloren gehen." Was für ein Versprechen: Jesus weiß von einem Gott, seinem und unserem himmlischen Vater, zu erzählen, der dafür sorgen will, dass in Eurem Leben Euch kein einziges Haar gekrümmt werden soll. Naiv? Nun, der Satz steht mitten in einer Ansprache an die Jünger, in der Jesus recht nüchtern vorhersagt, dass ihr Leben nicht immer glatt und einfach verlaufen wird. Wisst Ihr, liebe Konfirmandinnen und liebe Konfirmanden, naiv wäre ich, wenn ich Euch in diesem Gottesdienst blind versprechen würde, dass Euch und Euren Haaren niemals Schwierigkeiten begegnen werden. Manch einer wird vielleicht noch an ihnen ziehen, sie kämmen, vielleicht fallen sie in absehbarer Zukunft aus, werden grau, am Ende schlossweiß. Aber was ich Euch mitgeben darf, ist der christliche Glaube, dass für Gott aus all diese Herausforderungen, die über euren Köpfen schweben, Möglichkeiten erwachsen können, Euch zu beschützen und in seinen Hände zu bewahren. Selbst in Situationen, in denen Euer Schicksal nur noch an einem einzigen Haar zu hängen scheint.

So wurden mir Eure Haare – längst über die konkreten Frisuren hinaus – zu einem Bild der Bewahrung: Mitten auf unseren Köpfen dürfen wir die Segenskraft Gottes verspüren; nicht nur am Tage Eurer Einsegnung, sondern vielleicht mehr noch in solchen Momenten, wo man sich verzweifelt die Haare raufen möchte. Werden die Haare so beschützt, dann kann man damit aufhören, sich ständig um ihr Wachstum und damit dem eigenen Fortbestand Sorgen zu machen. Hat Gott meine Haare gezählt, dass ohne seinen Willen auch nicht eines verloren geht, dann kann ich mich als ganzer Mensch, mit Haut und Haaren sozusagen, seinen Händen anvertrauen. Als ich das endlich verstanden hatte, da konnte ich dann auch den Sohn meines Freundes getrost seine Straße ziehen lassen. Kurzhaarschnitt oder wallende Locken: Seine Glatze, aber auch Eure unterschiedlichen Frisuren wurden mir zu einem Bild der verschiedenen farbenfrohen Wege Gottes mit Euch. Die doch alle unter dem gleichen Zeichen der Bewahrung durch ihn verlaufen.

Ich wollte Euch aber noch ein kleines Geschenk mitgeben, das Euch an diesen Tag und seine Haar-Geschichten erinnern sollte. In früheren Zeiten gab man seinem Geliebten zum Abschied oft eine Locke als Liebespfand mit. Ich erinnerte mich, dass ich selber in Eurem Alter, als ich mich zum ersten Mal richtig verliebt hatte, mir von meiner Freundin auch so eine Locke schenken ließ. So etwas bekommt Ihr alle auch gleich an einem Seidenband geschenkt. Die Locke soll Euch an diesem Tag, aber natürlich auch darüber hinaus an Gott erinnern, der gerade auch mit Euren Haaren zeigen will, was er insgesamt mit Euch vorhat: zu trösten in Situationen, in denen einem die Haare zu Berge ragen und man nicht weiß, wo einem der Kopf steht. Unser Friseurmeister hat das Jahr über die schönsten Locken für Euch gesammelt. Wir hängen sie Euch um als Zeichen der liebevollen Bewahrung Gottes, unabhängig von der Art Eurer Frisuren. Wenn Ihr die Locke anschaut, dann werdet Ihr ihn in Euren Köpfen und Herzen niemals aus den Augen verloren – kurzgeschoren wie mein junger Freund oder mit einer langen „Matte“ wie zu meiner Konfirmation.

Amen.

7 „Die Perle des Lebens“

I. Anmerkung:

Als Geschenk nach der Einsegnung bekamen die KonfirmandInnen eine Muschel an einem Band geschenkt, in die wir jeweils eine kostengünstige Zuchtperle gesteckt habe.

II. Begrüssung:

Liebe Konfirmandinnen und liebe Konfirmanden, liebe Eltern und Großeltern, VerwandtInnen und Gäste, liebe Gemeinde!

Ganz herzlich möchte ich Sie und Euch alle zu unserem Konfirmationsgottesdienst in unserer Kirche willkommen heißen. Am Ende unserer eineinhalbjährige Unterrichtszeit frage ich mich immer wieder, ob wir Euch als Eure Kirche auch genügend ausgerüstet haben. Dabei denke ich an eine Orientierung für Euer Leben, die Euch einen Halt und festen Rahmen gibt. Es gibt ja heute für Euch so viele Möglichkeiten und Angebote, den Schatz Eures Lebens zu entdecken, dass wir als Kirche manchmal dabei nur ganz bescheiden am Rande zu stehen scheinen. Dass aber der christliche Glaube wie eine kostbare Perle in einer Muschel verborgen liegt, die es immer wieder geduldig zu entdecken gilt, diese Botschaft werdet Ihr hoffentlich nicht nur heute hören, sondern tatsächlich selber in Euerm ganzen Leben erfahren. Dabei wird Gott Euch immer wieder sein Himmelreich zeigen, ein Leben in Geborgenheit, Erfüllung und Glück. Und deshalb feiern wir auch diesen Konfirmationsgottesdienst im Namen Gottes des Vaters, des Sohnes und des Heiligen Geistes. Amen.

III. Psalm: 1

IV. Lieder:

Lobe den Herren, den mächtigen König der Ehren (EG 317, 1–5); Wir haben Gottes Spuren festgestellt (Lieder zwischen Himmel und Erde, tvd-Verlag, 230, 1–3); Geh den Weg nicht allein (tvd, 326,1–6); Bewahre uns, Gott, behüte uns, Gott (EG 171,1–4); Herr, deine Liebe ist wie Gras und Ufer (tvd, 224,1–4); Nun danket alle Gott (EG 321,1–3)

V. Lesung:

1. Mose 2,4b–9a+15

VI. Fürbittengebet:

(Nach Franz von Assisi:) O Herr, mach mich zu einem Werkzeug deines Friedens (z.B. EG, Ausgabe Rheinland, 875)

VII. Segen:

Geht und seid Salz für die Erde und Licht für die Welt. Geht mit der Zuversicht, dass ihr dabei nicht allein seid, sondern in der Gemeinschaft aller ChristInnen lebt, ja mehr noch: In der Gemeinschaft mit Christus selbst. Es segne und behüte uns alle der allmächtige und barmherzige Gott, Vater, Sohn und Heiliger Geist. Amen.

VIII. Predigt:

Liebe Konfirmandinnen und liebe Konfirmanden!

Jesus hat gern kleine Geschichten erzählt. Und die Menschen hörten ihm immer gespannt zu, weil sie schnell den Eindruck hatten: Der redet ja von uns! Der erzählt Geschichten aus unserem wahren Leben, von Schwierigkeiten, die dabei auftreten können, aber fast mehr noch von unseren Träumen. Jesu eigener größter Traum war das Himmelreich. Das war für ihn die größte Kostbarkeit des Lebens. Und dieses Himmelreich, das hätte er natürlich auch recht sachlich und ganz nüchtern beschreiben können. Vielleicht etwa so: „Liebe Jugendliche aus all den Ortschaften hier, macht Euch in Eurem Leben auf die Suche nach dem Himmel auf Erden. Wenn Ihr dort angekommen sein werdet, dann habt Ihr Sinn in Eurem Leben gefunden und Zufriedenheit und sicherlich auch das, was man landläufig Glück nennt. Vor allem aber die Nähe und die

Liebe Gottes!" Jetzt mal ehrlich, hättet Ihr ihm bei so viel Theorie und abstrakten Begriffen lange zuhören können; zumal am heutigen Tag, wo Ihr alle sowieso furchtbar aufgeregt und von tausend anderen Gedanken abgelenkt seid? Nein, so gelehrt sprechen wohl eher deutsche PfarrerInnen, aber Jesus doch wohl eher nicht. Wahrscheinlich ahnte dieser schon vor vielen Jahrhunderten, dass sich Menschen – und damit natürlich auch KonfirmandInnen – die Geschichte am besten merken, in der sie selber vorkommen. Aus diesem Grund will ich heute gar nichts anderes tun, als Jesu zu Euch selber sprechen zu lassen: „Das Himmelreich", so begann er einmal, „ist mit einem Kaufmann zu vergleichen, der gute Perlen suchte und als er *eine* kostbare Perle fand, ging er hin und verkaufte alles, was er hatte und kaufte sie."

Liebe Jugendliche, ein kostbarer Tag in Eurem Leben, dieser *(DATUM)*. Ein Tag, den man nicht so schnell vergessen wird, ein Tag, der völlig anders ist als alle normalen Tage sonst. Zum christlichen Glauben bekennt Ihr Euch an ihm; und unsere Kirche nimmt Euch deshalb als vollwertige Mitglieder auf. Darüber hinaus steht Ihr an der Schwelle zum Erwachsenwerden. Das alles ist ja wohl kostbar genug, um es gebührend zu feiern. Es hat allerdings auch einiges an Anstrengung und Mühe gekostet, bis Ihr mit Euren Familien den passenden Ablauf des Tages gefunden hattet. Ihr könnt mir glauben, ich weiß, wovon ich rede, weil wir ja auch in unserer Familie versucht haben, der Kostbarkeit dieses Jahres gerecht zu werden. Schon nach Weihnachten ging es los: Wen alles will man zum Fest und zum Festessen einladen? Wie sollen die Einladungsschreiben künstlerisch gestaltet werden? Sind – meist ja zusammen mit geduldigen Müttern – bei C&A oder anderswo neue Kleider, Jacken, Blazer, kurz ein neues Outfit zu besorgen gewesen? Auf welche Art wollten die Eltern den Blumenschmuck in der Kirche mitgestalten? Bestellen wir ein Büfett oder muss Großmutter mit ihrem Ostpreußischen Rehrücken ran? Wird es ein Nachmittagsprogramm geben, vielleicht mit Musik und launigen Schwänken aus dem Leben des Gefeierten, vielleicht sogar eine Beamer-Präsentation mit Fotos von den Anfängen bis jetzt? Müssen Verwandte für eine Übernachtung untergebracht werden, oder kann man es dem nicht immer ganz einfachen Onkel Willi schonend beibringen, vielleicht schon am späteren Nachmittag die Heimreise anzutreten? Nicht, dass Sie mich jetzt missverstehen: Ich halte alle diese Fragen und Überlegungen zur Gestaltung des kostbaren Tages durchaus für sinnvoll. Ohne Planung, liebe KonfirmandInnen, ohne eine durchdachte Ordnung läuft in unserem Leben nichts. Was meint Ihr wohl, wie viele umsichtige und fleißige „Kaufmänner" und „Kauffrauen" in Gestalt Eurer Eltern, Großeltern und PatInnen damit beschäftigt waren, dem heutigen Tag einen gelungenen Rahmen zu geben; ganz zu schweigen von den BäckerInnen, KöchInnen, FloristInnen und VerpackungskünstlerInnen. Sie alle haben sich gemeinsam bestmöglich bemüht, diesen Tag zu einem vollendeten Kunstwerk zusammenzufügen.

Auch den ZuhörerInnen Jesu waren solche Kaufleute bekannt gewesen. Auch sie waren unterwegs und hatten es sich in den Kopf gesetzt, etwas ganz besonders Kostbares zu erwerben. Erst dann würden sie zufrieden sein, wenn sie diesen Schatz entdeckt hätten. Und diese LebenssucherInnen und -künstlerInnen möchte nun Jesus auch Euch als Vorbilder hinstellen. Für heute, aber im Grunde doch für Euer ganzes Leben. Macht Euch also nun selber auf die Suche, das Himmelreich, Gottes Nähe auf Erden, zu suchen, aufzustöbern – und schließlich zu finden. Damit Euer Leben wirklich über diesen Tag hinaus gelingt. Versucht doch einmal, auch Euer Lebensziel als kostbare Perle zu verstehen, die es noch zu entdecken gilt. Perlen, liebe Jugendliche, sind eine äußerst wertvolle Angelegenheit. Vielleicht wart Ihr ja dabei, als Euer Vater schweißgebadet zusammen mit Eurer Mutter einen Juwelierladen verließ – und dort einen großen Teil seines Ersparten für eine echte Perlenkette gelassen hat. Das war es ihm wert. Aus Liebe zu seiner Frau und zur schillernden Schönheit. Künstliche Perlen, Zuchtperlen kannte Jesus noch nicht. Ihm war bewusst, was es für Perlenfischer und Muscheltaucher an Gefahren bedeutet, diesen Glanz des Meeres zu entdecken und zu heben. „Margarita" – so nannte man in der griechischen Umwelt Jesu diese geheimnisvoll schimmernden Kugeln: Hübsch und attraktiv wie ein Bund blühender Blumen, die wir deshalb heute auch vor die Kirchentür gestellt haben. Darüber hinaus entsinne ich mich noch, dass Bekannte meiner Eltern auch dann von einer „Perle" sprachen, wenn sie damit eine besonders gute Haushalthilfe auszeichnen wollten.

Der Kaufmann/die Kauffrau ist also auf der Suche nach einer kostbaren Perle, wahrscheinlich nur nicht selber in die Tiefen des Meeres hinabsteigend; er/sie war sich aber sehr wohl bewusst, was es an Gefahren, Einsatz, Mühen und Ideen verlangt, dann doch irgendwann einmal auf diesen außergewöhnlichen Schatz zu stoßen. So seid Ihr, und so, liebe KonfirmandInnen, werdet auch Ihr in der kommenden Zeit tätig sein, die glänzende Perle Eures Lebens zu finden. Denn wenn Jesus das Himmelreich mit dieser Perle vergleicht, dann meint er natürlich nicht nur irgendeine Zeit in ferner Zukunft. Nein, ihm lag alles daran, dass die Zuhörer, die an seinen Lippen hingen, schon heute etwas Himmlisches erleben sollten. Dazu gehörte für ihn eben auch eine sinnvolle Lebensbeschäftigung, die Entdeckung der eigenen Fähigkeiten – und nicht zuletzt vertraute Menschen an der Seite, die einen beraten, aber sehr wohl auch liebevoll zu feiern verstehen. Das sind Eure Perlen: Der Konfirmationssegen schickt Euch in den kommenden Jahren aus, sie zu finden in der Schul- und Berufsausbildung, bei entspannenden Tätigkeiten in der Freizeit und nicht zuletzt im Zusammensein mit guten Menschen, die zum Kostbarsten gehören werden, was das Leben für Euch bereit hält. Das alles ist nicht schnell zu regeln und schon gar nicht einfach zu entscheiden. Nur echte Glückspilze stoßen beim ersten Taufgang auf *die* entscheidende Muschel, die in ihrem Perlmutt das wahre Geheimnis des Lebens enthält. Sicherlich, es gibt Zufälle, bei denen einem aus heiterem Himmel die entscheidende Perle geradezu in den Schoß fällt. NaturwissenschaftlerInnen unter Euch wissen, dass man bei der Erklärung überraschender Neuheiten, sogar bei der These über die Entstehung unseres Universums von der „Chaostheorie“ spricht. Tatsächlich, Wunder *können* plötzlich passieren. Aber nur auf solche Wunder zu warten – damit funktioniert niemals ein ganzes Leben. So wie dieser heutige Tag von einer Fülle von Überlegungen bestimmt war, bis sein kostbarer Ablauf gefunden wurde, so werdet auch Ihr mit Abwägen, Verwerfen und Neusuchen zu tun haben, bis Ihr Euer Lebensglück endlich gefunden haben werdet. Haltet es gut fest, denn Veränderungen und mancherlei Unordnung können die Perle auch wieder aus dem Blick verlieren.

Ich weiß ja nicht, wie Eure Zimmer heute Morgen ausgesehen haben, aber ich kann mich selber noch gut erinnern, dass es bei mir damals ziemlich chaotisch zuging. Und so eine Unordnung kann dann leider manchmal auch ein Spiegelbild für ein inneres unaufgeräumtes Leben sein. Was ich Euch damit mitgeben will: Macht Euch als Kaufleute und PerlenfischerInnen ab heute klug auf den Weg, Ausschau zu halten nach einer Perle, die nicht falsch, sondern tatsächlich kostbar ist und bleibt. Natürlich sträubt man sich in Euerm Alter, so etwas wie Lebensregeln, Zeiteinteilung, Rücksichtnahme auf Menschen und auch einen selbst zu akzeptieren. Und vielleicht wird es dabei fast noch wichtiger sein, wovon Ihr Euch trennen und worauf Ihr verzichten könnt. Nicht jeder Schatz, der glänzt, ist Gold. Im KonfirmandInnenunterricht, besonders bei der Besprechung der 10 Gebote, haben wir versucht, Euch Maßstäbe, Leitlinien für eine geglückte Lebenssuche mitzugeben. Sie wollen Euch nicht einengen, sondern vielmehr den Horizont zum Himmel erweitern. Wer immer wieder versucht, an zunächst verschlossenen Muscheln anzuklopfen, wer Jesus dabei um Beistand und Hilfe bittet, dem werden andere Schätze zusehends unwichtiger. Und er kann dann tatsächlich auf vieles verzichten, wenn Gottes Himmel sich im eigenen Leben funkelnd widerspiegelt. Ihr werdet solche Momente der Erfüllung erfahren, wo Ihr plötzlich spürt: Jetzt bin ich zu Hause. Jetzt empfinde ich Gottes Güte. Jetzt stehe ich unter seinem Schutz. In vielerlei Formen könnt Ihr dieses Glück erleben: Ja natürlich, dazu kann auch ein liebevoll ausgesuchtes, kostbares Konfirmationsgeschenk gehören oder das Geschenk der Zuneigung, das Euch heute aus vielen Herzen entgegen schlagen wird. In solchen Augenblicken wäre es mehr als dumm, nicht zuzugreifen, sondern stattdessen zu denken: „Ach, vielleicht finde ich ja eine noch kostbarere Perle. Ich lass das Himmelreich erst einmal links liegen. Später bleibt dafür noch immer Zeit genug." Nein, es kann ein „Zu-Spät" geben, wenn man es versäumt, das faszinierende Liebesangebot Gottes aufzuschieben oder gar ganz auszuschlagen.

Der Kaufmann/die Kauffrau in unserer Erzählung jedenfalls zögert keine Sekunde. Er/sie spürt, jetzt geht es um Alles, das Himmelreich auf Erden, und dafür kann man sich leichten Herzens von allem trennen, was einem bisher als wichtig erschienen ist. Die einzige Kostbarkeit, die jetzt noch zählt, ist die Perlenkette, auf die Gott all die gelungenen Tage und Jahre Eures Lebens auffädelt. Jesus weiß um den Ernst der Situation und warnt einmal drastisch davor, „Perlen vor die Säue zu werfen", also den Liebesschatz Gottes unbedarft zu verspielen. Auch Ihr habt ja schon gelernt, Euch für diesen Tag zu entscheiden: Man muss nicht alle scheinbar unumstößlichen Traditionen übernehmen, wenn sie dem Himmelreich im Wege stehen. Und Ihr habt gesagt: „Nein, diese Menschen müssen vielleicht dann doch nicht dabei sein." Trennung von Altlasten kann frei machen und öffnet den Blick in den Schatz der Welt. Damit Ihr immer wieder Euch daran erinnern könnt, schenken wir Euch an Eurem Konfirmationstag eine Muschel mit einer Perle. Vielleicht werdet Ihr sie nach mancherlei Suchen, Mühen und Tauchgängen noch durch eine kostbarere ersetzen, die dann endgültig Gottes Himmelreich widerspiegeln wird.

Amen.

8 „Der himmlische Leuchtturmwärter“

I. ANMERKUNG:

Für das Gespräch mit dem Leuchtturmwärter, der in einer „Hamburger Kluft“ mit „Prinz-Heinrich-Mütze“ auftrat, ist es wichtig, einen Leuchtturm zur Hand zu haben. Der kann aus Pappe gemalt oder Pappmaschee angefertigt werden, ebenfalls eignet sich ein Großplakat mit Leuchtturm des „Christlichen Plakatdienstes Hamburg e.V., Königstraße 54, 22767 Hamburg“. Ich hatte mir – besonders eindrücklich! – einen circa 1,50 Meter hohen Lego-Leuchtturm inkl. Lichteffekt von einem Bastler ausgeliehen. Der Fantasie sind also keine Grenzen gesetzt. Zu Beginn der Predigt braucht der Pfarrer/die Pfarrerin eine Kerze. Als Geschenk bekamen die KonfirmandInnen eine kleine Taschenlampe und eine Briefmarke mit einem Leuchtturm versehen.

II. BEGRÜSSUNG:

Liebe Konfirmandinnen und liebe Konfirmanden, liebe Eltern und Großeltern und PatInnen, VerwandtInnen und Gäste, liebe Gemeinde!

Ganz herzlich möchte ich Euch und Sie alle an diesem besonderen Tag, die Konfirmation junger Menschen, hier in unserer schönen Kirche willkommen heißen. Wir alle haben manche Wege zurücklegen müssen, um jetzt wohlbehalten an diesem Ort angekommen zu sein. Die Jugendlichen und ich: Gemeinsam sind wir eineinhalb Jahre durch die Welt der Kirche und des Glaubens gewandert. Sie als Familie haben während dieser Zeit Pfade des Erwachsenwerdens Ihrer Kinder begleitet. Und schließlich haben sich nun heute für diese Feier zahlreiche Menschen auf den Weg gemacht, um das Fest gemeinsam mit Euch zu erleben und zu gestalten. All diese

Entwicklungswege, Pfade und Fahrten – sie wären nicht möglich gewesen, wenn wir alle dabei nicht immer wieder von einem Licht geleitet worden wären, das uns auch in schwierigeren Zeiten die rechte Richtung ausgeleuchtet hat. Ich wünsche uns, dass dieser himmlische Lebensstrahl jetzt auch den Konfirmationsgottesdienst erhellen möge und danach immer über Eure Zukunft wachen möge. So feiern wir diesen Gottesdienst im Namen Gottes, des Vaters, der zu Beginn unserer Schöpfung mitten aus der Dunkelheit das Licht erschaffen hat; im Namen seines Sohnes Jesus Christus, der Licht für alle Welt sein wollte; und im Namen des Heiligen Geistes, der gerade auch an diesem Tag das Licht des Glaubens in unseren Herzen entzünden möge.

III. Psalm:

11 in neuer Übertragung (EG, Ausgabe für die Ev. Kirche im Rheinland, Westfalen, Lippe, 775)

IV. Lieder:

Lobe den Herren, den mächtigen König der Ehren (EG 317, 1–4); Gott gab uns Atem (EG 432,1–3); Wir haben Gottes Spuren festgestellt (Lieder zwischen Himmel und Erde, tvd-Verlag, 230,1–3); Möge die Straße uns zusammenführen (tvd, 89, 1+2+4); Herr, deine Liebe ist wie Gras und Ufer (tvd, 2241–4); Nun danket alle Gott (321,1–3)

V. Lesung:

1. Johannes 2,7–10

VI. Fürbittengebet:

Herr Jesus Christus! Wir sagen Dir in diesem Konfirmationsgottesdienst Dank, dass Du diese jungen Menschen mit Deinem Segenslicht seit ihrer Geburt und Taufe behütet und begleitet hast. Durch Deine Strahlen haben sie immer wieder Lebensorientierung, Trost und Erhellung ihrer Gedanken erfahren. Heute durften sie Dein Licht bei der besonderen Einsegnung als konfirmierte Jugendliche verspüren, das sie ihr Lebtag lang weiterhin erhellen will. So bitten wir Dich: Schenken diesen jungen Menschen auch weiterhin Einsicht, Klarheit und Verständnis, damit sie sich in den Zeiten ihres

Heranwachsens an der Helligkeit des christlichen Glaubens orientieren können. Gibt Du ihnen gute Gedanken und Einfälle bei der weiteren schulischen Ausbildung und Berufsfindung, damit sie erkennen, zu welcher Tätigkeit die ihnen von Dir geschenkten Gaben sich besonders eignen. Lass auch dort Dein Licht leuchten, wenn sie sich später einmal einem Menschen ganz anvertrauen wollen, damit ihre Beziehung offen und wahr gestaltet werden kann. Und lass sie vor allem auch in Situationen, die von mancher Dunkelheit und Schwierigkeit bestimmt sein wird, Dich selber als das Licht der Welt erfahren, das ihnen immer wieder einen Weg aus der Finsternis und Trost in der Nacht aufzeigen wird. Gehe mit uns allen als Lebensstrahl mit, der wie von einem himmlischen Leuchtturm ausgesandt unsere ganze Zukunft in die Helligkeit Deiner Liebe tauchen wird.

VII. SEGEN:

Segen sie mit dir, / der Segen strahlenden Lichtes, / Licht um dich her / und innen in deinem Herzen. / Sonnenschein leuchte dir / und erwärme dein Herz, / bis es zu glühen beginnt / wie ein großes Torffeuer, / und der Fremde tritt näher, / um sich daran zu wärmen. / Aus deinen Augen strahle / gesegnetes Licht / wie zwei Kerzen / in den Fenstern deines Hauses, / die den Wanderer locken, / Schutz zu suchen dort drinnen / vor der stürmischen Nacht. Wen du auch triffst, / wenn du über die Straße gehst, / ein freundlicher Blick von dir / möge ihn treffen. (Aus Irland)

VIII. PREDIGT:

Pfarrer (P): Liebe Konfirmandinnen, liebe Konfirmanden!

Ach, wie soll ich Euch das jetzt erklären? Ob Ihr es glaubt oder nicht, an diesem Festtag, am Tage Eurer Konfirmation, da beschleichen mich immer sehr gemischte Gefühle. Natürlich freue ich mich zunächst ganz doll mit Euch mit, dass wir gemeinsam diesen Tag erreicht haben. Ich hatte, das muss ich Euch heute wirklich auch einmal sagen, in den eineinhalb Jahren unserer Unterrichtszeit viel Freude mit Euch. Ihr wart neugierig. Ihr wart in vielen Diskussionen sehr engagiert. Viele von Euch haben regelmäßig unsere Gottesdienste besucht. Eigentlich, nicht wahr, könnte ich mit Euch zufrieden sein. Eigentlich könnten wir uns heute gemeinsam nur fröhliche Gedanken in diesem Gottesdienst gönnen, miteinander singen und beten; um anschließend dann eine Fülle von Geschenken, gutem Essen, Geselligkeit im Verwandten- und FreundInnenkreis zu genießen. Aber, seht Ihr, so einfach ist die Sache nicht. Bei aller Freude über Euch: Trotz alledem mache ich mir an diesem Tag auch Sorgen um Euch. Ich weiß, dass Ihr mich jetzt erstaunt anseht. „Sorge, Kummer, gar Ängste um so gut aufgestellte junge, interessierte Menschen?“, denkt Ihr jetzt vielleicht im Stillen. Was soll uns denn schon passieren? Wir haben doch Ideen, Kräfte, Vorstellungen für die Zukunft – und dazu bekommen wir ja heute noch einen besonders hellen, lichtvollen Segen geschenkt, der uns in allen Situationen unseres Lebens begleiten und beschützen wird. – Ja, seht Ihr, möchte ich Euch drauf antworten, das ist ja gerade das Problem. Ich bin mir nämlich gar nicht sicher, ob das, was wir gemeinsam gelernt und erlebt haben, für alle Jahre Eures Lebens tatsächlich ausreichen wird. Schaut einmal her: hier diese Kerze. Sie ist ein Symbol für das Licht des Glaubens. *(P. zündet Kerze an.)* Oft haben wir gemeinsam darüber nachgedacht, wie Gott Helligkeit und Klarheit in Euer Leben bringen will. Wie er Euch damit einen sinnvollen Weg aufzeigt. Euch begleitet und nie alleine lässt. Aber was geschieht, wenn die Kerze, das Licht Gottes, ihre Helligkeit nicht mehr stark genug ist? *(P. bläst die Kerze aus.)* Was passiert, wenn Ihr in manche Finsternis in Euerm Leben geratet? Was macht Ihr, wenn dunkle Gestalten es nicht gut mit Euch meinen, wenn Ihr von einem vernünftigen Weg abkommt, wenn Ihr in Fragen Eurer Berufsfindung oder menschlicher Beziehungen nicht mehr weiter wisst? Seht, vielleicht versteht Ihr jetzt, dass ich mir schon heute ein wenig Sorgen um Euch mache, weil ich Euch dann nicht mehr erreiche, nicht mehr begleiten und helfen kann; und so das Licht des Glaubens mitsamt dieser Kerze nicht stark genug sein wird, Euch vor Dunkelheiten zu bewahren.

Leuchtturmwärter (L): Ja, Sie vielleicht nicht.

P: Ja, was um alles in der Welt ist denn hier los?

L: Was hier los ist? Sie scheinen Ihren Glauben los zu sein!

P: Wie bitte? Nur weil ich mir Gedanken über das Lebenslicht meiner KonfirmandInnen mache, hätte ich meinen Glauben verloren? Aber was rede ich da überhaupt mit Ihnen? Dürfte ich vielleicht einmal freundlicherweise erfahren, wer Sie sind und wie Sie es sich erlauben können, diesen schönen Konfirmationsgottesdienst einfach so zu unterbrechen?

L: Also, es ist schon sehr die Frage, wer hier was unterbricht. Bei den letzten Worten Ihrer Rede, lieber Herr Pfarrer/liebe Frau Pfarrerin, die ich eben noch mitgehört habe, da hatte ich eher den Eindruck, *Sie* unterbrechen den fröhlichen Ablauf der Feier. *Sie* sind es nämlich, der nicht weiter weiß, was aus der Helligkeit des christlichen Glaubens für diese jungen Menschen einmal wird. Stimmt's?

P: Na ja, so ganz falsch ist das nicht. Aber das beantwortet immer noch nicht meine Frage, wer Sie sind und was Sie hier überhaupt wollen.

L: Ja, sieht man das denn nicht? *(L. zeigt auf den mitgebrachten Leuchtturm.)* Ich bin der himmlische Leuchtturmwärter, und also auch für diese Kirche der gute Geist des Lichts. Ich sorge dafür, dass diese Jugendlichen auch in Zukunft mit hellen, freundlichen Gedanken beschenkt werden. Im Übrigen habe ich das immer schon gemacht, seit sie auf der Welt sind.

P: Aber, ich habe Sie hier noch nie gesehen. Wo wohnen Sie eigentlich und was machen Sie sonst, wenn Sie nicht gerade Konfirmationsgottesdienste unterbrechen?

L: Wo ich wohne? Ach, du meine Güte, lieber Herr Pfarrer/liebe Frau Pfarrerin, wo denn sonst, als in dieser Kirche? Jedes Mal, wenn auf dem Altar eine Kerze angezündet wird, erwache ich zum Leben. Und schenke den Menschen, die zum Beten und Singen kommen, etwas von Gottes Licht.

P: Aber dann würde doch unser normales Kerzenlicht vollauf ausreichen. Wozu haben Sie sich denn darüber hinaus noch diesen gigantischen Leuchtturm angeschafft?

L: Ja, sehen Sie, Sie haben doch selber eben darüber nachgedacht, wie Sie Ihre Jugendlichen auch noch nach der Konfirmation erreichen können. Da reicht eben manchmal so ein Kerzendocht nicht aus. Da muss dann schon ein größerer Strahler her, der die KonfirmandInnen selbst in weitester Ferne noch erreicht und sie mit seinem freundlichen Lichtkegel beschützend umgibt.

P: Aber, wissen Sie, Herr Leuchtturmwärter, genau das ist doch das Problem. Vielleicht wollen die Jugendlichen ihren Lebensweg ja gar nicht von Ihnen bescheinen lassen. Vielleicht wollen die in Zukunft von dem Herzenslicht der Kirche und des Glaubens schlicht und einfach in Ruhe gelassen werden. Vielleicht wollen die ganz einfach ihren Weg alleine finden und gehen – ohne Eltern, ohne LehrerInnen, ohne PfarrerInnen und dann eben manchmal auch ohne Gott.

L: Natürlich, ja, da mögen Sie recht haben. Junge Menschen wollen nun mal selbstständig sein und sich nicht jede Lebensfunzel hinterher tragen lassen. Dabei können sie dann auch ganz eigensinnig und überhaupt ziemlich selbstbewusst auftreten. Aber, sehen Sie, immerhin kenne ich ja diese Jugendlichen nicht erst seit heute.

P: Nicht?

L: Nein, natürlich nicht. Seit dem Tage, als sie zum ersten Mal dem Licht, ihrem Lebenslicht begegnet sind, bin ich an ihrer Seite und begleite sie.

P: Das müssen Sie mir jetzt aber doch etwas genauer erklären.

L: Dass PfarrerInnen auch immer so misstrauisch sind und umständlich alles hinterfragen müssen. Also, überlegen Sie doch einmal selber: Wann strahlt denn wohl zum ersten Mal das Licht Gottes über dem Leben eines Menschen auf?

P: Also, na ja, ich denke, nun, doch höchstwahrscheinlich bei seiner Geburt.

L: So ist es. Seit dem Geburtstag dieser jungen Menschen bin ich an ihrer Seite mit ihnen unterwegs. Ich lasse den Lichtkegel der Liebe Gottes zärtlich über sie hinwegstreichen und tauche sie dabei in Helligkeit, Klarheit, Freundlichkeit und Glück. Und jedes Mal nenne ich ihnen dann dazu einen kostbaren Vers.

P: Kostbaren Vers?

L: Ach, nun stellen Sie sich doch bitte nicht so an. Gerade Ihnen als PfarrerIn werden wohl doch noch einige helle, lichtdurchflutete Bibelverse einfallen, die man Menschen in den unterschiedlichen Situationen ihres Lebens auf den Weg mitgeben kann. Die also etwas über das Licht Gottes erzählen. Und damit dann auch immer wieder helfen, der Finsternis ins Auge zu sehen – und sie aufzuhellen.

P: Das wirft ja ein völlig neues Licht auf meine alte Bibel. Natürlich, Sie haben gar nicht so unrecht: Lichtsprüche für alle Lebenslagen! Lassen Sie mich mal selber überlegen. Also, zum Beispiel, zu Beginn eines jeden Menschenlebens, da würde ich für sie einen Spruch aus der Schöpfungsgeschichte aussuchen: „Und Gott sprach: Es werde Licht! Und es ward Licht. Und Gott sah, dass das Licht gut war."

L: *(Malt entweder bei den Bibelzitaten ein Licht auf den Leuchtturm oder zündet eine Kerze bzw. knipst kleine elektrische Lichter an.)* Das kommt mir natürlich ziemlich bekannt vor. Aber, Kompliment, Sie haben wirklich gut gewählt. Zu Beginn eines jeden Lebens, natürlich auch desjenigen der jungen Menschen hier, strahlt das wunderbare Licht Gottes bei ihrer Erschaffung auf. Immer also, wenn ein Mensch geboren wird, entzünde deshalb auch ich meinen Leuchtturm und lasse genau diesen schönen Schöpfungsvers weit ins Land hinaus erklingen.

P: Ja, mein guter himmlischer Leuchtturmwärter, nun entsinne ich mich dunkel, dass Sie mir doch schon einmal noch in einer anderen Lebenssituation begegnet sind. Nach der Geburt eines Menschen. Das war, Moment einmal, richtig, das war als zweiter Lichtpunkt natürlich bei der Taufe dieser jungen Menschen.

L: Leuchtender Volltreffer! Natürlich, wo denn sonst?! In der Taufe wird jedem Menschen ein geistlicher Lichtfunke in Herz und Seele gelegt. Und sehr oft sage ich dann über dem Taufbecken den Vers auf: „Christus spricht: Ich bin das Licht der Welt. Wer mir nachfolgt, der wird nicht wandeln in der Finsternis, sondern wird das Licht des Lebens haben." Und dann wissen die Tauffamilien, dass sie für ihren ganzen weiteren gemeinsamen Lebensweg in Gottes Licht getaucht werden, an dem sie sich in allen Entscheidungen orientieren können, wie die Seefahrer auf dem Meer an den Leuchttürmen an Land.

P: Nun wird mir natürlich wesentlich klarer, warum Sie ausgerechnet heute, am Tage der Konfirmation dieser jungen Menschen, hier in der Kirche auch ganz sichtbar in Erscheinung treten. Heute ist wohl wieder so ein herausgehobener Tag, an dem das göttliche Licht über Menschen ausgegossen werden soll, damit sie sich erhellt und geleitet fühlen.

L: Ja, genau darum geht es heute, an einem ganz wichtigen Entwicklungspunkt im Leben junger Menschen. Ich lasse Gottes Licht über ihnen aufstrahlen *(malt bzw. zündet wieder ein Licht an, s.o.)*, damit auch die kommende Zeit nie ganz im Dunkeln liegt. Und natürlich auch, damit sie lernen, wie sie nun selber als verantwortungsbewusste Christen die Welt etwas heller und freundlicher machen können. Und deshalb sage ich bei der Konfirmation gerne auch mal den Spruch aus der Bergpredigt auf: „Ihr seid das Licht der Welt. Lasst deshalb euer Licht vor den Leuten leuchten, damit sei eure guten Werke sehen und euren Vater im Himmel preisen."

P: Ach, lieber Leuchtturmwärter, das alles klingt ja sehr harmonisch, so friedlich und schön. Und für die guten Seiten des Lebens, Taufe und Konfirmation haben diese hellen Sätze ja durchaus ihre Berechtigung. Aber, sehen Sie mal, vielleicht beginnen ja schon morgen in den Familien diese oder jene Probleme. Geburt und Verwandtenfeier – wenn's ernst wird, liegen beide dann fast genau so weit hinter den Jugendlichen zurück. Aber wo leuchtet jetzt Ihr Licht? Was passiert denn z.B., wenn diese jungen Leute heute die Kirche dort durch die Tür verlassen – und dann vielleicht ganz lange nicht mehr wiederkommen? Oder mit Schulproblemen zu kämpfen haben? Oder ihre Eltern sich nicht mehr so recht verstehen? Läuft es dann nicht doch eher so wie mit meiner Kerze hier ab, dass der Docht einmal kurz zum Fest aufgeleuchtet ist, um dann aber doch vom Wind des Alltags ausgeblasen zu werden?

L: Sehen Sie, gerade dann, gerade in solchen Momenten komme ich ins Spiel. Verstehen Sie jetzt endlich, warum mein Leuchtturm so unübersehbar groß sein muss? Mit diesem Scheinwerfer, mit seinem Lichtkegel erreiche ich unsere Jugendlichen selbst dann, wenn sie aus der Gemeinde, also aus Ihrem Lebensumfeld, Herr Pfarrer/Frau Pfarrerin, aus der Kirche, aus der Welt des Glaubens sich verabschiedet haben und scheinbar völlig verschwunden sind.

P: Das mag ja sein. Aber was geschieht eigentlich, wenn die Jugendlichen gar nicht Ihre Begleitung wollen? Vielleicht fühlen die sich ja ganz zufrieden und glücklich ohne jeden Funken göttlichen Lichts?

L: Natürlich, das mag manchmal den Augenschein haben. Manche junge Erwachsenen geben sich ganz gerne – wie sagt man? – so einen coolen Anstrich, dass sie auf mich, meine Verse, mein Licht bestens verzichten können. Und doch können sie sich dabei gewaltig verrechnen und selber täuschen. Und es täuscht gerade in den kommenden Jahren?

P: Und wieso das?

L: Nun, können Sie sich das nicht selber denken? Was passiert denn in der nächsten Zeit?

P: Nun, ich denke, ich weiß nicht …

L: Herr Pfarrer/Frau Pfarrerin! In der nächsten Zeit wird sich im Leben dieser jungen Leute doch gerade erst beweisen müssen, ob Gottes Licht stärker als manche reale Finsternis dieser Welt ist und bleibt.

P: Sie meinen … ?

L: Ja, ich meine genau dies, dass die Jugendlichen es gerade in den nächsten Jahren besonders nötig haben, dass das Licht Gottes sie mit der allerhöchsten Wattzahl überschüttet. Denken Sie doch zunächst einmal nur an die nun wirklich heutzutage wahrlich nicht einfache Berufsfindung. In diesen Übergangszeiten strahle ich manchmal fast pausenlos Tag und Nacht aus den Kirchenfenstern heraus *(malt bzw. knipst Licht an, s.o.)*, um es ihnen bei der Suche und ihren Entscheidungen leichter und heller zu machen. Und dabei rufe ich ihnen dann immer wieder den Psalmvers zu: „Der Herr ist mein Licht und mein Heil, wovor sollte ich mich fürchten?“

P: Aber, Herr Leuchtturmwärter, vielleicht bekommen die jungen Leute gar nichts von all Ihren gutgemeinten Bemühungen mit. Vielleicht werden die in ihrem Alter mit tausend anderen Dingen beschäftigt sein, nur nicht mit dem guten Licht Gottes und all ihren scheinbar so wunderbar hilfreichen Bibelsprüchen.

L: Ja, liegt das denn an mir? Wer ist denn hier der Pfarrer/die Pfarrerin? Sie oder ich? Wer hat denn hier in der Gemeinde Räume und Ideen, Freizeiten und eine JugendleiterIn? Könnten Sie nicht ab und an wenigstens einen meiner Lichtstrahlen auffangen und in die Herzen der KonfirmandInnen weiterlenken? Vielleicht geschmückt, verziert und unterstrichen mit dem Vers: „Sende dein Licht und deine Wahrheit, dass sie mich leiten und bringen zu deiner heiligen Wohnung." Ist das wirklich so schwer? Das wäre doch mal was Neues!

P: Ja, manchmal ist das wirklich schwer. Und so neu ist das alles auch wieder nicht. Da arbeite und predige ich, mühe mich mit meinen Möglichkeiten ab, und bekomme dann doch immer stärker nach der Feier das Gefühl, dass sich tatsächlich nur noch eine handvoll Leute vom Licht Gottes bescheinen lassen wollen.

L: Ich weiß, ich weiß. Aber vielleicht liegt's ja manchmal auch an Ihnen. Wenn ich da so an die eine oder andere umständliche Predigt denke … Aber mal Spaß beiseite. Sie sind doch längst nicht bei ihren Bemühungen, Gottes Licht bei der Entwicklung junger Menschen aufscheinen zu lassen, völlig allein. Es gibt Eltern und PatInnen, Großeltern und LehrerInnen, Jugendgruppen, kirchliche Angebote, Beratungsstellen – die leuchten nach Außen hin oft mehr, als Sie meinen. Sie helfen eben den Jugendlichen auch, zu sich und einem lieben Menschen zu finden. Und wenn sie dann einmal bei der Suche nach einer erfüllten Beziehung auch fündig werden, dann entzünde ich erneut meinen Leuchtturm *(malt oder knipst an, s.o.)* und bei ihrer Trauung werden dann VertreterInnen von mir auf Erden, also Sie oder einer Ihrer KollegInnen Ihnen den Spruch zusagen: „Wer einander liebt, der bleibt im Licht, und durch ihn kommt niemand zu Fall."

P: Und doch, Herr Leuchtturmwärter, muss ich noch einmal unterbrechen. All das, was Sie bisher so volltönend vorgetragen haben, wissen Sie, das sind doch tatsächlich immer nur Sprüche für die bunten, fröhlichen, schönen Seiten des Lebens. Aber was passiert eigentlich mit diesen jetzt noch jungen Menschen, wenn sie einmal älter werden? Wenn sie Krankheiten zu bewältigen haben?. Wenn sie Trennungen bewältigen müssen, Umzüge, Abschiede sie herausfordern werden, beruflich scheitern und sich woanders völlig neu orientieren müssen?

L: Lieber Herr Pfarrer/liebe Frau Pfarrerin, ob Sie es nun glauben oder nicht, dann lasse ich dort oben in der Kirche mein Licht mit allen Lampen gleichzeitig aufstrahlen. *(Malt oder knipst an, s.o.)* Verständlich, oder nicht? *Wenn* Gottes Leuchten besonders angesagt ist, *dann* doch wohl in all den Lebenssituationen, in denen dunkle Gedanken und finstere Menschen und bedrückende Umstände nach dem Lebenslicht der KonfirmandInnen greifen wollen. Erst dann wird sich richtig zeigen und beweisen, wer stärker ist: Das Böse oder Gottes Güte. Deshalb habe ich für die unterschiedlichsten Herausforderungen ein ganzes Bündeln an Lichtsprüchen gesammelt. *Einer* allein wäre dabei wahrscheinlich wirklich überfordert. *(Bei jedem Spruch neu anmalen bzw. anknipsen, s.o.)* Also, wenn sie z.B. in schwierigen Entscheidungssituationen sein werden, dann flüstere ich ihnen Kraft spendend zu: „Gottes Wort ist deines Fußes Leuchte und ein Licht auf deinem Weg." Wenn sie Kummer in der Nacht haben und krank sein werden, werde ich an ihrem Bett den Vers aufsagen: „Bei Gott ist selbst die Finsternis nicht finster, seine Nacht kann wie der Tag leuchten. Finsternis verwandelt sich dadurch zum Licht." Und schließlich, wenn es einmal in unterschiedlichen Lebenslagen Abschied zu nehmen gilt, dann stehe ich ganz nah bei den Menschen, halte ihre Hände und spreche zu ihnen: „Das Volk, das im Finstern wandelt, sieht ein großes Licht, und über denen, die da wohnen im finstern Lande scheint es hell." Und, glauben Sie's mir, sie werden mich hören, sich ein Herz fassen und mein Licht sehen und darin aufgehen.

P: Ich glaube, Sie wissen gar nicht, was für eine Sorge Sie *mir* aus dem Herzen genommen haben. Ich alleine wäre wohl bei der weiteren Lichtbegleitung meiner KonfirmandInnen ziemlich überfordert gewesen. Aber mit Ihrer Leuchthilfe werden Strahlen und Worte mit ihnen gehen, die – immer, überall – ihr ganzes Leben in Gottes Licht tauchen werden. Und Sie bleiben auch ganz bestimmt auch in dieser Kirche?

L: Selbstverständlich, in dieser – und allen anderen natürlich auch. Und jenseits der Mauern, über die Kirchendächer hinweg, bewegt sich mein Lichtkegel über das ganze Land, in alle Welt hinein, in die Weite des Kosmos. Und am Ende werde ich den Menschen zurufen: *(Malt oder knipst an, s.o.)* „Einmal wird es keine Nacht mehr geben. Und einmal wird man das Licht der Sonne nicht mehr brauchen. Denn Gott, der Herr allein, wird ihr Licht sein und sie alle erleuchten."

P: Was für ein leuchtendes Zukunftsbild. Gleich, bei der Einsegnung, werde deshalb auch ich meinen KonfirmandInnen Leuchtsprüche zum Leben mitgeben und eine kleine Lampe verschenken, die Euch immer an den wahren, den himmlischen Leuchtturm erinnern soll. Bleibt wohlbehütet, umstrahlt von seiner Güte und tragt sein Licht jetzt in die weite Welt!

Amen.

9 „Gespräch mit der Bibel“

I. Anmerkung:

Für die Dialogpredigt wurde für die Person, die die Bibel präsentiert, aus einem Karton das Deckblatt der Lutherbibel gebastelt, das diese dann als „wandelnde, lebendige Bibel“ anhatte. Der Gesprächspartner/die Gesprächspartnerin hatte sich auch eine Perücke in Stile Bachs angezogen. Als Geschenk erhielten die KonfirmandInnen die Bibel auf einer kleinen CD an einem Band umgehängt, die beim Stuttgarter Bibelwerk erhältlich ist.

II. Begrüssung:

Liebe Konfirmandinnen und liebe Konfirmanden, liebe Eltern und Großeltern und PatInnen, VerwandtInnen und Gäste, liebe Gemeinde!

Ganz herzlich möchte ich Euch und Sie alle zu diesem besonderen Tag, die Konfirmation junger Menschen, in unserer Kirche willkommen heißen. Ich weiß aus eigener Erfahrung, was alles an Aufregung und Vorbereitungen hinter Ihnen liegt: Einladungen und Planungen des Tages, Kleidereinkäufe und Essensorganisation, Gestaltung der Wohnung und vielleicht auch ein kleines Festprogramm. Aber hier dürfen Sie jetzt nach all diesem zur Ruhe kommen. Es ist ein Ort da, an dem wir zusammen auf das Wichtigste für diesen Tag hören dürfen, nämlich was Gott und sein gutes Wort für das Leben von Menschen bedeutet, die auf dem Weg zum Erwachsenwerden sind. So hoffe ich, dass nicht nur heute die Heilige Schrift zu uns sprechen wird, sondern auch später noch für die unterschiedlichsten Lebenssituationen der KonfirmandInnen hilfreiche Lebensworte bereit halten wird.

Wir feiern nun diesen Gottesdienst miteinander im Namen Gottes, des Vaters, der uns alle so mag, wie er uns geschaffen hat; im Namen seines Sohnes Jesus Christus, der als Heiland dieser Welt immer an unserer Seite geht; und im Namen des Heiligen Geistes, der uns Gedanken der Hoffnung und des Friedens auch in diesen Zeiten schenkt.

III. PSALM: 1 (in moderner Übertragung), siehe unter *2. III.*

IV. LIEDER:

Lobe den Herren, den mächtigen König der Ehren (EG 317, 1–4); Gott gab uns Atem (EG 432,1–3); Wir haben Gottes Spuren festgestellt (Lieder zwischen Himmel und Erde, tvd-Verlag, 239,1–3); Vertraut den neuen Wegen (EG 395,1–3); Herr, deine Liebe ist wie Gras und Ufer (tvd, 224,1–4); Nun danket alle Gott (EG 321,1–3)

V. LESUNG:

1. Korinther 13,1–7+13

VI. FÜRBITTENGEBET:

Guter Gott! Wir bitten Dich heute für die jungen Menschen, die ihren Lebensweg unter deinem Segen weitergehen dürfen. Lass sie die Kostbarkeiten der Heiligen Schrift immer wieder neu entdecken und dadurch mit einer Fülle guter Worte bereichert werden. Sie gibt ihnen Ideen, wie Verständnis und Versöhnung, Wille zum Ausgleich und Kraft zum Frieden durch das Vorbild Deines Sohnes Jesus Christus wachsen können, der gerade Friedensstifter Kinder Gottes nennt. Lass sie Verse finden, die ihren eigenen Alltag verständnisvoll anderen gegenüber gestalten helfen. Lass die Neukonfirmierten erfahren, dass ihr Leben nicht auf eigener Anstrengung gründet, sondern zunächst einmal ein kostenloses Geschenk Deiner Güte ist. Mögen sie sich erfreuen an diesem Gefühl des Angenommen- und von Dir Getragenwerdens und so dann auch befähigt werden, ihre Gaben zu entfalten und andere in ihrer Art zu bejahen. Herr, diese jungen Menschen sind allesamt auf der Suche nach verlässlichen Beziehungen und guten Partnerschaften. Lass sie Vertrauen entwickeln zu Personen, die es gut mit ihnen meinen, damit sie selber alles, was an liebevollen Gefühlen in ihnen steckt, zum Ausdruck bringen können. So lass immer wieder Worte des Trostes, der Gewissheit und der Zuneigung zu den Jugendlichen aus dem Heiligen Buch zu ihnen sprechen, damit sie dadurch gestärkt und geleitet ein Licht haben auf dem Weg durch diese Welt.

VII. Segen:

Möge dein Weg dir freundlich entgegenkommen, / möge der Wind dir den Rücken stärken. / Möge die Sonne dein Gesicht erhellen, / und der Regen um dich her die Felder tränken. / Und bis wir beide, du und ich, uns wiedersehen, / möge Gott dich schützend in seiner Hand halten.

VIII. Predigt:

Pfarrer (P): Meine lieben KonfirmandInnen!

Manchmal habe ich am Konfirmationstag ein ganz komisches Gefühl. Und das kommt daher: Meist wird ja zu Eurem Fest ganz viel aus der Bibel vorgelesen. Das geht schon jetzt, in diesem Gottesdienst los, wenn ein Psalm gebetet und eine Lesung vorgetragen werden. Und gleich im Anschluss bekommt sogar jeder und jede von Euch einen persönlich ausgesuchten Bibelvers zugesprochen. Der soll Euch dann sogar ein Leben lang begleiten. Und ich könnte mir gut vorstellen, dass nachher, bei der einen oder anderen Rede, auch wieder ein frommer Spruch aus der Bibel für Euch zitiert wird. Und, wer weiß, vielleicht gibt es ja auch bei Euch zu Hause noch den alten Brauch aus meiner Jugend, dass man von PatInnen oder Großeltern eine ganz besonders kostbare Bibel geschenkt bekommt. Die riecht dann nach echtem Leder und hat an den Seiten kostbaren Goldschnitt. Und die Menschen denken dann, dass Ihr jeden Tag darin lesen werdet. – Und seht Ihr, genau da kommt es zu meinem komischen Gefühl. Ich – ja, wie soll ich Euch das jetzt erklären? – weiß überhaupt nicht, ob Ihr in Euerm späteren Leben überhaupt noch etwas mit diesem Buch anfangen könnt. Klar, einige Geschichten daraus haben wir im Laufe des Unterrichts etwas besser kennen gelernt. Aber ich könnte mir gut vorstellen, dass auch diese bald vergessen sein werden. Es wird zwar immer wieder mal ein „Jahr der Bibel“ ausgerufen, aber es sollte mich nicht wundern, wenn dieses Buch schon nächste Wochen zwischen ein paar alten Jugendbüchern still im Regal vor sich hin verstaubt. Ich weiß, Ihr habt ja tatsächlich so viel anderes zu tun: In der Schule ziehen die Anforderungen in den nächsten Jahren ganz schön an. Und dann wollt Ihr schließlich auch noch Zeit für andere abwechslungsreiche Unternehmen haben. Und jetzt versteht Ihr vielleicht mein heutiges Unwohlsein, wenn ich mir vorstelle, dass Ihr Euch – wenn die Konfirmation vorbei sein wird – gar nicht mehr mit der Bibel befassen werdet, weil Ihr mit so vielen anderen Dingen und Büchern und Lebensfragen beschäftigt seid. Vielleicht empfindet Ihr die alte Bibel bei der Bewältigung aller möglicher Herausforderungen sogar als ein Hindernis auf dem Lebensweg. Dann sucht Ihr woanders Hilfe, Unterstützung und Begleitung – nur nicht mehr hier, in diesem Buch.

Bibel (B): So, ich stehe im Weg? Im Lebensweg? Das ist ja eine ganz besonders interessante These, lieber Herr Pfarrer/liebe Frau Pfarrerin. Und so etwas ausgerechnet aus Ihrem berufenen TheologInnenmund!

P: Moment einmal, ich lasse mich doch nicht einfach von einer x-beliebigen Person in meiner Konfirmationspredigt unterbrechen. Dürfte ich bitte wissen, was Sie hier zu suchen haben, wer Sie sind und warum Sie völlig ungefragt diesen Gottesdienst stören?

B: Wer ich bin? Ja, um alles in der Welt – oder besser noch im Himmel –, sieht man das denn nicht? Ich bin diejenige, die Sie gerade so ein bisschen madig zu machen versuchten. Ich, ich bin die Bibel dieser Gemeinde.

P: Ach so, na, das erklärt natürlich einiges. Vor allem auch, warum Sie so angestaubt daher kommen. Wie alt sind Sie eigentlich?

B: Mich hat es schon gegeben, da waren Sie noch gar nicht auf der Welt. Und so werden ich auch dann noch da sein, wenn Sie hier längst keine Konfirmationen mehr abhalten werden.

P: Eben das, meine liebe Bibel, wage ich denn doch etwas anzuzweifeln. Glauben Sie denn wirklich allen Ernstes, die Jugendlichen, die heute konfirmiert werden, wollen in Zukunft noch irgendetwas mit so einer angegilbten Person zu tun haben? Die haben doch alle keine Zeit. Und die haben noch weniger Interesse an all diesen uralten Geschichten. Das jedenfalls ist meine – wenn Sie so wollen – etwas melancholische Erfahrung, nach 1.000 Jugendlichen, die ich inzwischen konfirmiert habe.

B: Was sind Sie aber auch für ein fantasieloser Zeitgenosse/eine fantasielose Zeitgenossin. Von einem Pfarrer/einer Pfarrerin hätte ich schon etwas anderes erwartet.

P: Und was, bitte schön?

B: Na, zum Beispiel, dass er ein paar Gegenstände aus dem wunderbaren Buch herauszaubert, um den KonfirmandInnen zu zeigen, wie wichtig, wie aktuell, hilfreich und belebend die Bibel auch in Zukunft ganz sicherlich noch sein wird.

P: Das kann ich nicht. Dazu fällt mir wirklich überhaupt nichts ein. Da gibt's doch im Grund gar nichts drin, was Jugendliche überhaupt wirklich interessiert.

B: *(zieht ein weißes Tuch hervor)* So, gar nichts? Und was ist das?

P: Was soll das schon sein, irgendein Stück von einem alten Laken.

B: So kann man es natürlich auch sehen. Für mich ist es, ja, so etwas wie eine Friedensfahne. Und ich will Ihnen jetzt auch erzählen, warum. Auf vielen Seiten und in unzähligen Geschichten gebe ich den Jugendlichen den Rat: Schlagt nicht mit Gewalt zurück, wenn ein Problem unter Euch auftaucht.

P: Aber das entspricht doch überhaupt nicht der Wirklichkeit, in der die KonfirmandInnen weiter aufwachsen werden. Da überlebt doch nur der/die, der/die sich mit aller Macht zu wehren versteht. Schauen Sie sich doch selber die Weltlage mal an!

B: Sind Sie sich da so sicher? Ich habe da einen ganz anderen Eindruck. Diese wunderbare Welt mit all ihren großartigen Geschöpfen wird sich selber zu Grunde richten, wenn nicht Menschen auf allen Seiten diese weiße Friedensfahne in die Hand nehmen. Und sich dann daran erinnern lassen, dass Böses letztlich nur durch Liebe, Güte und Geduld besiegt werden wird. Und Menschen, die zu diesem Frieden beitragen, werden von mir ausdrücklich zu Gotteskindern genannt. Und das soll für Ihre KonfirmandInnen uninteressant sein?

P: Ach ja, nun gut, was all diese großen Weltfragen betrifft, da mag ja wirklich manch Kluges in Ihnen drin stecken. Aber der Weltfrieden macht doch nicht den Alltag meiner KonfirmandInnen aus. Die sind doch im Moment viel mehr damit beschäftigt, wie sie selber Anerkennung kriegen und Selbstbewusstsein entwickeln.

B: Da ist mit Sicherheit etwas dran. Aber schauen Sie doch mal, was noch so alles in mir drin steckt *(holt eine große Geldbörse hervor)*!

P: Ach du lieber Himmel, jetzt kommt wahrscheinlich dieses abgestandene Thema, dass man nur ja nicht zu gierig sein darf und immer schön den Armen etwas abgeben soll. Damit werden Sie bei den Jugendlichen kaum landen können, auch wenn manche von ihnen heute reich beschenkt werden. Die müssen doch erst einmal ihre eigene Zukunft sichern.

B: Falsch, lieber Herr Pfarrer/liebe Frau Pfarrerin, ganz falsch, da liegen Sie mal wieder völlig daneben. Sehen Sie her *(dreht den Geldbeutel um)*, was sehen Sie?

P: Nichts!

B: Eben! In unseren Geldbeuteln ist nichts drin. Als Bibel sage ich dazu: Von uns aus haben wir Gott gar nichts anzubieten. Wir können unsere Zukunft, wie Sie es eben ausgedrückt haben, gar nicht selber sichern. Wir stehen mit leeren Händen vor Gott. So, wie wir nun einmal gestrickt sind, sind wir ganz darauf angewiesen, dass *ER* unser Leben und die Geldbörse füllt. Vor allem mit Lebensfreude und Mut. Das tut er im Übrigen schon jeden Tag. Auch mit Ihren Jugendlichen. Ich nenne das: Gnade.

P: Ja, ja. Sie mögen ja in allem recht haben, was Sie da so klug von sich geben. Irgendwie erinnern Sie mich an mein altes Studium, wo ich lernen durfte: Gott nimmt umsonst und ohne irgendeine Gegenleistung seine Menschenkinder an; und hilft ihnen gerade so auf die Beine. Aber, liebe Bibel, jetzt einmal ehrlich, glauben Sie wirklich, dass diese „Message" – wie Jugendliche sagen –, meine KonfirmandInnen auch in Zukunft motivieren wird, in Sie noch einmal hineinzuschauen?

B: Aber, Herr Pfarrer/Frau Pfarrerin, auch wenn Sie es vielleicht noch nicht gemerkt haben sollten, wir reden hier von etwas sehr Lebendigem: Wir reden von der Liebe.

P: Von der Gottesliebe oder von dem Verliebtsein unter meinen Jugendlichen?

B: Wie kann man beides so nur auseinanderreißen? Von beiden natürlich! Sehen Sie, was ich hier aus mir herausziehe? *(Holt eine Rose aus dem Karton.)* Verstehen Sie das wirklich nicht? Menschen, die sich von Gott angenommen und geschätzt fühlen, erst die könne sich so richtig auch in einen anderen Menschen verlieben. Und dann ganz für ihn da sein. Oder sollten Sie vergessen haben, dass es in mir viele Stellen gibt, in denen es um Zärtlichkeit, Liebe und Rücksichtsnahme zwischen zwei jungen Menschen geht?

P: Ja, das sehe natürlich auch ich jetzt ein. Wenn es um Entspannung, Küsse und Zärtlichkeit geht, da sind meine Jugendlichen gerne dabei. Aber diese schönen Gefühle machen doch längst nicht ihren ganzen Alltag aus. Dabei geht es doch oft um ganz andere Dinge. Wie man beim Heranwachsen mit manchen Ängsten fertig wird, zum Beispiel. Oder wie man wieder Kraft bekommt, wenn man sich manchmal ausgelaugt und mutlos fühlt. Oder auch, wie man neue Hoffnung bekommt, wenn man im Leben, auch im Blick auf die eigene Zukunft nicht mehr so recht weiterweiß. In *solchen* Momenten, da brauchen die KonfirmandInnen wirklich Hilfe – und nicht nur in Ausnahmesituationen.

B: Diesmal gebe ich Ihnen vollkommen recht. Sehen Sie, was ich hier noch habe? *(Holt bunte Zettel mit ganz vielen Bibelversen hervor.)*

P: Was sind das denn für Zettel?

B: Viele Zettel. Zettel mit den schönsten Bibelversen der Welt. Für alle Lebenslagen *(nimmt einen heraus)*. Hier zum Beispiel, einer meiner Lieblinge: „Gott spricht zu Dir: Fürchte Dich nicht. Ich habe Dich erlöst, ich habe Dich bei Deinem Namen gerufen, Du bist mein.“ *(Nimmt weitere heraus.)* Oder hier: „Gott spricht: Ich will Dich segnen, und Du sollst ein Segen sein.“ Oder wie finden Sie den: „Gott ist mein Licht und meine Stärke, vor wem sollte ich Angst haben?“ Und das alles sollen Sätze sein, die Ihre Jugendlichen etwa nicht auch dann noch ansprechen und begleiten werden, selbst wenn sie einmal groß und erwachsen sind? Wissen Sie was: Ich verteile sie gleich, und jeder und jede von ihnen wird persönlich den Vers erhalten, der sie ihr Leben lang begleiten soll. Und, nicht wahr, sieht man da nicht mal wieder, wie aktuell und lebendig ich bin? Meinen Sie nicht, lieber Herr Pfarrer/liebe Frau Pfarrerin, wir sollten uns mal öfter treffen und uns austauschen über meine Attraktivität? Schauen Sie doch einfach mal wieder bei mir rein!

P: Liebe Bibel! Sie haben ja völlig recht. Mit all diesen erfrischenden Worten werden Sie wirklich nicht in der Versenkung verschwinden. Gut möglich, dass auch meine KonfirmandInnen immer wieder in Sie hineinsehen, wenn sie sich z.B. um den Frieden in der Welt kümmern. *(Nimmt die einzelnen Gegenstände der Bibel zur Hand/Fahne.)* Oder wenn sie nachempfinden wollen, wie liebevoll er sie geschaffen hat *(dto./Geldbeutel)*. Oder wenn sie ausprobieren möchten, wie sie diese Liebe an andere Menschen verschenken und auch wirklich im Alltag leben können *(dto./Rose)*. Oder wenn sie schließlich ihren Konfirmationsspruch *(dto./Verse)* immer wieder zur Hand nehmen und in diesem einen Satz ihr ganzes Leben unter Gottes Segen zusammengefasst empfinden.

Amen.

10 „Ein Duft fürs ganze Leben“

I. ANMERKUNG:

Passend zum Thema war in der Kirche eine Duftkerze angezündet. Die KonfirmandInnen bekamen ein Set mit nach Obst duftenden (Zitrone, Heidelbeere, Apfel, Erdbeere) Briefmarken mit vier unterschiedlichen Werten. Inzwischen gibt es auch Briefmarken mit Rosenmotiv, die ebenfalls duften.

II. BEGRÜSSUNG:

Liebe Konfirmandinnen und liebe Konfirmanden, liebe Eltern und Großeltern und PatInnen, VerwandtInnen und Gäste, liebe Gemeinde!

Ganz herzlich möchte ich Euch und natürlich Sie alle zu unserem Konfirmationsgottesdienst hier in der Kirche willkommen heißen. Eine Fülle von Planungen und Vorbereitungen liegen jetzt hinter Ihnen, damit dieser Tag wirklich schön wird und gelingen kann. Aber – wie so oft im Leben – können wir das Wichtigste dazu nicht selber machen: Dass Gott, der Vater nun diese jungen Menschen annimmt und begleitet; sein Sohn Jesus Christus ihnen den Weg zum Leben vorangeht; und schließlich der Heilige Geist ihnen dabei immer wieder frohe Gedanken schenkt: Um all dies können wir jetzt nur herzlich bitten. So möge Gott nun selber wie ein guter Lebensduft um uns sein, den man zwar nicht sehen, wohl aber heute und dann auch das ganze kommende Leben dankbar in sich aufnehmen kann. Ich wünsche uns allen, dass in seinem Namen, dem Namen des Vaters und des Sohnes und des Heiligen Geistes dieser Konfirmationsgottesdienst gesegnet sein möge.

III. PSALM: 1

IV. LIEDER:

Lobe den Herren, den mächtigen König der Ehren (317,1–4); Geh den Weg nicht allein (Lieder zwischen Himmel und Erde, tvd-Verlag, 3216,1–6); Wir haben Gottes Spuren festgestellt (tvd, 230,1–3); Gott gab uns Atem, damit wir leben (EG 432,1–3); Möge die Straße uns zusammenführen (tvd, 89,1+2+4); Herr, deine Liebe ist wie Gras und Ufer (tvd, 224,1–4); Nun danket alle Gott (321,1–3)

V. LESUNG:

Aus Sirach 24:

Die Weisheit lobt sich selbst inmitten Israels, ihres Volkes. In der Gemeinde Gottes singt sie ihr Lied: Aus dem Mund des Höchsten ging ich hervor, und wie ein Nebel bedeckte ich die Erde. Im hohen Himmel war meine Wohnung, auf einer Wolkensäule stand mein Thron. Allein umschritt ich den Kreis des Himmels und ging umher in den Tiefen des Abgrunds. Ich herrschte über das wogende Meer, über alle Länder und alle Völker und suchte überall nach einem Ruheort. Wo war das Land, in dem ich bleiben konnte? Da gab der Schöpfer aller Welt mir Weisung: In Israel nimm deinen festen Wohnsitz. In Jerusalem ließ er mich ein Zuhause finden. Wie die Libanonzeder wuchs ich empor, wie eine Zypresse hoch auf dem Berge Hermon. Ich wuchs wie die Palmen in der Oase En-Gedi, wie Oleanderbüsche in Jericho, wie ein prächtiger Ölbaum im ebenen Land. Der lieblichste Duft ging von mir aus, wie Duft von Zimt, Gewürzrohr und Myrrhe, von den Weihrauchwolken im heiligen Zelt. Kommt alle her, die ihr mich haben wollt! Kommt, esst euch satt an meinen Früchten! Wenn einer sich an mich erinnert, denkt er an etwas Süßeres als Honig. Esst mich, dann habt ihr Hunger nach mehr; trinkt mich, dann habt ihr Durst nach mehr. Gehorcht mir, dann werdet ihr nicht enttäuscht. Tut, was ich sage, und bleibt frei von Schuld!

VI. FÜRBITTENGEBET:

Nach Franz von Assisi (z.B. EG, Ausgabe für Rheinland, Westfalen und Lippe, 875)

VII. Segen:

> Den tiefen Frieden im Rauschen der Wellen wünsche ich dir. / Den tiefen Frieden im schmeichelnden Wind wünsche ich dir. / Den tiefen Frieden über dem stillen Land wünsche ich dir. / Den tiefen Frieden unter den leuchtenden Sternen wünsche ich dir. / Den tiefen Frieden vom Sohne des Friedens wünsche ich dir. (Aus Irland)

VIII. Predigt:

Lieber Konfirmandinnen und liebe Konfirmanden, liebe Eltern, Großeltern und PatInnen, liebe Gemeinde!

Ich möchte Euch und Sie jetzt bitten, in aller Ruhe einmal die Augen zu schließen. Die letzte Zeit mit all ihren Vorbereitungen bis zum heutigen Konfirmationstag war anstrengend genug – auch aufgeregte Worte, Auspuffgase oder innere Angespanntheit tragen dazu bei. Also bitte: Machen Sie jetzt einfach die Augen zu und entspannen Sie sich. Wohl wahr, Sie sehen jetzt nichts mehr. Nicht mehr unsere geschmückte kleine Kirche, die festlich angezogenen KonfirmandInnen, die von nah und fern angereisten, schick gekleideten VerwandtInnen. Und den PfarrerInnen sieht man jetzt auch nicht mehr, selbst wenn er noch spricht. – Aber trotz Ihrer und Eurer geschlossenen Augen: Da gibt es noch ein anderes Sinnesorgan, durch das man sehr wohl immer noch etwas wahrnimmt, von all dem, was sich da um einen herum alles abspielt. Nein, bitte noch nicht nach Beweisen Ausschau halten. So viel Ruhe muss schon sein. Natürlich: Ihre Ohren nehmen trotz der geschlossene Augen immer noch Geräusche wahr, wahrscheinlich jetzt noch besser als vorhin: Fernes Autobrummen, Kichern in der hinteren Reihe, nahes Vogelzwitschern. Aber darauf wollte ich eigentlich gar nicht hinaus. Ich möchte stattdessen – bitte, halten Sie Ihre Augen noch einen Moment geschlossen – Ihnen Ihren Geruchssinn bewusst werden lassen. Aufgeschnappt von Nase, Haut und dem Gesichtsnerv Trigeminus. Circa 10.000 Arten von Geruchsreizen. Bei jedem Menschen. Und natürlich auch heute bei Ihnen und Euch. Gerüche – sie öffnen mehr als alle anderen Sinne den Zugang in unsere Gefühlswelt hinein. Ein Mensch kann wohl weg-sehen, weg-riechen, nein, das kann er nicht. Obwohl man sich im Laufe der Zeit an manche Gerüche schnell gewöhnen kann.

Also, was riechen Sie da jetzt? Wen erschnuppert Ihr eben? Ist es vielleicht das Lieblingsparfum von Tante Ida aus Osnabrück, „Acqua di Parma“, das den Duft der Toscana verspricht zu versprühen – und es tatsächlich auch tut? Sind es Blumen, die ganz selbstbewusst ihren ganz eigenen Charme in der kleinen Kirche verströmen, wobei – nebenbei bemerkt – Maiglöckchen und Veilchenduft vor allem in Verliebtheitsmomenten ihren größten Charme verbreiten. Oder, wenn Sie einmal genau hinriechen, dringt der zarte Hauch einer Duftkerze zu Ihnen und hüllt Sie dabei so ein, dass Sie diese Stunde in allerbester Erinnerung behalten werden? Kerzenrauch, verschwitzte Hände, modriger Papiergeruch sind vielleicht in der Kirche auch noch als Zugabe mit einem Quäntchen dabei. – So, vielen Dank, jetzt dürfen Sie endlich Ihre Augen wieder öffnen. Schauen Sie sich um und lassen Sie sich bestätigen, dass Ihre Nasen völlig richtig lagen. So wie die heutigen Düfte in der Zukunft – wenn sie wieder einmal auftauchen – Sie und Euch alle an den Konfirmationstag erinnern werden, so prägen die Gerüche der Vergangenheit unsere Empfindungen bis zu dieser Stunde. Die Älteren unter Ihnen werden ihn noch kennen, diesen unnachahmlichen Geruch von Bohnerwachs auf den Böden der alten Schulflure. Irgendwo steigt einem heute dieser Duft wieder in die Nase – und Sie haben urplötzlich Ihren Mathelehrer wieder vor Augen, mit den Klassenarbeiten in der Hand den Gang zur Klasse durchquerend. Oder alle, die sich schon einmal richtig verliebt haben, bei denen wecken eben auch ganz bestimmte Gerüche die zauberhaftesten Momente wieder wach: Der Hauch eines griechischen Sommerabends voller Jasminblüten, ein zartes Hautöl – dessen kostbarer Duft übrigens schon zu Jesu Zeiten ein ganzes Haus erfüllte –, der Geruch von Zwiebeln, Speck und Knoblauch in Olivenöl angebraten – und schon sieht man alles wieder vor sich: Den wunderbaren Menschen, die Liebe, das ganze große Lebensglück. Darüber hinaus erkennt man einen Menschen auch an seinem persönlichen, einmaligen Eigengeruch. Im Roman „Das Parfum“ ist dieses Phänomen auf eine unheimliche Art beschrieben. Natürlich sind uns dabei die Tiere mit ihrem grandiosen Spürsinn meilenweit voraus. Aber auch wir sagen zu Menschen, die wir gern haben: ich kann Dich gut riechen. Kaiser Napoleon z.B. war in seine Josephine so vernarrt, dass er sie eindringlich bat, sie möge sich doch vor seiner Rückkehr aus dem Feld nur ja nicht waschen.

Auf meinem Weg zum KonfirmandInnenunterricht vor 45 Jahren kam ich an der noch heute existierenden Kessenicher Haribo-Fabrik vorbei. Ich bin eigentlich immer recht gerne in die Kirche gegangen, und so weckt noch heute ein ganz bestimmter Lakritzgeruch Erinnerungen in mir wach, an eine Zeit, in der ich mir als Jugendlicher/Jugendliche den Gemeindealltag erschnupperte. Und weil nun die Nase mit all ihren Eindrücken und Erinnerungsbildern so eine große Rolle im Leben eines Menschen spielt, beschäftigt sich auch der Apostel Paulus mit der Bedeutung des Geruchs – verständlicherweise im Zusammenhang mit dem christlichen Glauben. Über eine kurze Stelle aus dem 2. Korintherbrief, die auch im Liturgieblatt abgedruckt ist, möchte ich nun zusammen mit Euch, liebe Konfirmanden und Euren Familien nachdenken zum Stichwort: „Ein Duft fürs ganze Leben."

„Gott lässt seinen Wohlgeruch durch uns an allen Orten bekannt werden. Auch wir selber sind für Gott ein Wohlgeruch Christi – unter denen, die gerettet werden; aber denen, die verloren werden, sind wir ein fast tödlicher Duft. Ein Duft zum Leben werden wir aber für all diejenigen, die sich retten lassen. Wer ist wohl solch einer Aufgabe gewachsen?" (nach 2. Kor 2,15f)

Nicht wahr, liebe KonfirmandInnen, das ist wahrscheinlich zunächst eine ziemliche Überraschung für Euch, dass Gottes lieblicher Wohlgeruch uns nichts als Freude vermitteln will; schlicht gesagt: Dass Gott selber gut für uns riechen möchte. Gottes belebende Ausstrahlung, seine Liebe zu Euch, seine Nähe zur ganzen Welt, sie drückt sich u.a. eben auch in ganz konkreten Duftnoten aus. Wenn Ihr z.B. im Sommer duftendes Heu zu riechen bekommt – vorausgesetzt natürlich, Ihr habt keinen Heuschnupfen! –, dann werdet Ihr gerade durch die Düfte hindurch erkennen, wie fürsorglich, vorausschauend, farbig und voller Wunder Gott, der Schöpfer, seine Erde für Euch gestaltet hat. Und wenn es dann irgendwann einmal wieder Weihnachten wird, Gewürznelken und Tannennadeln ihren Duft verströmen, dann werdet Ihr auf diese unnachahmliche Art erfahren, wie hautnah Gott Euch in dem zarten Duft eines Kindes auf Krippenstroh begegnet. Und schließlich, wenn Ihr wieder einmal irgendwo auf der Welt einen Kirchenraum betretet, dann werdet Ihr durch den Geruch von Kerzen, Weihrauch und der Patina kostbarer Bücher und Säulen in eine Welt geführt, wie unendlich weit und liebevoll der wehende Gottesgeist Eure Seele erhebt, belebt, frei macht und aufbaut. Das alles hat etwas mit Gottes Wohlgeruch zu tun – so will der Dreieinige Gott für Euch riechen: Wie ein blühendes Sommerfeld; wie ein gewürztes Heißgetränk im Schnee; wie ein Rauch, der sich vor bunten Glasfenstern nach Oben hin verflüchtigt. Es wird Euch dann kaum verwundern, dass auch im Tempel der Heiligen Stadt Jerusalem – einem Ort, dessen Basare von hunderten Düften geprägt sind – der Geruch von Myrrhe in einem glutvollen Kohlebecken, Zimt auf bunten Opferschalen und feinste Nardensalben in großstieligen Vasen für die Menschen am überzeugendsten die Schönheit, Nähe und Weisheit Gottes lobten.

Liebe KonfirmandInnen, eben dieses Erlebnis wünsche ich Euch auch für die kommenden Jahre: Nämlich, dass Ihr auch unsere Kirche, auch den christlichen Glauben als so einen „Wohlgeruch zum Leben“ erfahren habt, und egal, wo Ihr später einmal leben werdet: Die Erinnerung an die KonfirmandInnenzeit mit ihren Kirchengerüchen voll von Kerzenrauch, Blumen und Gewürzen wird Euch dieses Zentrum des Glaubens, Düfte ausströmender Gottesliebe – wie ein Gemälde, ein Schauspiel, eine Musik – fast körperlich vermitteln. So wie kleine Kinder besser einschlafen können, wenn sie ein kleines Stück Stoff bei sich haben, das den Geruch ihrer Mutter trägt, so wünsche ich Euch, dass der vertrauensvolle Glaube an Gott so einen fröhlichen Trostgeruch für Euer tägliches Leben ausmacht. Er wird Euch an das viele Gute erinnern, das ihr schon duftig mit ihm gemacht habt. Und der göttliche Geruch dabei wird Euch weiter darin bestätigen, auch in Zukunft Gott als Euren Beschützer hautnah an Euch heran zu lassen.

Nun ist aber Paulus in seinem kurzen Text über das Riechen Gottes ehrlich genug, dass er auch die andere Möglichkeit erwähnt; nämlich, dass man Gott und diesen ganzen Verein hier, seine Kirche, gerade nicht mehr gut riechen kann. Die Gefahr gibt es ja: Gerade wir hier als Gemeinde Gottes riskieren oft genug, einen schlechten Geruch und Geschmack abzugeben. Es kann ja auch durchaus sein, dass einige unter Euch die Unterrichtszeit so erfahren haben: Eben wie einen Sack alter Kleider, der bei der letzten Bethel-Sammlung vergessen wurde; wie ungelüftete, schimmelige Gemeinderäume, in denen uralter Kirchenmief, moralinsaure Vorurteile, schale Gottesdienste und muffige Gesichter sich breit gemacht haben. Das ist, sagt Paulus, ein geradezu tödlicher Gestank.

Denn der kann die Folge haben, dass Euch Jugendlichen alles, was mit Kirche zu tun hat, mächtig stinkt; und ihr dann von allem, was mit Glaube zu tun hat, die Nase gestrichen voll habt. Diesen ganzen Verein hier und den Pfarrer/die Pfarrerin mittendrin – Ihr könnt es alles nicht mehr riechen. Und manche werden daraus ihre Konsequenzen ziehen, aus der Kirche austreten und auf Nimmerwiedersehen verduften.

Was für ein Fehlschluss, was für ein Schnellschuss! Zugegeben, manchmal gibt unsere Kirche wirklich einen abgestandenen Geruch von sich und überdeckt wahrscheinlich eine Zeit lang den Wohlgeruch Gottes. Aber kein Mensch und die Kirche schon gar nicht kann auf Dauer Gott und seinen erfrischenden Lebensatem einfach so abstellen oder auf Dauer übertünchen. Un-riechbar ist Gott nie ganz für uns. Unter allen anderen möglichen Gerüchen taucht er nämlich ganz zuverlässig immer wieder auf und will Euer ganzes Leben so erfüllen, dass Ihr Euch von ihm wie auf einer Wolke getragen fühlt.

Paulus geht aber sogar noch weiter. Er traut Euch selber noch viel mehr zu. Ihr könnt nicht nur Gottes Liebe in Euren Alltag aufnehmen, einatmen und reinschnuppern. Jetzt, wenn Ihr zu erwachsenen ChristInnen werdet, könnt Ihr nun selber einen bezaubernden Duft entwickeln und ausströmen, der auf andere Menschen anziehend wirkt und sie in das Dufthaus Gottes einlädt. Und deshalb stellt unser Bibeltext auch an Euch zum Schluss die Frage: „Ja, wer von Euch ist denn jetzt solcher Aufgabe gewachsen?“ So wie ich Euch kennen gelernt habe, könnte ich stellvertretend für Euch jetzt antworten: Doch, ich traue diesen KonfirmandInnen alles zu, auch, dass ein ganz besonderer Glaubensduft von ihnen ausgehen wird. Fangen wir ruhig mit dem Äußeren an: Es hat schon einen guten Grund, dass Ihr Euch für diesen Tag besonders schön gemacht, ausgiebig gewaschen, besprüht und beduftet hab. Die anderen GottesdienstbesucherInnen sollten Euch als eine angenehme Erscheinung in Erinnerung behalten, die einen Wohlgeruch des Glücks verbreiten. Stellt Euch darüber hinaus einfach weiter vor, dass Ihr während unserer gemeinsamen Zeit ganz viele positive, bunte, Kirchen- und Glaubensdüfte gesammelt habt. Und das sind nun Gerüche, die Ihr nun in Zukunft weiterverschenken könnt. Dass Ihr also z.B. beim Duft einer Blüte Euren FreundInnen erzählt, dass diese farbige Schönheit ganz allein durch Gottes Schöpfungsatem entstanden ist. Oder dass Ihr schwermütigen Menschen eine Kerze anzündet, damit sie im Rauch des Lichtes Jesu Trost verspüren können. Oder dass Ihr helft, in einem Salbungsgottesdienst innerlich verletzten Menschen Öl auf die Hände zu streichen, damit sie erleben, wie in der Kirche Gottes Geist alles Abgestandene durch seinen Lebensduft vertreibt.

Glaubt es mir: Die Menschen werden Euch wahrnehmen, ihre Nasen in Euren Glaubenswind stecken und schließlich zu Euch sagen: Euch kann man wirklich gut riechen. Das, was Ihr vertretet, stinkt uns nicht. Zeigt und erzählt uns mehr von den Lebensdüften Gottes, die Euch selber so wohlriechend gemacht haben. Darauf seid vorbereitet. Und deshalb: Niemand hindert Euch, Euch einen sicheren Vorrat an Duftnoten auch für schwierigere Zeiten anzulegen. Das erzählt jedenfalls auch ein altes Märchen: In einer mächtigen, halbverfallenen Burg lebte einmal ein uralter, guter Zauberer. Den ganzen Winter über war er außerhalb der Ruine nie zu sehen. Doch sobald der Frühling seine ersten Sonnestrahlen sehen ließ, streifte der alte Mann vom frühen Morgen bis zum späten Abend durch Wiese und Wald. Mit einem Zauberstab strich er über Blüten und Kräuter und – sammelte Düfte. Er verschloss sie in kleinen Holzdosen und sammelte sie auf seiner Burg. Das machte er den ganzen Sommer über bis in den Spätherbst mit seinen Blättern hinein. Wenn dann die Tage kürzer und kälter wurden, nahm er eine der kleinen Dosen, öffnete sie, steckte seine Nase hinein, schloss die Augen – wie wir es zu Beginn der Predigt auch gemacht haben – und stärkte sich an der Sonne, den bunten Farben und den Herbstblumen.

Solche kleinen göttlichen Erinnerungsdosen nehmt, Ihr, liebe KonfirmandInnen, jetzt auch aus unserer Unterrichtszeit und diesem Gottesdienst mit. Stellt sie zu Hause an einen sicheren Ort; dann stumpft Ihr in Eurer Glaubenssinnlichkeit nie ganz ab. Und stellt neue dazu – von all den Erlebnissen, in denen Euch der Wohlgeruch Gottes, der Duft Christi, das Wehen des Geistes umgeben wird. Es kann ja sein, dass einmal auch in Eurem Leben kältere Zeiten kommen und Ihr Euch gegen manchen Erdengestank wappnen müsst. Dann schließt wie heute Eure Augen, öffnet das Döschen, das die Gerüche dieses Gottesdienstes bewahrt hat und lasst Euch damit aufrichten, im Glauben stärken und trösten; weil Gott niemals aus Eurem Leben verduften will.

Als Erinnerung an diesen Tag wollen wir Euch deshalb vier Düfte mitgeben, die auf Briefmarken geprägt sind: Zitrone, Erdbeere, Heidelbeere und Apfel. Sie stehen für vier Jahreszeiten; vier Feste wie Weihnachten, Ostern, Pfingsten und Erntedank; vier Lebenszeiten wie Kindheit, Jugend, Erwachsensein und Alter; Nehmt diesen Kirchen-Stall-Geruch in Euch auf, reibt mit den Fingern über die Farben, verschenkt oder verschickt sie an andere, denen Ihr nach der Konfirmation erzählen wollt, wie gut die Schöpfung Gottes duftet. Und werdet damit selber zu einem Wohlgeruch Christi an allen Orten dieser wunderbar riechenden Welt.

Amen.

11 „Der Schlüssel zum Leben“

I. Anmerkung:

Für diesen Konfirmationsgottesdienst ist es sehr hilfreich, einen großen Schlüssel einsetzen zu können, wie er manchmal bei einer Hausübergabe bzw. Einweihung benutzt wird. Ich selber hatte die Gelegenheit, mir einen circa ein Meter großen Schlüssel aus Lego-Steinen ausleihen zu können. Aber auch ein großer, golden angemalter Pappschlüssel tut seine Dienste. Den KonfirmandInnen haben wir nach der Einsegnung einen Schlüsselring geschenkt, auf dem die Symbole für Glaube, Hoffnung und Liebe (Kreuz, Anker und Herz) in Filz hängen. (Zu beziehen über: Gottesdienst-Institut der Ev.luth-Kirche in Bayern, Postfach 440445, 90209 Nürnberg)

II. Begrüssung:

Liebe Konfirmandinnen und liebe Konfirmanden, liebe Eltern und Großeltern und PatInnen, VerwandtInnen und Gäste, liebe Gemeinde!

Ganz herzlich möchte ich Euch und natürlich Sie alle zu unserem Konfirmationsgottesdienst hier in unserer Kirche willkommen heißen. Viel an Vorbereitungen liegt nun hinter Ihnen allen. Aber was spielte wohl bei der letzten Handlung, die Sie vor diesem Gottesdienst taten, eine ganz besondere Rolle? *(P. zeigt einen großen Schlüssel)* Richtig: Sie haben ihre Haustür oder den Wagen abgeschlossen. Um sich anschließend dann hier ruhig und sicher zu fühlen. Aber vielleicht brauchen wir jetzt noch einen ganz anderen Schlüssel, einen Schlüssel nämlich, der unser Herz aufschließen möge für all das, was Gott uns da hineinlegen will. Und so feiern wir auch diesen Gottesdienst im Namen Gottes, des Vaters, der die Schönheit der ganzen Welt uns eröffnet; im Namen seines Sohnes,

Jesus Christus, dessen Ohr immer für unsere Bitten offen steht und im Namen des Heiligen Geistes, der unseren Glauben jetzt weiten und stärken möge.

III. PSALM: 24,1–6

IV. LIEDER:

Lobe den Herrn, den mächtigen König der Ehren (EG 317, 1–5); Menschenkinder auf Gottes Erde (Lieder zwischen Himmel und Erde, tvd-Verlag, 3561–3); Wir haben Gottes Spuren festgestellt (tvd, 230,1–3); Gott gab uns Atem, damit wir leben (EG 432,1–3); Möge die Straße uns zusammenführen (tvd, 89,1+2+4); Herr, deine Liebe ist wie Gras und Ufer (tvd, 224,1–3); Nun danket alle Gott (EG 321,1–3)

V. LESUNG:

Matthäus 16,13–19

VI. FÜRBITTENGEBET:

Nach Franz von Assisi (z.B. EG, Ausgabe für Rheinland, Westfalen und Lippe, 875)

VII. SEGEN:

Unser Gott, der schon Abraham und Sara aus der Stadt Ur in Caldea herausgerufen hat und sie behütete auf all ihren Pilgerreisen, der das hebräische Volk durch die Wüste führte, behüte auch euch. Unser Gott sei Gefährtin, Wegweiser an Kreuzungen, Herberge, Licht in der Dunkelheit, Trost in der Mutlosigkeit, Stärke in allen Vorsätzen und der beste Freund an eurer Seite.

VIII. PREDIGT:

Liebe Konfirmationsgemeinde! Zu. Die Haustür ist zu. Zweimal noch den Schlüssel umgedreht. Sicher ist sicher. Neben der Treppe mit dem Briefkastenschlüssel nach Post gestöbert: Werbung und eine Ansichtskarte aus Marokko. In zehn Meter Entfernung beamt mein Key-Code die Autotür auf. Früher ging auch meine Bürotür mit einem Schlüssel auf, jetzt tut's eine Chipkarte. Am Abend schließe ich das Gartentor ab. Schlüsselbund auf die Kommode. Alles sicher.

Und tatsächlich: Das war auch der ursprüngliche Grund für seine Erfindung: Sicherheit. Vor Gefahr und bösen Buben. 5.000 Jahre ist es her, da meinten die Pyramidenbauer, es wäre keine dumme Idee, die Grabkammern der Pharaonen abschließen zu können. Der Schlüssel war geboren. Von da an bekam der Besitzer der Schlüssel eine große Machtfülle. Konnte er doch bestimmen, wer rein- oder auch draußen gelassen wurde. Liebe KonfirmandInnen, Ihr werdet das selber erleben, wenn Ihr in Euerm ersten Job einen Schlüssel ausgehändigt bekommt. Jetzt gehört Ihr zum Betrieb dazu. Umso melancholischer ist es für manche Menschen, wenn sie am Ende ihrer Berufstätigkeit ihre Schlüssel abgeben müssen.

Zurück zur Geschichte des Schlüssel: Nicht nur die ÄgypterInnen, auch die alten IsraelitInnen kannten schon diese praktische Schließeinrichtung. Für sie aber wurde der Schlüssel zum Bild für Autorität, Verantwortung und besondere Aufgaben. Es ist der Prophet Jesaja, der von einem König erwartet, dass er nicht nur sein Amtskleid anziehen und seinen Gürtel umlegen möge, sondern vor allem ein guter, fürsorglicher Hausvater für die EinwohnerInnen Jerusalems sei. Und dann heißt es wörtlich weiter: „Ich will die Schlüssel des Hauses Davids auf seine Schulter legen, dass er auftue und niemand zuschließe, das er zuschließe und niemand auftue.“ (Jes 22,22) Also – und das ist nun die andere Medaille des Schlüssels –, er schafft Platz. Macht neugierig. Eröffnet Zugänge in wichtige Räume und nicht zuletzt eine Weite an Erfahrungen und Offenheit für Menschen. Halt wie ein fürsorglich guter Hausmeister, der wacht, aber auch aufschließt. Zu Hause öffnen Eure Schlüssel eben auch den Zugang in Euren Privatbereich. Früher sprach man von der guten Stube, in der man sich zu Hause fühlt. Und dabei spielen dann weniger die Ausstattungsgegenstände eine Rolle. Als vielmehr die ruhige Atmosphäre und natürlich vor allem Menschen, auf die sich Eure Tür hin öffnet. Ob Ihr offen seid für sie. Ob sie offen sind für Euch.

Und diese Offenheit betrifft nun nicht nur unseren menschlichen Bereich. Ihr alle kennt einen Apostel, der – übrigens auch in mancherlei Karikaturen – mit einem Schlüssel dargestellt wird. Richtig, es ist Petrus, der vor der Himmelstür oft mit einem dicken Schlüsselbund dargestellt wird. Auch dieses Bild geht auf einen biblischen Text zurück, den wir schon in der Lesung gehört haben. „Du bist Petrus", sagt Jesus an einer Stelle zu ihm, „und auf diesen Felsen will ich meine Gemeinde bauen. Dir will ich die Schlüssel des Himmelreichs geben." (Matth. 16,18f) Sicherlich wisst Ihr, dass sich auf diese Bibelstelle der Papst beruft, als alleiniger – sagen wir einmal – „Lord"-Schlüsselbewahrer den Menschen den Himmel eröffnen zu können. Deshalb ist im Übrigen auch auf der gelb-weißen Fahne des Vatikans ein Schlüssel abgebildet. Ob das wirklich so stimmt? Wir ProtestantInnen denken da doch etwas großzügiger: Alle ChristInnen, auch konfirmierte Jugendliche, können anderen den Weg zum Glauben aufsperren, zeigen, eröffnen.

Aber noch ein paar geschichtliche Informationen zum Wirken des Schlüssels: Im alten Rom wurden der Braut die Schlüssel zum Haus übergeben, nach einer Trennung musste sie in aller Öffentlichkeit diese aber auch wieder abgeben. Das Mittelalter verband Magie mit dem Schließwerkzeug: Bei Kopfschmerzen empfahl man, einen Schlüssel in Feuer zu erhitzen, ihn dann in kaltes Wasser zu werfen und anschließend auf die Stirn zu legen. Bei Nasenbluten in den Nacken. Dass diese Schlüsseltradition gar nicht so dumm war, beweisen bis heute die kalten Waschlappen, die Eure Eltern Euch sicherlich auch ab und an in den Nacken gelegt haben.

Nun hat aber im Laufe der Zeit die Bedeutung des Schlüssels noch eine Übertragung erfahren. Er stand jetzt nicht nur fürs Zuschließen von Türen aus Sicherheitsgründen. Und auch nicht nur für das Eröffnen von lebenswichtigen Räumen. Er wurde plötzlich zu einem Merkmal, einem Kennzeichen von Menschen. Das Bild des Schlüssels – man sah in ihm eine Möglichkeit, über das Verhältnis zu anderen Menschen, zu sich selber, nicht zuletzt auch zu Gott nachdenken zu können. Oft erleben wir ja, wie uns der Zugang zu einem anderen Menschen verschlossen bleibt. „Der oder die ist überhaupt nicht offen", sagt auch Ihr dann manchmal über andere Jugendliche. Man kommt an den anderen nicht 'ran. Es steht da eine unsichtbare Tür zwischen beiden. Und weiter: Bin ich nicht selber manchmal ganz schön verschlossen, wenn ich mich nicht auf neue Erfahrungen oder andere Menschen einlasse? Also müsste ich mich da nicht zunächst einmal für mich selber öffnen, nachspüren, wer ich bin und was ich will, um dann erst anschließend auch wieder einen Zugang zu anderen finden zu können? Schließlich: Vielen Menschen, wahrscheinlich auch heute unter uns, ist die Tür zu Gott ins Schloss gefallen. Mancherlei schwierige Lebenserfahrungen haben mich vielleicht ihm gegenüber verschlossen werden lassen. Ich lasse seine Worte nicht mehr zu mir durch. Gibt es einen Schlüssel, der die Türen zu anderen, zu mir, zu Gott doch wieder zu öffnen versteht?

Im letzten Buch der Bibel, der Offenbarung des Johannes, gibt es eine Geschichte, in der es um ein Buch mit sieben Siegeln geht. (Apk 5) Noch heute ist dies ein Bild für Fragen nach der Geschichte, dem Ziel unseres Lebens und dieser ganzen Welt. Wir stehen dann in der Tat nicht nur einmal in unserem Leben wie vor einer verschlossenen Tür, einem Buch mit sieben Siegeln eben, das uns den Zugang, das Verständnis verwehrt für den Sinn unserer Lebenszeit. Bei vielen Lebensfragen fühlen wir uns ja tatsächlich manchmal wie vor einer Wand. Wie es mit dem Schulbesuch weitergehen wird etwa. Welchen Beruf ich wähle, welchem Lebenspartner/welcher Lebenspartnerin ich mich einmal anvertrauen soll. Liebe KonfirmandInnen, es wird immer wieder auch in Eurem Leben Situationen geben, da werdet ihr Euch ausgeschlossen und abgeschottet fühlen von anderen, von Gott, von Euch selbst. Es fehlt Euch dann eine offene Tür, eine liebevolle Einladung also, die Schwelle mancherlei Schwierigkeiten überschreiten zu können. Die Siegel des verschlossenen Lebensbuches öffnen zu können. Selbst in der biblischen Erzählung der Offenbarung weiß niemand zunächst so recht Rat. Die Pforten zu einem erfüllten, geglückten, zufriedenen Leben scheinen auf ewig hin verschlossen zu bleiben. Bis, ja bis sich schließlich dann doch ein Lämmlein meldet, ein Bild für Christus, der sich das zutraut, alle Lebenshindernisse zu überwinden; und dann schließlich tatsächlich vor den Augen aller Welt und des gesamten himmlischen Hofstaates die Siegel öffnet und die Zukunft frei und offen legt. Und dann sagt dieses bescheidene Lamm, der aber an einer anderen Stelle als „Heiliger und Wahrhaftiger“ beschrieben wird, „der da hat den Schlüssel Davids, der auftut und niemand schließt zu, der zuschließt, und niemand tut auf: ‚Siehe, ich habe vor dir eine Tür aufgetan und niemand kann sie zuschließen.‘ “ (Apk 3,8) Christus schließt die Tür zum wahren Leben auf. Und der Schlüssel zu einem wirklich offenen, geglückten Leben kann eben tatsächlich nur dieser Christus selber sein. Zunächst will er in allen verschlossenen Räumen unsere Augen und unser Herz öffnen für seine Nähe, für die Begleitung Gottes, für die Bewahrung und den Trost durch seinen guten Geist. Ein altes Weihnachtslied beschreibt diese Fürsorglichkeit Christi so, dass er mit seinem Kommen in unsere manchmal so arg in sich selbst abgeschottete Welt „wieder die Tür zum Paradies aufschließt" (EG 27,6). Anschließend reißt er Fenster und Türen zu einem frischen Leben weit auf und schenkt uns damit nun die große neue Chance, die ersten eigenen Schritte zu einem wachen, mutigen, interessierten und geglückten Leben – ganz offen und frei – zu unternehmen.

Weil dieser Türöffner Christus uns also den Zugang zu Gott und der ganzen Welt von seiner Seite des Lebenshauses her erschlossen und eröffnet und damit dann tatsächlich all unsere Hindernisse zum Himmel und zur Erde abgebaut hat, können wir nun unsererseits den Schlüssel zur weiten Welt neu entdecken. „Lasst Euch aufschließen", möchte ich Euch, liebe KonfirmandInnen, zu diesem Fest vor allen anderen sagen, „verlasst Eure verdunkelten Räume der Vorurteile und der Angst – und stellt Euch mitten in die Euch bei der Konfirmation eröffnete Schönheit Eures Lebens!" Wenn Gottes Liebe uns so geöffnet hat, dann gibt es nämlich in dieser neuen Weite und Größe die Möglichkeit, andere Menschen für uns zu erschließen. Liebe KonfirmandInnen, versucht doch einmal nun Eurerseits, mit Freundlichkeit, Wärme, einem Lächeln, Höflichkeit und Geduld Menschen zu begegnen, die vorher völlig verschlossen erschienen, ganz „zu" für Euch waren. Auch in Eurem FreundInnenkreis. Ihr werdet merken, wie sich da auch so etwas wie eine Paradiestür zwischen bisher fremden Menschen auftun kann. Und noch etwas: Verschließt Euch in der Zukunft nicht der offenen Tür, die Euch auch unsere Kirche anbietet. An manchen Kirchengebäuden seht Ihr draußen ein Schild: „Offene Kirche". Damit ist nicht nur die Tür gemeint, die Euch einen Raum für Stille, Musik und Besinnung öffnet. Es wird dabei auch auf eine grundsätzlich offene Haltung unserer Gemeinde Euch gegenüber angespielt, die niemanden nach der Konfirmation vom Reichtum Gottes ausschließen will.

Wir schenken Euch nach der Einsegnung – wie kann es anders sein? – einen Schlüsselring. Daran könnt Ihr all Eure Schlüssel befestigen, die natürlich auch Sicherheit geben sollen. Und Türen öffnen werden. Aber es hängen noch drei weitere Symbole daran, mit denen Ihr Euer ganzes Leben wirklich aufschließen könnt: Der christliche Glaube in Form eines Kreuzes, die christliche Liebe im Bild des Herzens und die christliche Hoffnung in Gestalt eines Ankers. Damit werdet ihr alle scheinbar noch so verrammelten Türen aufschließen und Euer zukünftiges Leben ganz weit und offen gestalten können – zu Gott, zu vielen anderen Menschen und nicht zuletzt auch zu den wunderbaren Möglichkeiten in Euch selbst.

Amen.

12 „Engel unter uns“

I. Anmerkung:

Diese Predigt lebt vom Dialog zwischen dem Pfarrer/der Pfarrerin und einem Engel. Diese Gestalt sollte ruhig ganz traditionell eingekleidet werden (weiße Flügel, Goldglitzer im Haar, weites Gewand etc.). Als Requisit kommt ein großer Schlüsselbund mit drei unterschiedlichen Schlüsselgrößen (alter Kirchenschlüssel, Chip-Card, kleiner Schlüssel) zum Einsatz. Als Geschenk bekamen die KonfirmandInnen einen kleinen Bronzeengel mit (erhältlich zum Beispiel über „Andere Zeiten“, Hamburg).

II. Begrüssung:

Liebe Konfirmandinnen und liebe Konfirmanden, liebe Eltern und Großeltern und PatInnen, VerwandtInnen und Gäste von nah und fern, liebe Gemeinde!

Ganz herzlich möchte ich Euch und Sie alle zu unserem Konfirmationsgottesdienst hier in unserer Kirche willkommen heißen. Ich kann mir vorstellen, was für eine Fülle von Vorbereitungen und Planungen hinter Ihnen liegt: Einladungen zu diesem Tag wurden verschickt, schicke Kleidung angeschafft, Essen organisiert, die Wohnung so richtig auf Vordermann gebracht. Aber wie so oft im Leben: Unter all den vielen Aktivitäten geraten wir dann doch leicht unter Zeit- und Arbeitsdruck, mitten hinein auch in Abhängigkeiten, die wir so eigentlich gar nicht wollten. Es ist wie sonst auch: Wir wollen frei sein, unabhängig, überall dort mitmischen, wo wir die größten Lebensmöglichkeiten meinen für uns entdeckt zu haben; und legen uns doch dabei oft genug selber unnötige Vorschriften und innere Ketten an. Konfirmation aber soll ein Tag für Euch sein, an dem ihr vor allem die Freiheit Eures Lebens unter Gottes Segen erfahren dürft. Auch unter der Begleitung und mithilfe mancherlei Engel, Gottes Boten eben. Dabei dürft Ihr selber einen Weg entdecken, der sich nicht an unguten Vorbildern, sondern an Christus selber orientiert. Denn er schenkt erfülltes Leben und macht wirklich frei. So feiern wir auch diesen Gottesdienst im Namen Gottes, des Vaters und des Sohnes und des heiligen Geistes. Amen.

III. Psalm:

27 in moderner Übertragung (z.B. EG 778, Ausgabe Rheinland, Westfalen, Lippe)

IV. Lieder:

Lobe den Herren, den mächtigen König der Ehren (EG 317, 1–5); Wenn das Brot, das wir teilen (Lieder zwischen Himmel und Erde, tvd-Verlag, 290,1–3); Gott gab uns Atem, damit wir leben (EG 432,1–3); Vertraut den neuen Wegen (EG 395,1–3); Bewahre uns Gott, behüte uns Gott (EG 171,1–4); Nun danket alle Gott (EG 321,1–3); Möge die Straße uns zusammenführen (tvd, 89,1+2+4)

V. Lesung:

Die Engelsleiter, 1. Mose 28,10–15

VI. Fürbittengebet:

Nach Franz von Assisi (z.B. EG 875, Ausgabe Rheinland, Westfalen, Lippe)

VII. Segen:

Möge dein Weg dir freundlich entgegenkommen, möge der Wind dir den Rücken stärken. Möge die Sonne dein Gesicht erhellen und der Regen um dich her die Felder tränken. Und bis wir beide, du und ich, uns wiedersehen, möge Gott dich schützend in seiner Hand halten. (Aus Irland)

VIII. Predigt:

Pfarrer/Pfarrerin (P): Meine lieben Konfirmandinnen und liebe Konfirmanden! Eine ganze Zeit habe ich in der Bibel geblättert, um eine Geschichte zu finden, die etwas mit Euch, Eurer Konfirmation und Eurem zukünftigen Leben zu tun hat. Und tatsächlich: Eines Tages stieß ich auf einen ziemlich unbekannten Text aus der Apostelgeschichte, der mir wie geschaffen erschien für diesen Tag. Ihn will ich Euch jetzt vorlesen und dann zu erklären versuchen, warum mir diese Geschichte zu Eurem Konfirmationstag so passend erscheint.

Also: „In jener Nacht schlief Petrus zwischen zwei Soldaten, mit Ketten gefesselt, und die Wachen vor der Tür bewachten das Gefängnis. Und siehe, der Engel des Herrn kam herein, und Licht leuchtete auf in dem Raum; und er stieß Petrus in die Seite und weckte ihn und sprach: Steh schnell auf! Und die Ketten fielen ihm von seinen Händen. Und der Engel sprach zu ihm: Gürte dich und zieh deine Schuhe an! Und er tat es. Und er sprach zu ihm: Wirf deinen Mantel um und folge mir! Und er ging hinaus und folgte ihm und wusste nicht, dass ihm das wahrhaftig geschehe durch den Engel, sondern meinte, eine Erscheinung zu sehen. Sie gingen aber durch die erste und zweite Wache und kamen zu dem eisernen Tor, das zur Stadt führt; das tat sich ihnen von selber auf. Und sie traten hinaus und gingen eine Straße weit, und alsbald verließ ihn der Engel." (Apg 12,6–10).

Ich weiß: Zunächst werdet Ihr Euch über diese Geschichte etwas verwundern; aber ob Ihr es nun glaubt oder nicht: Irgendwie sehe ich auch Euch genau an dem Ort, an dem sich zu Beginn unserer Erzählung der Apostel Petrus befindet: Nämlich in einem düsteren Verließ und schaurigem Gefängnis. „Lieber Herr Pfarrer/liebe Frau Pfarrerin, das kann doch wohl nicht Ihr Ernst sein!", werden mit Sicherheit die meisten von Euch jetzt im Stillen bei sich denken. „Wir sitzen hier doch in keinem Knast. Das ist eine ganz gemütlich ausgestattete und nett geschmückte Kirche. Und im Anschluss werden wir in einem nicht alltäglichen Restaurant sitzen und uns wie Fürsten bedienen lassen. Garantiert nicht bei Wasser und Brot, oder ein edler Catering-Service kommt angerauscht und baut ein traumhaftes Büfett auf. Und abends werden wir gemütlich beisammen sitzen, mit all den VerwandtInnen und FreundInnen, die extra zu unserem Konfirmationstag zum Teil von weit her angereist sind, um diesen wunderbaren Tag mit Gesprächen, Musik und Häppchen harmonisch ausklingen zu lassen. Also, entschuldigen Sie, lieber Herr Pfarrer/liebe Frau Pfarrerin, aber von einem muffigen Gefängnis wird dabei heute wohl kaum etwas zu spüren sein!" – Ja, natürlich, so gesehen habt Ihr sicherlich recht. Hier verbreiten sich unter uns kein Kerkergeruch, sondern eher wohlriechende Rasierwasser und teure Parfums. Aber darum ging es mir auch gar nicht. Wisst Ihr, für mich ist diese Geschichte über Petrus im Gefängnis und seine Befreiung daraus durch einen Engel so etwas wie ein mögliches Gefahrenbild für Euer Leben. Und mehr noch wie eine Rettungsgeschichte für junge Menschen. Und das möchte ich Euch jetzt gerne erklären.

Seht Ihr, auch wenn die meisten, vielleicht sogar alle von Euch, niemals auf die Idee kommen würden, sich selber in einem düsteren Gefängnis zu sehen, so kann das doch ein ziemlicher Irrtum sein. Nein, natürlich sitzt Ihr nicht wörtlich in einer Zelle angekettet. Aber ich erlebe viele Jugendliche so, dass sie sich tatsächlich auf die eine oder andere Art gefangen nehmen lassen von allerlei Ideen und Überzeugungen, die sie letztlich abhängig und unfrei machen. Ich weiß ja selber noch aus meiner eigenen Jugend, dass es in Euerm Alter überhaupt nicht einfach ist, in vielerlei Hinsicht einen vernünftigen Weg zu finden und sinnvolle Entscheidungen zu treffen. Da gerät man leicht in Abhängigkeiten von scheinbaren Vorbildern, verführerischen Beispielen, wie man z.B. „cool" auszusehen hat. Oder welche lockere Jugendsprache man sich angewöhnen sollte, um so richtig „in" zu sein. Oder wie man sich von blöden Verhaltensregeln freimachen sollte, die einem im lockeren Umgang mit anderen nur blockieren. Oder die Überzeugung, dass das Hauptziel im Leben sein sollte, den allergrößten Spaß aus jedem Tag zu ziehen, egal, ob andere neben einem oder die Umwelt dabei schon mal auf der Strecke bleiben. Oder wie man mit möglichst wenig Arbeitsaufwand maximal an „Kohle" rausholen kann. Solche Meinungen und Vorbilder verführen ganz schön. Und dann können sie mit dazu beitragen, dass man sich – und das noch ganz freiwillig – in große Abhängigkeiten begibt. Wünsche nach Macht, Reichtum und Schönheit können einen schneller, als einem lieb ist, in ein Gefängnis der überdrehten Lebensträume katapultieren. Da sitzt man dann fest, längst nicht so frei, wie man es sich gedacht hat; stattdessen abhängig und völlig gefangen genommen, weil man selber gar nicht mehr entscheiden kann, was denn wirklich das Beste für einen im Leben sei. Da rasseln die Ketten, da klirren die Schlösser, die man sich zwar selber irgendwann einmal ausgesucht hat, aber die man jetzt längst nicht mehr alleine abschütteln kann.

Und weil man sich also so in den eigenen Wünschen wie in einem Netz verheddert, verstrickt und gefangen hat, muss schon ein Engel auftreten, damit man aus diesem Gefängnis überhaupt noch entkommen kann. Und glaubt es mir: Es gibt tatsächlich solche Engel; und wer weiß, vielleicht haben sie Euch sogar schon einmal besucht. Sie können völlig unterschiedliche Gestalten haben – und kommen trotzdem alle vom Himmel. Sie wollen Euch herausholen aus den dunklen Lebenszimmern, in die ihr Euch selbst eingeschlossen habt, und aus denen Euch die Flucht allein kaum gelingen wird. Vielleicht haben sie an einem Tag die Gesichter Eurer NachbarInnen, die Euch wohlwollend zeigen, dass es z.B. ausgesprochen sinnvoll sein kann, die Lebenserfahrungen älterer Menschen ernst zu nehmen. Oder sie besuchen Euch als FreundInnen, die wirklich Interesse an Euch haben, übrigens auch in unserer Kirche. Dabei wollen sie Euch zeigen, was letztlich im Leben wirklich zählt: etwa, dass man Liebe und verständnisvolle Beziehungen sich nicht erkaufen kann. Und glaubt es mir, dann wird manch böser Traum sein Ende finden, und die Ketten der Abhängigkeiten von Euch fallen. Wie in der Geschichte des Petrus werdet Ihr befreit von dummen und manchmal auch unmenschlichen Vorbildern; und Euren Weg nach draußen ganz sicher finden. Es gibt sie, diese Engel der Freiheit. Und manchmal sehen sie tatsächlich wie echte Engel aus.

Engel (E): (Es rumpelt in der Sakristei, Seile werden sichtbar, Ketten rasseln, eine Leiter erscheint, der Engel steigt – je nach Kirchensituation – auf eine Balustrade oder neben die Kanzel.) Herrje, Guten Tag alle miteinander, ich dachte, ich schau doch auch mal vorbei. Ist ja wohl ein wichtiger Tag heute.

P: Das ist nun aber wirklich eine tolle Überraschung, dass ausgerechnet Du heute auch noch persönlich vorbeischaust. Hier habe ich Dich ja lange nicht gesehen.

E: Du willst mir doch nicht etwa ein schlechtes Gewissen machen, nur weil ich mich hier so selten blicken lasse? Ich habe halt viel zu tun, seitdem ich in die Abteilung „Jugendengel“ versetzt wurde.

P: Also, lieber Jugendengel, wenn ich dann einmal so neugierig sein darf: Mit was klapperst Du denn da so mächtig rum? Suchst Du irgendwas Besonderes?

E: Diese Ketten hier waren um die Fahrräder der KonfirmandInnen geschlungen – und jetzt suche ich die Schlüssel dazu. Sonst können die jungen Menschen sich ja gar nicht mehr fortbewegen. Hast Du sie vielleicht? Kann man die eventuell sogar in Deiner Kirche wiederfinden?

P: Na ja, das kenne ich natürlich auch. Immer wenn man einen Schlüssel besonders dringend braucht, ist er gerade nicht da. Aber Kettenschlüssel? Hier im Gottesdienst? Nicht, das ich wüsste.

E: *(Der Engel geht umher, sucht und findet hinter dem Altar einen dicken Schlüsselbund mit unterschiedlichen Schlüsseln.)* Aber Herr Pfarrer/Frau Pfarrerin: Was soll das denn, haben Sie meine Schlüssel gemopst?

P: Nun entschuldige mal, lieber Jugendengel, ich wusste gar nicht, dass es so etwas bei mir in der Kirche überhaupt gibt. Kannst Du mir vielleicht auch noch verraten, wozu die vielen unterschiedlichen Schlüssel gedacht sind?

E: Was für eine Frage, wozu wohl? Ist doch klar; nicht nur, um die Fahrradketten zu öffnen, sondern vor allem, um Ketten der Abhängigkeit von Jugendlichen zu lösen; und ihnen stattdessen neue Türen zu öffnen, hinter denen viele gute Erfahrungen warten. Oder habe ich etwa nicht gerade noch bei der Einleitung zu Deiner Predigt mitbekommen, dass eine meiner KollegInnen den guten Petrus ebenfalls aus einem dunklen Loch geholt und in die Luft geschafft hat. Hier, schnapp mal auf *(wirft P. den Schlüsselbund zu)*. Hepp!

P: *(Betrachtet den Schlüsselbund:)* Hm..., eine bunte Sammlung. Was ist denn das hier für ein Schlüssel, der scheint mir aber mächtig alt zu sein?

E: Alt ja, aber nicht zu alt. Er stammt von einer hölzernen Kirchentür. Er passt zu allen wichtigen und schönen Traditionen, wie z.B. den Konfirmationstag heute. Er öffnet die Tür für Deine Jugendlichen zur Gemeinde und befreit sie aus Langeweile und verregneten einsamen Nachmittagen. Er lässt sie darüber hinaus einen Blick werfen in das bunte Land des Glaubens. Und dann lädt er schließlich nicht weniger dazu ein, diesen Tag als harmonisches Familienfest zu feiern. Die Familien hier im Gottesdienst, die wollen ja auch nicht von altmodischen, überlebten Traditionen angekettet, sondern viel eher durch die Feier hier in ihrem Glauben gesichert werden.

P: Du, da kann ich Dir wirklich nur zustimmen: Bei so einem alten Stück merkt man oft erst später, dass er immer noch gut passt und wichtige Lebensbereiche und Fragen aufschließt. Zweimal in der Kirchentür umgedreht – und die Erinnerungen an Gebete, Texte, Kerzen und Lieder sind wieder da. Und lösen oft ganz wunderbar die Verstrickungen und Sorgen des Alltags. Machen Blick, Seele und Weg frei für Gottes Welt. (nimmt eine Chip-Karte vom Schlüsselbund zur Hand). Aber was ist das denn. Ist das auch ein Schlüssel?

E: Ach, der, ja das ist so ein ganz moderner, ein elektronischer. Der macht mir immer wieder ganz schön Ärger. Dabei spielt er gerade heute eine besonders große Rolle. Er öffnet die Individualität.

P: Er öffnet was? Individidi...?

E: Also für Sie, Herr Pfarrer/Frau Pfarrerin, übersetzt: Der Schlüssel zur Persönlichkeit. Das ist eine Art Zukunftsöffner gerade für Deine Jugendlichen.

P: Du willst damit doch nicht andeuten, das man ihn überall dort einsetzen kann, wo man möglichst nur an sich denkt, um dann auch andere einfach „platt“ zu machen?

E: Sie kommen vielleicht auf Ideen. So soll es natürlich gerade nicht sein. Viel eher ist er das Gegenteil davon, so etwas wie ein selbstbewusster „No-Way-Key“.

P: Seit wann können Engel Englisch?

E: Himmlische Heerscharen, ein Schlüssel, der nicht alles mitmacht, sondern ab und an „Nein“ zu sagen versteht.

P: So, jetzt komme ich Dir auf die Spur. Das ist also so etwas wie ein Gegenstand, der auch zuzumachen versteht, „Nein“ sagt, wenn andere Jugendliche von einem etwas wollen, das angeblich „cool“ ist; wozu man aber selber vielleicht überhaupt keine Lust hat.

E: Genau! Und dann sagst Du eben „Nein“, obwohl Dich andere vielleicht sogar auslachen. Aber genau so ein Verhalten löst Abhängigkeitsketten.

P: Du, das erinnert mich doch ziemlich stark an meine Petrusgeschichte. Der bekommt ja auch von einem Engel einen Deu in die Seite, aufzuwachen, mutig zu sein, um sich so mit himmlischer Unterstützung aus einer schwierigen Situation befreien zu können, die andere ihm vorschreiben wollten *(nimmt den kleinsten Schlüssel zur Hand)*. Aber, sag mal, dieser ganz Kleine hier, kann der denn überhaupt auch etwas aufschließen?

E: Sie haben recht, nach außen wohl sehr klein, aber vielleicht ist er für Ihre Jugendlichen doch ein ganz, ganz Wichtiger. Es ist der Herz-Schlüssel.

P: Ein Schlüssel, der das eigene Herz für andere Menschen aufschließt?

E: Ganz genau. Viele Menschen haben ihn verlegt und können ihn nicht mehr wiederfinden. Sie bleiben festgelegt auf das, was sie immer schon von anderen dachten und wussten. So geht es leider auch vielen, vielen Erwachsenen, dass sie Türen zuschlagen, die sie später zu anderen nicht mehr aufkriegen.

P: Verstehe ich es richtig, dann ist dies ja nun ein Schlüssel gerade in unserer Gemeinde. Wir versuchen, unser Herz für die Neukonfirmierten mit all ihren Fragen offen zu halten. Wir hören uns ihre Herzenswünsche an. Und eröffnen ihnen jede Menge Angebote. Alle möglichen Freiplätze und Freizeiten, und überhaupt …

E: Und überhaupt sind Sie dann wie viele Erwachsene beleidigt, wenn all diese tollen Türen zur Freiheit von den Jugendlichen nicht sofort geöffnet werden und nach der Konfirmation nicht allzu viele sich in das Traumland der Kirche verirren.

P: Ja, entschuldige mal, was für gesprengten Ketten sollen wir denn den Jugendlichen noch alle anbieten? Mit ihnen zusammen in der Disco völlig losgelöst herumhüpfen? Mich an ein Bungee-Jumping-Seil hängen? Oder als PfarrerIn in einer Soap Opera auftreten?

E: Ach nein, das alles würde doch ziemlich lächerlich wirken, oder nicht? Seien Sie doch einfach da, wenn Ihre KonfirmandInnen ein offenes Gespräch suchen, einmal ganz losgelöst von allerlei vorgeschriebenen Regeln. Machen Sie die Kirche zu einem offenen Ort, in dem man sich ausprobieren und auch eigene kritische Fragen stellen darf.

P: Du meinst also, ich soll meine KonfirmandInnen auch heute noch einmal für ihren weiteren Lebensweg gut ausstatten, ausstaffieren sozusagen, wie in meiner Petrusgeschichte? Dass also auch ich so eine Art Engel für sie sein dürfte? Eigentlich habe ich versucht, sie schon während der Zeit des Unterricht aus mancherlei Abhängigkeiten aufzuwecken; dabei haben wir sie auch wie Petrus in der Gemeinde mit Schuhen versehen, die ihnen einen festen Stand im Leben verschaffen. Zum Beispiel durch biblische Texte, aber auch die Erinnerung an ihre Taufe. Dann wurde ihnen auch immer wieder ein Gürtel umgebunden, an dem sie sich auch in Zukunft festhalten können, bei allen wichtigen Entscheidungen, wie an den 10 Geboten, die sie im Unterricht für ihr ganzes Leben kennen und schätzen gelernt haben. Und schließlich würde ich ihnen heute noch einen Mantel umhängen, der ihnen wie eine liebevolle Mutter Kirche Schutz, Zuspruch, Trost und Aufnahme gibt, nicht nur an ihrem Konfirmationstag, sondern für alle Jahre, die noch vor ihnen liegen. Was für ein schöner Ausblick in das Land der Freiheit nach dem Lösen der Ketten, dem Gang aus dem Gefängnis. Aber, sag mal, lieber Jugendengel, muss ich denn ganz alleine diese nicht ganz einfache Arbeit ausführen? Also, die Ketten der Abhängigkeiten, in die Jugendliche geraten oder die sie eben manchmal auch selber freiwillig schmieden, alleine sprengen? All die Ketten des Traditionsverlusts, des Gruppenzwangs, der gesellschaftlichen Konventionen und nicht zuletzt der Feigheit?

E: Na, so schlimm wird's wohl nicht werden. Denken Sie doch bitte selber noch einmal an die Reaktion zurück, die Petrus im Gefängnis auf die offenen Ketten und Türen selbstständig vollzieht. Der Engel hat ihn zwar aufgerüttelt. Jetzt aber kommt Schwung in ihn selber. Ihre KonfirmandInnen sind doch keine Pappkameraden. Die wissen, was man selber nach dem Aufschließen der Gittertür alles in die Hand nehmen kann. Machen Sie zunächst ihnen den Weg dazu frei und bieten Sie ihnen weiterhin diese Schlüssel zum Leben an. Die Jugendlichen werden Ihnen dann schon sehr vielseitig zeigen, was alles an Fantasie in ihnen steckt.

P: Das nennt man dann wohl Schlüsselerlebnisse, oder? Wie bei unserem Petrus. Dem bringt der Engel zunächst ja auch Helligkeit an den finsteren Ort, ein Licht geht ihm auf – und er versteht, dass der Himmel ihn mag und ihn am liebsten in Freiheit sieht. Eigentlich war dies der Sinn unserer gesamten KonfirmandInnenzeit.

E: Gab's noch was auf dem Weg nach draußen?

P: Na ja, die vielen gemeinsamen Unternehmungen, bei denen wir uns von selbsternannten „OrdnungswächterInnen" nicht aufhalten ließen und dabei manche „Vorurteilsgefängnisse" verlassen haben: Bei den gemeinsam gestalteten Gottesdiensten, beim Besuch in der Schule für behinderte Kinder, auf der KonfirmandInnenfreizeit, bei den Nachmittagen im Altersheim. Und natürlich entsinne ich mich auch, wie wir in heißen Gesprächen manche „Meinungsmacher" aus der Werbung verscheucht haben, die uns ihre Sicht der Dinge aufdrängen wollten, gegen die wir uns aber dann ganz bewusst entschieden haben. Und wie bei Petrus stand da plötzlich das eiserne Tor, das zur Stadt führt, ganz weit auf.

E: Wissen Sie noch, wie Ihre und damit auch unsere gemeinsame Geschichte endet?

P: Natürlich: Und sie traten hinaus und gingen eine Straße weit.

E: Das ist die Weite, die wir Engel unseren Schutzbefohlenen immer eröffnen wollen: Diese große Freiheit, Dunkles und Schlechtes zurücklassen zu können, um als junge Erwachsene die Straßen der Welt fröhlich und zuversichtlich zu beschreiten. – Aber nun muss ich los. Woanders sind die Ketten noch geschlossen. Passen Sie hier in der Kirche aber gut auf Ihren Schlüsselbund auf, öffnen sie die Kirche mit dem Alten, die Gaben der KonfirmandInnen mit dem Modernen, und die Herzen aller schließlich mit dem zarten Kleinen.

(E. geht ab)

P: Lieber Jugendengel, warte noch einen Moment. Na ja, so ist das wohl oft mit diesen himmlischen Wesen: „Und alsbald verließ ihn der Engel.“ So endet ja auch die biblische Geschichte über Petrus. So plötzlich, wie sie gekommen sind und befreit haben, sind sie dann auch wieder weg. Aber Engelsbegegnungen sind niemals umsonst und nie ohne Folgen. Für Euch KonfirmandInnen, für uns alle nicht. Immer lässt er etwas zurück. Und wenn Ihr es jetzt seid, die ab Morgen Engel für andere werden können.

Amen.

Max Koranyi

Gottesdienste rund um die Konfirmation

Entwürfe zu Konfirmationen, Konfirmanden-abendmahl, Goldkonfirmation und Vorstellungs-gottesdiensten

Vandenhoeck & Ruprecht

Inhalt

Vorwort

Im Umfeld der Konfirmation finden Gottesdienste statt, die sich unterstützend und ergänzend auf die große Feier der Einsegnung von Jugendlichen beziehen.

So haben sich zunächst einmal aus zeitlichen Gründen neben den **Konfirmationsgottesdiensten** (von denen vier in diesem Band vorgestellt werden) eigene **Konfirmandenabendmahlsgottesdienste** etabliert. Oft werden sie am Vorabend der Konfirmation gefeiert, um damit dem Abendmahl eine besondere Aufmerksamkeit zukommen zu lassen – und die oft überlangen Gottesdienste am Tag der Konfirmation zu entzerren. Vier Entwürfe hierzu finden Sie in diesem Band, die natürlich auch in einem normalen Sonntagsgottesdienst vor oder nach der Konfirmation eingesetzt werden können.

Daneben werden in vielen Gemeinden Gottesdienste zur **Goldkonfirmation** angeboten, zu denen Menschen, die vor **50 Jahren** (und mehr) konfirmiert wurden, eingeladen werden. Auch hierzu bietet der Band vier Entwürfe an, die durchaus auch zur **Grünen Konfirmation (10 Jahre)** oder **Silbernen Konfirmation (25 Jahre)** geeignet sind.

Schließlich sind viele Kirchengemeinden vor der eigentlichen Konfirmation dazu übergegangen, statt der früheren »Prüfung« der Konfirmanden gemeinsam mit den Jugendlichen einen **Vorstellungsgottesdienst** zu feiern, der wesentliche Themen der Unterrichtszeit, Gemeindeerfahrungen und Glaubensperspektiven noch einmal thematisiert. Auch hierzu macht das Buch vier Vorschläge mit ausgearbeiteten Gottesdienstentwürfen.

Dankbar widme ich diese Ausgabe in der Reihe »Dienst am Wort« den Mitgliedern des gemeindlichen Bezirksausschusses Königswinter-Stieldorf-Birlinghoven (Ursula Blondiau, Bernhard Bolz, Elke Fischer, Michael Frost, Marion Herberg, Martin Herberg, Horst Kleine, Astrid Kollenberg, Anja Krall, Renate Kremer, Jörg-Rainer Molwitz, Sabine Pichler, Hartmut Ripken, Bianca Suchetzki, Carmen Truetsch-Lück und Dagmar Ziegner), die durch eigene Wortbeiträge und musikalische Gestaltung wesentlich zum Gelingen all dieser Gottesdienste beigetragen haben.

Pfarrer Max Koranyi, Ostern 2013

Gottesdienste zum Konfirmandenabendmahl

1. »Hast Du mich lieb?« (Joh 21,15–19)

PSALM 121

LIEDER

EG, Ausgabe Rheinland etc.: Danke für diesen guten Morgen (334), Ich möchte, dass einer mit mir geht (209), Ins Wasser fällt ein Stein (659), Kommt mit Gaben und Lobgesang (229)

GEBETE

Schuldbekenntnis: Herr Jesus Christus! Nicht nur jüngeren Menschen fällt es oft schwer, dazu zu stehen, dass sie Christinnen und Christen sind – und deshalb zu Dir gehören. Auch wir Älteren geraten immer wieder in Situationen, in denen wir öffentlich lieber nichts mit Dir zu tun haben wollen; weil es gefährlich werden könnte. Gefährlich für alltäglich eingespielte Gewohnheiten, gefährlich für liebgewonnene Überzeugungen, gefährlich auch im Blick auf öffentliche Meinungen. Vergib uns, dass wir bei solch angepasster Verhaltensweise auch Dich selber oft genug verraten, verkauft und verleugnet haben; schenke uns an diesem Tag neuen Mut, zu Dir zu stehen – so wie Du immer zu uns stehst und Dich zu uns bekennst. Herr, erbarme Dich!

GNADENSPRUCH

2 Tim 2,13

KOLLEKTENGEBET

Lebendiger Gott! Wir danken Dir, dass Du uns in dieser Stunde zu Dir eingeladen hast. So viel haben wir alle in unserem Leben zu bewältigen. Dabei fehlt uns oft genug die nötige Ruhe, zu uns selber zu kommen, um einen vernünftigen Weg durch diese Welt zu finden. Aber genau dann ist es hilfreich und gut, mitten in dieser Welt einen Ort zu finden, an dem Du uns begegnen willst, wo Du uns zuhörst, uns tröstest, auch aufbaust und stärkst. Segne in dieser Hinsicht jetzt unser Zusammensein, die Worte, Lieder, das Mahl; und las uns durch all dies gestärkt nachher in ein gutes Leben zurückkehren. Amen.

Fürbittengebet

Lieber Herr Jesus Christus! Du hast uns heute in Deinem Mahl Deine ganze Liebe geschenkt, alles, was Du für uns übrig hast, Brot und Wein als sichtbare Zeichen Deiner Gegenwart, damit wir unser wahres Leben finden. Wir danken Dir, dass Du jeden und jede einzelne von uns lieb hast und brauchst und bitten Dich jetzt: Gehe auch dann mit den Konfirmandinnen und Konfirmanden mit, wenn die Zeit des Unterrichts vorbei sein wird. Lass sie spüren und auch persönlich erfahren, dass sie allesamt Gaben von Dir erhalten haben, die sie gerade auch in ihrem Alltag umsetzen können, weil ihnen dabei eine gute Lebensrichtung aufgezeigt wird. Sei Du selber als Ratgeber bei ihnen, wenn wichtige Lebensentscheidungen anstehen, später einmal bei der Berufsfindung, auf der Suche nach einem vertrauenswürdigen Partner. Und lass sie auch immer wieder dem Kontakt zur Gemeinde halten, durch den sie weiterhin untereinander, aber vor allem auch mit Dir verbunden bleiben. Sei bei den Jugendlichen bis sie einmal so alt sein werden wie ihre Eltern heute – und für die eigenen Kinder Vorsorge tragen. Lass sie dabei erfahren, dass die Kirche ein guter Ratgeber in den unterschiedlichsten Lebensphasen und Situationen bleibt; schenke ihnen auch im Alter die Hilfe, die sie an der Hoffnung auf Deine neue Welt immer festhalten lässt. Und nun bitten wir Dich um einen erfüllten Konfirmationstag, der etwas ausstrahlen möge von Deiner Zusage, dass Du das Licht der Welt bist und deshalb ein freundlicher Wegweiser gerade auch für diese jungen Menschen bleiben willst.

Predigt

Lesung Joh 21,15–18.19b

Meine lieben Konfirmandinnen und liebe Konfirmanden, liebe Eltern und Großeltern und Paten, liebe Gemeinde!

Ja, in der Tat, wie wird das wohl mit Euch weitergehen, wenn wir gleich – wie in der biblischen Geschichte – das Mahl, das Abendmahl mit Jesus gehalten haben werden? Viele sprechen bei dieser Feier auch von einem Liebesmahl. Christus ist dabei der Gastgeber und verschenkt sich selber mit allem, was ihr für euer Leben braucht: Brot und Wein, sein ganzes Leben, seine ganze Liebe für euch! So sieht wirkliche Liebe nämlich aus: man schenkt einem anderen seine ganze Aufmerksamkeit und will nichts anderes für den geliebten Menschen als sein allergrößtes Lebensglück.

Ich bin ganz sicher, dass auch ihr euch schon einmal so richtig verliebt habt. Ich hatte mich in meinen Konfirmandenunterricht vor 35 Jahren in ein Mädchen mit Namen Claudia so richtig verknallt. In dieser Zeit habe ich an wenig anderes gedacht – als an sie! Jedes kleine Geschenk, das ich von ihr bekam, wurde wertvoll wie ein Schatz für mich. Oft habe ich halbe Nachmittage an der Straßenecke auf sie gewartet. Aber auch ich war für sie da, wenn sie Kummer hatte und meine Hilfe brauchte. Andere Termine habe ich manchmal einfach so sausen lassen und andere Beziehungen zurückgefahren, weil sie mir am allerallerwichtigsten war. Ich habe auch versucht, Rücksicht zu nehmen auf ihre Bitten und Wünsche, so gut man eben so etwas als Vierzehnjähriger kann. So sah für mich Liebe aus – und so gestaltet sie sich heute noch für mich: Einem Menschen all das zu schenken, was ihm oder ihr und dann natürlich auch einem selber das Kostbarste ist – Treue, Aufmerksamkeit, Freude.

Ein Geliebter, eine Geliebte kann aber nicht nur ein Mensch sein. Jesus selber möchte für euer ganzes zukünftiges Leben euer Liebhaber werden. Und nun ist die heute entscheidende Frage an uns alle, wie wir nach dem Liebesmahl die Liebesbeziehung von Jesus zu uns nun von unserer Seite her aufnehmen und gestalten wollen; wie also euer Verhältnis zu ihm in den Jahren nach der Konfirmation aussehen wird. Diese Überlegung ist ja durchaus berechtigt. So viele andere Menschen, Aufgaben und Angebote werden in der nächsten Zeit auf euch einstürmen. Wem widmet man sich dann als erstes und was liebt man am meisten?

Stellt euch vor, Jesus war sich selbst bei einem seiner besten Freuden, seinem Lieblingsjünger Simon Petrus, nicht sicher, wie sich ihre Beziehung in der Zukunft entwickeln würde. Nun hatte Jesus natürlich auch allen Grund, Petrus gegenüber skeptisch zu sein. Sicherlich erinnert auch ihr euch an die peinliche Geschichte seiner Feigheit. Jesus war in die allerschlimmste Situation seines Lebens geraten, seine Verurteilung stand bevor, Soldaten quälten ihn. Er fühlte sich von seinen geliebten Freunden verlassen und allein. Allein? Nun, einer war ihm in den Hof des Hohenpriesters nachgeschlichen. Unser Simon Petrus. Irgendwie hatte er wohl doch das Gefühl, Jesus könnte ihn brauchen. Aber was macht er? Wie verhält er sich? Drei Mal, sage und schreibe drei Mal wird er gefragt, ob er denn nicht auch zu dem Kreis um den Verurteilten gehören würde, zu denen also, die ein besonders inniges Verhältnis zu ihm hätten. Wisst Ihr noch, wie Petrus regierte? Unvorstellbar: Er streitet jede kleinste Beziehung zu dem Angeklagten ab, er verleugnet seine Liebe zu ihm. Am Ende verflucht er sich selber – sollte er jemals etwas mit diesem vermeintlichen Verbrecher und scheinbaren Aufrührer zu tun gehabt haben. Und dann kräht ein Hahn – der bis heute auf vielen Kirchtürmen an die Vergesslichkeit, Wankelmütigkeit und Lieblosigkeit des Petrus erinnert. Nicht wahr, Jesus hatte nun wirklich allen Grund, an der Treue und der Liebesfähigkeit dieses Jüngers zu zweifeln. Selbst also nach seiner wunderbaren Auferstehung, selbst nach einem erneuten Liebesmahl, das ihn und seine Jünger wiedervereint, ist er sich überhaupt nicht sicher, ob er Petrus in Zukunft noch trauen kann. Ob Petrus ihn also wirklich und wahrhaftig lieb haben wird.

Ob sich Jesus an diesem Tag nur im Blick auf seinen Jünger Simon Petrus unsicher ist? Ob er nicht durchaus alles Recht der Welt hätte, uns alle heute anzusehen – vielleicht die jungen Menschen, die in wenigen Tagen konfirmiert werden besonders – und uns zu fragen: Du da, hast du mich lieb, lieber als alle anderen mich haben? Mag sein, dass ein Hauch von Skepsis auch heute in den Augen Jesu liegt. Er hat ja nicht nur die dreimalige Verleugnung seines besten Freundes Petrus mitanhören müssen. Er schaut ja auch sehr genau in unsere Herzen – und da nehme ich mein eigenes Herz überhaupt nicht aus. Er kennt uns ja schon länger. Er weiß, wie schwierig wir es uns mit dem Glauben oft machen – in der Schule, in Vereinen, in Beruf und Alltag – ganz einfach dazu zu stehen, dass wir Mitglieder dieser Kirche und also Freunde und Vertraute Jesu sein wollen. Oft kriegen auch wir dann den Mund nicht auf. Oder empfinden die Kirche als etwas Peinliches. Und dann sieht Jesus vielleicht über uns hinaus die vielen, vielen Hunderte von Jugendlichen, die in dieser Kirche schon konfirmiert wurden – und fragt sich, wo sie geblieben sind oder überhaupt noch an ihn denken?

Und so stelle ich mir vor, dass Jesus wie damals Petrus jeden einzelnen der Konfirmandinnen und Konfirmanden jetzt noch einmal zu sich ruft und sie fragt: Anja und Meike, Alexander und Christian, Katharina, Frederik und Sabrina, habt ihr mich lieb? Vielleicht stellt er auch euch diese Frage im Leben drei Mal, intensiv, wichtig und betont – damit sich niemand mit einer schnellen Ausrede flugs davonstehlen kann. So in dem Sinne wie: Ach Jesus, mach dir mal keinen Kopf, das wird schon irgendwie. Das kriegen wir schon hin. Spätestens Weihnachten, Jesus, sehen wir uns wieder. Ob dem Herrn das reicht? Ob er nicht noch Anderes, Größeres, Wichtigeres mit uns vorhat? Ob er uns »treulose Tomaten« trotz unserer Feigheit, Müdigkeit und Abgelenktheit für seine Botschaft, seine Kirche, seine Zukunft nicht immer wieder neu rufen und brauchen will? Er jedenfalls will uns nach mancherlei Versagen im Laufe unseres Lebens noch eine zweite und sogar noch eine dritte Chance geben, als gute Hirten, Mitstreiter, verantwortungsbewusste Christenmenschen in seinen Dienst zu treten. Und so lädt er uns selber an diesem Tag ein, gemeinsam zu überlegen, wie denn unsere Liebe und Aufmerksamkeit für Jesus in der Zeit nach der Konfirmation aussehen könnte.

In den nächsten Jahren, so sieht es auch Jesus, beginnt eine Zeit, in der ihr immer stärker selber entscheiden könnt, was ihr machen und wohin ihr gehen wollt. Früher haben ja viele junge Menschen tatsächlich nach der Konfirmation ihre Berufsausbildung begonnen. Bei den meisten von euch dauert das natürlich noch eine Zeit. Aber in vielen anderen Bereichen eures Lebens seid ihr jetzt schon ganz schön selbstbewusst und selbstbestimmt. Ihr wählt die Musik aus, die euch gefällt. Ihr sucht euch selber eure Freundinnen und Freunde aus. Ihr widersprecht und protestiert gegen Dinge, Einrichtungen, Entscheidungen der Großen, die euch nicht gefallen. Und wie verhaltet ihr euch nun zu diesem Jesus, der euch heute von sich aus seine ganze Liebe für eure kommende Lebenszeit anbietet? Bleibt ihr weiter im Gespräch und fragt ihn im Gebet um Rat? Versucht ihr den Kontakt zu eurer Kirchengemeinde zu halten? Oder entscheidet ihr euch völlig anders – und meldet euch zum nächstmöglichen Termin vom Religionsunterricht ab?

Wie schön wäre es, wenn ihr schon heute auf Jesu Nachfrage ganz offen eure Sympathie für ihn zeigen und ihm antworten würdet: Herr, du weißt, dass ich dich lieb habe. Wisst ihr, wie Jesus dann reagieren wird? Er wird vor Freude und Glück jedem und jeder einzelnen von euch einen besonderen Lebensauftrag mit auf den Weg geben: Weide meine Lämmer! Kümmere dich um andere! Sei ein Vorbild! Entdecke deine speziellen Gaben und Fähigkeiten, anderen Menschen ihr Leben schön zu machen oder gar zu erleichtern! Erzähl ihnen dabei auch von den guten Erfahrungen, die du mit dem Glauben an Jesus schon gemacht hast – und die sie auch machen können! Lass deine Lebensüberzeugung überzeugend auch für Mitschülerinnen und Freunde werden! Eines der großen, spannenden Geheimnisse während der nächsten Lebensjahre wird darin bestehen, wie ihr den Auftrag Jesu an euch hören, umsetzen und auf Dauer leben werdet.

Aber eure Leben wird weitergehen. Nach der Beendigung eurer Schulausbildung stehen wichtige Entscheidungen an – im Blick auf die Berufsfindung und irgendwann wohl auch die Suche nach einem verlässlichen Lebenspartner, einer Freundin für's Leben. Ich weiß aus eigener Erfahrung von meinen Kindern: In dieser Lebensphase ist man mit unglaublich vielen Gedanken, Überlegungen und Entscheidungen beschäftigt. Die wenigsten von euch werden dann wahrscheinlich regelmäßig einen Gottesdienst besuchen. Manche vergessen die Zeit des Konfirmandenunterrichts mit ihren vielen schönen Anregungen ganz. Was ihr aber nicht glauben sollt, ist, dass auch Jesus dann seine Liebesbeziehung zu euch abbrechen wird. Sein Haus hier und anderswo wird immer für euch offen stehen, sein Tisch wird auch dann immer für euch gedeckt sein. Er wird euch also weiter nachgehen, euch suchen, euch bei euren Vornamen ansprechen und zum zweiten Mal sagen: Hast du mich immer noch lieb? Wie schön wäre es, wenn ihr ihm dann nicht antworten würdet: Ach, lieber Herr Jesus, ich bin viel zu beschäftigt mit anderen Liebhabereien, um auch noch dich lieb haben zu können. Ich muss mein Haus ausbauen, ich muss Geld verdienen, ich muss mich um meine Partnerin, meinen Mann, meine Kinder kümmern. Tut mir leid. Ich kenn' dich gar nicht mehr! Wie viel schöner und lebendiger würde es klingen, wenn ihr stattdessen sagen würdet: Lieber Herr, ich gebe ja gerne zu, dass im Moment meine Gedanken und Kräfte von so vielen Aufgaben und Plänen und Beschlag genommen werden. Du hast mich tatsächlich schon längere Zeit nicht mehr bei dir gesehen. Aber, schau einmal, ich versuche zumindest in meinem Betrieb zu einem menschenfreundlicheren Klima beizutragen. Ich bete abends mit meinen Kindern. Ich nehme mir jeden Tag ein paar Minuten Zeit, an dich zu denken und einen Vers über dich zu lesen. Das ist augenblicklich meine Art, dich lieb zu haben. Auch in solch veränderten Lebensphasen wird Jesus unter allen Umständen uns weiter engagieren, um uns mit unseren vorhandenen Möglichkeiten anzustellen, seiner Welt etwas Gutes zu tun: Weide meine Schafe! Kümmere dich um Menschen, die ganz persönlich dir anvertraut sind! Schütze die Schöpfung, liebe das Leben!

So werden die Jahre ins Land gehen. Und immer wieder werdet ihr unterwegs ganz selbstständig euer Können für Jesu gute Sache einsetzen dürfen. Irgendwann einmal aber werdet ihr so alt sein, wie ich es heute bin. Ihr runzelt die Stirn? Ich gebe es gerne zu: Als ich in eurem Alter war, konnte ich mir auch nicht vorstellen, dass es so einmal sein wird. Aber fragt einmal eure Eltern: Im Rückblick verläuft jedes Leben schneller, als man es sich etwa vor 35 Jahren vorgestellt hat. Ihr werdet dann schon viele Jahre in einem Beruf tätig sein. Ihr werdet mit großer Wahrscheinlichkeit auch eine eigene Familie haben. Vielleicht werdet ihr auch woanders wohnen, womöglich sogar im Ausland. Aber vertraut darauf: Auch dann und auch dort wird Jesus euch noch ein drittes Mal begegnen mit der Frage: Hast du mich noch lieb? Vielleicht aber reicht es euch dann, drei Mal im Leben das Gleiche gefragt zu werden. Simon Petrus jedenfalls wird nach dieser Wiederholung regelrecht traurig und sagt betroffen: Herr, du weißt doch alle Dinge, du weißt dann doch auch, wie lieb ich dich habe. Ich habe doch wirklich später nach meinen Fehlschlägen mein Leben lang versucht, meine Liebesbeziehung zu dir auf unterschiedliche Art zu leben. Menschlich ja, aber doch auch treu, nicht wahr? Vielleicht werden ja auch einige unter uns ein wenig genervt darauf reagieren, wenn Jesus uns zum dritten Mal so in unserem Leben begegnen und ausfragen wird. Aber vielleicht sollten wir dann nicht vergessen, dass Petrus es immerhin geschafft hatte, Jesus drei Mal zu verleugnen. Und wir selber sicherlich mehr als diese drei Mal ihn schlichtweg zur Seite geschoben und vergessen haben. Sollte da nicht auch Jesus alles Recht der Welt haben, nun seinerseits auch drei Mal liebevoll und interessiert nachzufragen, was denn so aus unserer Beziehung zu ihm im Laufe eines langen Lebens geworden ist? Schwierigkeiten den Glauben zu leben, kenne auch ich in meinem Alter. Selbst in meinem Beruf ist es nicht immer ganz einfach, Jesus die Treue zu halten. So viele andere Herausforderungen nehmen auch mich täglich in Beschlag. Und die

Frage, ob ich es denn wirklich geschafft habe, meine Schäflein zu weiden, Jesusliebe also dieser Gemeinde und meinen eigenen Kindern weiterzugeben, ist wirklich nicht leicht zu beantworten. Dennoch wäre es wunderschön, wenn ihr auch noch in eurem Alter Jesus zum dritten Mal antworten könnt: Also, entschuldige einmal, wir gehen nun wirklich nicht nur zu Weihnachten in die Kirche. Du müsstest doch als Erster darüber Bescheid wissen, dass meine Frau im Kindergottesdienst mitarbeitet, mein Mann einen ökumenischen Gesprächskreis organisiert hat, wir zu besonderen Gelegenheiten großzügig spenden, geholfen haben, das Kirchlein zu renovieren, den Blumenschmuck gestalten, als Presbyterin kandidiert haben, uns in der Öffentlichkeit für ein gutes Erscheinungsbild unserer Gemeinde zu sorgen und mit einer Stiftung für die Zukunft der Kirche Rechnung tragen. Ich bin sicher, dass dies Jesus freuen und er antworten wird: Dann weidet auch weiterhin meine Schafe! Gebt all das anderen Menschen, euren Kindern weiter, was ihr selber von mir in dieser Kirche an Gutem empfangen habt. Entscheidet auch zukünftig selber, in welchem Bereich ihr eure Fähigkeiten zum Wohl meiner Schöpfung einsetzen wollt.

Aber es wird dann auch einmal eine Zeit kommen, in der wir viele dieser Aktivitäten auch wieder abgeben werden. Wir sind es dann nicht mehr, die über das Weideland Jesu eingesetzt sind. Andere werden den Hirtenstab von uns übernehmen. Jesus weiß eben zuletzt auch sehr wohl, dass in jedem Menschenleben Kräfte und Einsatzfreudigkeit abnehmen werden. Wir werden einmal den Gürtel, der unsere christliche Arbeitskleidung zusammengehalten hat, ausziehen. Aber vielleicht wird sich gerade in dieser Lebensphase die Liebe Jesu zu uns und unsere Liebe zu ihm als besonders kostbar erweisen. Wenn wir uns nicht mehr engagieren können und zu helfen wissen, wenn es uns schwer fallen wird, uns aufrecht den Gürtel des Lebens umzubinden, dann, ja dann wird ein anderer, Er, Jesus, uns aufrichten, einkleiden und gürten. Möglich, dass er dann auch uns – wie Simon Petrus am Ende seines Lebens – in Situationen führen wird, die wir uns von alleine und freiwillig nicht ausgesucht hätten. Trotzdem braucht man auch vor diesen schwierigeren Herausforderungen nicht Angst zu haben oder gar ganz zu kapitulieren. Wer ein Leben lang eine Liebesbeziehung zu Jesu aufgebaut hat, in guten, aber auch in schweren Zeiten, der wird gerade im Alter erfahren, wie er von dieser Liebe bis zuletzt getragen, behütet und begleitet wird. Neben und über unserem eigenen Hirtendienst hat nämlich unser Leben lang der einzig wahre Gute Hirte gewacht, der keines seiner Schafe aufgibt und also auch uns all das schenken wird, was wir an Trost und Zuspruch, Zuneigung und Hoffnung bis zum Ende unserer Tage brauchen.

Ich weiß, liebe Konfirmandinnen und liebe Konfirmanden, noch ist es längst nicht so weit. Ihr werdet jetzt nach eurer ersten Liebesbegegnung mit Jesus im Abendmahl auf viele zweite und dritte und weitere Möglichkeiten treffen, ihm eure Treue zeigen zu können. Und so werdet ihr bis zuletzt von ihm die Aufmunterung hören, die euer ganzes Christenleben in drei Worten beschreibt: Folge mir nach. Amen.

2. Guter Hirte, schlechter Hirte (Joh 10,11–16)

Psalm 23

Lieder

EG, Ausgabe Rheinland, etc.: Der Gottesdienst soll fröhlich sein (169), Jesus nimmt die Sünder an (353), Wir strecken uns nach dir (664), Kommt mit Gaben und Lobgesang (229)

Gebete

Schuldbekenntnis: Guter Gott! An diesem Sonntag sind Jugendliche und ihre Familien von Dir besonders eingeladen, an Deinem Tisch Nahrung für ihr Leben zu bekommen. Du selber kennst so manche unserer Schwierigkeiten, die wir auch in diesen Gottesdienst mitgebracht haben. Oft genug suchen wir woanders Hilfe, um Stärkung zu erfahren: Dort etwa, wo es scheinbar weniger anstrengend und erfolgsversprechender ist. Dabei laufen wir auch immer wieder Menschen und ihren Angeboten hinterher, die zuverlässig erscheinen, aber uns in wichtigen Lebensfragen dann doch im Stich lassen. So bitten wir Dich, dass Du uns heute bei der Hand nimmst und uns von manchen falschen Wegen auf den Pfad des wahren Lebens zurückführst. Herr, hab Erbarmen über uns!

Gnadenspruch

Jes 54,8

Kollektengebet

Lebendiger Gott! Wir danken Dir, dass Du uns alle, also auch die jungen Menschen unter uns begleiten willst. Du lässt kein Geschöpf aus Deiner Fürsorge fallen. So lass uns heute noch einmal hören, dass wir Dir tatsächlich unser ganzes Leben anvertrauen dürfen. Lass uns glauben lernen, dass wir immer wieder neu von Dir aufgesucht und gefunden werden – egal, wo wir uns in dem Moment auf der Erde befinden. Komme Du nun selber zu uns und lass uns Deine Gegenwart tröstlich spüren und erfahren durch die Liebe und Treue Deines Sohnes, Jesus Christus, des einzig wahren Guten Hirten dieser Welt, unseres Herrn. Amen.

Fürbittengebet

Lieber Herr Jesus Christus! Du selber willst der gute Leiter, der Lebensführer, ein Bewahrer und Hirte für uns Menschen sein. Dein ganzes Leben schenkst Du uns, damit wir unser Leben sinnvoll und fröhlich gestalten können. Wir danken Dir für Deine Nähe und Deine treue Gegenwart in diesem Gottesdienst und Deinem Mahl und bitten Dich heute ganz besonders für alle Jugendlichen, die in diesen Wochen konfirmiert werden: Dass sie das Fest ihrer Einsegnung als ein großes Geschenk empfinden dürfen, unter Deiner Fürsorge auch den weiteren Lebensweg gehen zu dürfen. Begleite Du sie bei allen wichtigen Entscheidungen, die bald schon in ihrem Leben anstehen. Mögen sie sich dabei mit Dir beraten und dann eine Wahl treffen, die Licht in ihr Leben bringt. Wir bitten Dich für alle, die diese jungen Menschen bis zum heutigen Tag begleitet haben. Lass sie weiterhin treue Berater sein, die in Deiner Nachfolge zu Helfern und guten Hirten für Heranwachsende, gerade auch in schwierigen Zeiten bleiben. Wir bitten Dich auch für diese Gemeinde, dass sie ein offenes Haus bietet für junge Menschen, die ja auf so vielen Ebenen auf der Suche sind – nach Orientierung, Sinn und verlässliche Beziehungen. Lass sie in der Kirche erfahren, dass sie von Dir verstanden und angenommen sind. Und so in einer liebevollen Atmosphäre weiter wachsen und sich entwickeln können – auch, indem Du ihnen immer wieder neu verlässliche Menschen an die Seite stellst. Herr Jesus Christus, behüte alle jungen Menschen in dieser manchmal so unübersichtlichen und verworrenen Welt.

Biete ihnen jeden Tag neu die große Chance ihres Lebens an, Dich als ihren Hirten zu erkennen, damit sie in großer Freude und Dankbarkeit auf eine von Dir gesegnete Zukunft zugehen können.

Predigt

Meine lieben Konfirmandinnen und liebe Konfirmanden, liebe Eltern, Großeltern, Verwandte, Paten und Freunde, liebe Gemeinde!

Für diesen besonderen Gottesdienst mit der Feier des Abendmahls suche ich mir meist einen Text aus der Bibel, der zu diesem feierlichen Anlass, ein Festmahl, zu dem Jesus ja selber einlädt, besonders passt. Aber bevor ich dieses Jahr dazu kam, irgendeine selbstausgewählte Erzählung auszulegen, schaute ich doch noch einmal in den »Liturgischen Kalender«. Das ist ein Heft, das für jeden Sonntag einen biblischen Text zur Predigt und Auslegung vorschlägt. Der heutige Sonntag trägt auf lateinisch den Namen »Misericordias Domini«, was übersetzt »Barmherzigkeit des Herrn« bedeutet. Schon bei diesem Sonntagstitel wurde ich neugierig, geht es dabei doch um ein Thema, das gerade für Jugendliche interessant sein dürfte: Eben nämlich darum, wer in meinem Leben mit mir barmherzig, also verständnisvoll, geduldig und zuverlässig umgeht. Und dann las ich die vorgeschlagene Bildgeschichte aus dem Johannesevangelium dazu und war sofort davon überzeugt, dass es genau dieser Text sein sollte, den ich Euch für Euer weiteres Leben mitgeben möchte. Hier ist er:

Lesung Joh 10,11–16

Es würde mich schon sehr verwundern, wenn Ihr Euch, liebe Konfirmandinnen und liebe Konfirmanden, nicht auch selber in dieser Geschichte vom Hirten und den Schafen wiedererkennen würdet. Fangen wir doch einfach einmal bei der schlichten Erkenntnis an, dass kein Mensch auf dieser Welt, auch Ihr nicht, ohne die Begleitung, den Rat und die Fürsorge anderer leben kann. Ihr wärt nicht so weit, nicht bis zum heutigen Tag gelangt, wenn es nicht vorher unzählige Menschen in Eurem Leben gegeben hätte, die Euern Weg begleitet haben; Menschen, die fürsorglich, aufmerksam und liebevoll waren. Ich weiß wohl: In Euerm Alter sehnt man sich eher danach, ganz unabhängig, frei von allen Regeln und Pflichten zu sein, die andere einem vorschreiben wollen: Die Eltern, die Schule, der Pfarrer! Jetzt wollt Ihr endlich selber entscheiden können, wo es langzugehen hat. Frei von jeder Art von Bevormundung wollt Ihr sein – diese Sehnsucht wird in den Jahren nach der Konfirmation immer stärker nach Euch greifen. Ich verstehe Eure Sehnsucht nach Unabhängigkeit und Freiheit sehr gut. Mir ist es ja in Eurem Alter damals nicht viel anders ergangen. Meine Kleider wollte ich mir selber aussuchen, meine Freunde und Freundinnen ganz allein bestimmen, Orte und Termine meiner Freizeit, vor allem, wie lange ich abends wegbleiben durfte, all dies wollte ich ohne Rücksprache mit meinen Eltern selber entscheiden dürfen. Auch meine Ferienziele sollten ganz in meiner eigenen Hand liegen. Eine spannende Zeit: Auf dem Weg ins Erwachsenwerden gehört es einfach dazu, all diese wichtigen Schritte selbstständig und unabhängig und selbstbewusst ausprobieren zu können.

Trotzdem bleibt natürlich auch bei den wildesten Freiheitsphantasien die wichtige Erkenntnis bestehen, dass Ihr nicht allein den Weg bis zum Tag Eurer Konfirmation gegangen seid. Unbestritten waren da zunächst einmal Eure Eltern an Eurer Seite. Ich weiß aus eigener Erfahrung sehr wohl, dass die Beziehungen zu ihnen nicht immer problemlos verlaufen. Und einige unter Euch haben auch schon miterlebt, dass es auch zwischen Mutter und Vater nicht immer völlig reibungslos verläuft; in keiner Familie auf der Welt also nur eitel Harmonie und Sonnenschein herrscht. Wo Menschen miteinander leben und auszukommen versuchen, da gibt es immer wieder unterschiedliche Meinungen und Lebensentwürfe, die oft erst nach zähem Ringen, langen Gesprächen – und manchmal eben auch gar nicht zueinander finden. Ihr werdet mir aber sicherlich zustimmen, dass zumindest ein wohlwollendes Bemühen um gegenseitiges Verständnis in Eurem Elternhaus schon vorhanden war. Ihr wurdet in Eurer Entwicklung gefördert. Ihr wurdet in schönen und traurigen Tagen begleitet. Da gab es Menschen, die sorgten sich um Eurer Essen, Wohnen, Eure Kleidung. Sie kümmerten sich um Erziehung und Ausbildung, Ferien und Eure Hobbies. Selbstverständlich – selbstverständlich war das alles nicht.

Genauso wenig, wie sich viele andere Menschen ihren Kopf für Euch angestrengt und manchmal sogar zerbrochen haben. Ich weiß, es ist z. B. heute Mode über Lehrerinnen und Lehrer zu schimpfen, sie zu belächeln oder gar zu bemitleiden. Natürlich hat auch diese – wie jede andere – Berufsgruppe ihre schwachen Stellen. Ich bin mir allerdings nicht sicher, wo Ihr heute ohne Erzieher und Pädagoginnen ständet. Wahrscheinlich ist Euch gar nicht bewusst, was Ihr alles durch die Schule mitbekommen habt, nein, nicht nur Wissensstoff und Lerneinheiten, sondern eben auch die Entdeckung Eurer Fähigkeiten, soziale Einblicke, die Kunst des menschlichen Umgangs miteinander und auch die Förderung Eurer Phantasie und Träume. Und an eben dieser Lebensbegleitung haben noch viele andere liebe Menschen mitgestrickt, die vielleicht auch heute in diesen Gottesdienst gekommen sind: Paten z. B., die Euch im christlichen Glauben ein Vorbild sein wollten, Verwandte und Nachbarn, die Eure Hobbies gefördert haben, nun, vielleicht auch ein bisschen Euer Pfarrer, der auf seine Art versucht hat, die vergangenen anderthalb Jahre Eures Lebens ein Stück weit mitzugehen. Und so werdet Ihr natürlich auch in Zukunft Menschen begegnen, die es gut mit Euch meinen werden: Ausbilder in Euren Berufen und solchen, denen Ihr irgendwann einmal ein »Ja« für's Leben geben werdet.

Keine Frage, all diese Menschen hatten und werden für Euch eine wichtige Funktion haben: Sie begleiten, verhindern Eurer Alleinsein und wehren vor dem Abrutschen in mancherlei Gefahren. Dennoch: Sie sind gerade am heutigen Tag nicht die allerwichtigsten Stütze für Eure Zukunft. Wohl versuchen sie mit ihren begrenzten Möglichkeiten, bei Euch zu sein. Eingestellt, ausgesandt, in den Dienst genommen sind sie dazu aber von einem anderen. Und dieser andere wird in unserer heutigen Erzählung mit einem Urbild, einem sehnsuchtsvollen Symbol für Schutz, Begleitung und Stärkung beschrieben: Dem Guten Hirten! Bei ihm handelt es sich nun doch um eine größere Dimension, ein weiteres Feld, als Menschen anderen Menschen zuteil werden lassen können. Ihr wisst natürlich alle, wer damit gemeint ist. Jesus Christus ist derjenige an Eurer Seite, der Euch seit Eurer Geburt und Eurer Taufe auf eine ganz besondere Art kennt, wie niemand sonst, Und Euch entsprechend persönlich 14 Jahre lang begleitet hat. Als guter Hirte hat er aber nicht nur dafür gesorgt, dass täglich neu sein Schutz über Euch war. Er war darüber hinaus sogar dazu bereit, auf sein Leben zu verzichten, damit Euer Leben ohne Lasten gelingen möge – und über Eure irdische Lebenszeit hinaus himmlische Hoffnung entsteht. Der Gute Hirte, der bereit ist, als Opferlamm Sinn, und Trost und Zuversicht der ganzen Welt, auch Euch, zu geben. Mag sein, dass Euch diese Einladung zunächst fremd ist, dass ihr also gar nicht wollt, dass ein anderer für Euch sein Leben aufs Spiel setzt. Vielleicht fühlt Ihr Euch ja heute stark und selbstbewusst genug, mit Eurem Leben und all seinen Herausforderungen ganz alleine fertig zu werden. Aber vielleicht habt ja auch Ihr schon an manchen Tagen umgekehrt erfahren, dass unsere Kräfte doch oft genug sehr begrenzt sind. Wenn Ihr jetzt einmal ganz ehrlich seid, dann habt auch Ihr schon die Erfahrung gemacht, dass wir Menschen immer wieder auf ziemliche Abwege und dann auch in höchste Gefahren geraten können. Auch die zuverlässigsten Menschenhirten können in solchen Momenten versagen. Und deshalb ist es zum wahren Schutz, zur wirklichen Sicherung unseres Lebens gar nicht anders möglich, als dass der einzig wirklich ewig Gute Hirte sich so mit seinem Leben für uns einsetzt, dass unser Leben gelingen kann.

Das ist aber jetzt, liebe Konfirmandinnen und liebe Konfirmanden, nichts Einengendes oder Altmodisches. Die Betreuung durch den Guten Hirten eröffnet Euch stattdessen den Schritt in eine unvorstellbare Freiheit. Mit Eurer Konfirmation in einigen Tagen werdet Ihr auch offiziell in seine geschützte Herde aufgenommen. »Ich kenne die Meinen«, sagt er dann auch noch einmal zu Euch. »Ich kenne jeden einzelnen von Euch mit Namen, Sandra und Leonard, Jasmin und Paul – und wie Ihr alle heißt. Ich kenne« sagt er, »Eure Geschichte, Eure Wünsche, Euern Kummer und eure Vorstellungen. Und nichts und niemand auf der Welt kann diese persönliche Beziehung zwischen uns zerreißen. Und nichts und niemand kann Euch daran hindern, immer wieder im Gespräch und Gebet zu mir, dem Guten Hirten, den Weg in eine gelungene Zukunft herauszufinden. Ich bin für Euch da, wann immer Ihr mich braucht. In wichtigen Lebensentscheidungen. Auch in schwierigen Zeiten. Selbst dann, wenn man sich von Gott und den Menschen verlassen fühlen sollte.« Liebe Konfirmandinnen und liebe Konfirmanden, ich habe selbst in meinem Leben mehr als einmal die Erfahrung machen dürfen, dass eben dieser Gute Hirte mir Kraft, Durchhaltevermögen, frisches Hoffnungswasser und neue Lebensfreude geschenkt hat; gerade an Tagen, an denen ich mit meinen eigenen Kräften restlos an ein Ende gekommen bin – und auch nahestehende Menschen mit den ihren. Kommt in solchen Momenten ruhig auch immer wieder hierher, und lasst Euch neu erzählen, mit welcher Treue und Liebe der Gute Hirte dieser Welt Euer ganzes Leben nie aus seinen Augen lassen will.

Das ist ein ganz wichtiges, ein wertvolles Versprechen von seiner Seite. Denn neben seiner liebevollen Begleitung und der Bewahrung durch gute Menschen werden sich nun im Laufe eures Lebens auch immer wieder andere als Begleiter anbieten. Sie wollen Euch auch scheinbar fördern, aber werden ihre Zusagen oft genug nicht halten können oder wollen. Natürlich habt auch Ihr schon diese Erfahrung gemacht, dass nicht allen Menschen, selbst in nächster Nähe, immer unbedingt blindlings zu trauen ist. Unsere Erzählung aus der Bibel nennt sie »Mietlinge«. Sie bieten euch wohl auch zunächst Ordnung, Orientierung und Unterstützung an. Aber sobald es zu brenzligen Situationen kommt, werfen sie das Handtuch und lassen Euch allein. Das sind dann auch so Leute, die als erstes lieber ihr eigenes Schäfchen ins Trockene bringen, als für das Wohl der ihnen anvertrauten Lämmer mit allem Einsatz zu sorgen. Jesus ist es wichtig, auch über diese möglichen Lebensgefahren ganz offen zu reden. Traut nicht allen, die sich Euch als Lebensführer anbieten wollen. Bei manchen können ungute Eigeninteressen dahinter stehen. Bedrückendes geschieht in dieser Hinsicht in den besten Familien, den scheinbar unbescholtensten Schulen, selbst in christlichen Gemeinden. Menschen nutzen leider auch für ungute Zwecke andere Menschen aus.

Woran Ihr das merken könnt, wer es gut mit Euch meint und wer nicht, wer Guter Hirte, wer schlechter ist? Nun, das ist so schwierig nicht. Wenn Menschen Euch beim Herannahen von Wölfen, von allen möglichen Bedrohungen und Gefahren also, im Stich lassen, dann wisst Ihr sehr schnell, was hinter den scheinbar freundlichen Versprechen steckt. Vor allem dann, wenn sie selber einen in diese Dunkelheiten manövriert haben. Und umgekehrt, wenn Ihr spürt wie der Gute Hirte mitsamt seinen menschlichen Unterhirten es bei Euch aushält, wenn es hart auf hart kommt und niemand sonst an Eurer Seite mehr ist, dann werdet Ihr innerlich tief in Eurem Herzen spüren, den rechten Lebens-Begleiter gefunden zu haben.

Und noch ein letztes: ich sag es jetzt einmal in einem humorvollen Bild: Ein behütetes Tier unter der Leitung des Guten Hirten ist kein dummes Schaf. Es wird auch immer wieder selber seine Gaben benutzen, sich verantwortlich, selbstbewusst und stark den Herausforderungen des Lebens zu stellen. Und so ein Schaf ist auch nie ein einsamer Einzelkämpfer. Die Erfahrung göttlichen beschützt Werdens kann immer nur in einer buntgemischten Herde weiterwachsen. Nur hier richten sich alle im Gespräch miteinander auf den Herrn der Herde aus, hören auf ihn und unterstützen sich dann auch gegenseitig – in der Gemeinde. Da gibt es für uns alle noch viel zu tun. Nicht umsonst endet ja unsere Erzählung mit dem Hinweis, dass es noch andere Schafe gibt, die noch nicht zu uns gehören und deshalb auf die tröstliche Stimme des Guten Hirten noch warten. Auch Ihr werdet also mit Eurer Konfirmation dazu eingesetzt und angestellt, andere Menschen vor falschen Lebensführern zu bewahren und sie stattdessen in den warmen Stall der Kirche Christi einzuladen. Das ist eine schöne Lebensaufgabe. Ihr müsst sie ja nicht allein bewältigen. Denn es werden von dem Besitzer der Herde immer wieder Menschenhirten zu Euch ausgeschickt werden, die Euch dann bei der Hand nehmen und unterstützen werden. Draußen, aber gerade auch hier, in unserem Gemeindestall. Amen.

3. Hohe Berge, tiefe Täler (Ez 34,12–16)

Psalm 8

Lieder

EG, Ausgabe Rheinland etc.: Tut mir auf die schöne Pforte (166), Wir beten für den Frieden (678), Vertraut den neuen Wegen (395), Kommt mit Gaben und Lobgesang (229)

Gebete

Schuldbekenntnis: Lebendiger und ewiger Gott! Jugendliche und Erwachsene, wir Menschen insgesamt sind auf der Suche nach einem sinnvollen erfüllten Leben. Aber immer wieder kommen wir dabei von guten Wegen ab, verlaufen uns in unrealistischen Vorstellungen, suchen uns manche Vorbilder aus, die uns nicht unbedingt auch immer zu richtigen Entscheidungen führen. Vergib uns deshalb an diesem Tag, dass wir auf unserer Suche Dich als Guten Hirten und Beistand oft genug übersehen haben, und lass uns neu erfahren, wie gut und liebevoll Du uns alle führen willst, Jugendliche und Erwachsene. Amen.

Gnadenspruch

Ps 32,8

Kollektengebet

Guter Gott! An diesem Tage sind Jugendliche zusammen mit ihren Eltern, Paten und unserer Gemeinde zu Dir gekommen, um im Abendmahl eine ganz besondere Gemeinschaft zu erfahren. Und so bitten wir Dich jetzt: Lass uns spüren, dass Jesus Christus uns selber dazu einlädt, bei ihm Kraft und Ruhe für unser Leben zu erhalten. Und lass uns darüber hinaus erleben, wie wir dann als Mitglieder seiner Gemeinde auch füreinander in Liebe da sein können. Dazu segne diese Feier durch die Gegenwart Jesu Christi, unseres Herrn. Amen

Fürbittengebet

Malabar-Liturgie (Indien): EG, Ausgabe Rheinland, 827

Gesprächspredigt

Sprecher/in (S): Liebe Konfirmandinnen und liebe Konfirmanden, liebe Eltern, Großeltern und Paten, Nachbarn und Freunde, liebe Gemeinde!

Die Unterrichtszeit der diesjährigen KonfirmandInnen geht zu Ende. Nur noch wenige Tage sind es, bis sie in einem feierlichen Gottesdienst eingesegnet werden. Es war eine intensive Zeit. Die Jugendlichen haben mit uns zusammen die Gemeinschaft von ChristInnen erlebt und die Grundlage ihres Glaubens vermittelt bekommen. Gerne wüsste ich, was die Jugendlichen aus diesen Erfahrungen besonders für ihr Leben mitnehmen werden.

Pfarrer/in (P): Ja, Sie sprechen mir wirklich aus dem Herzen. Was wird bleiben aus dieser gemeinsamen Zeit? Und vielleicht haben wir beide ja heute das Gefühl, über das alles bisher Erfahrene hinaus unseren Konfirmanden noch einen ganz besonderen Wunsch und Segen auf ihren Lebensweg mitzugeben. Und ich denke, dazu ist dieser Abendmahlsgottesdienst ganz besonders geeignet.

S: Der Konfirmandenunterricht geht zwar zu Ende, aber anschließend fängt doch die eigentliche Verantwortung erwachsener Christenmenschen erst richtig an. Schließlich ist die Gemeinde doch so eine Art Übungsfeld, auf dem sie in gewisser Weise als erstes Erwachsenenechte genießen. Sinnbild dafür ist zunächst natürlich das Abendmahl, das sie in dieser besonderen Form heute feiern. Es

geht dabei um das Erlebnis von Gemeinschaft in Augenhöhe, mit Christus, aber doch auch untereinander. Darüber hinaus können sie nun PatInnen werden, an kirchlichen Wahlen teilnehmen und später kirchlich heiraten. Ich wünsche mir sehr, dass die KonfirmandInnen Gebrauch machen werden von diesen schönen Freiheiten.
P: So empfinde ich das auch: Konfirmation ist wirklich ein fröhlicher Aufbruch in ein selbstbewusstes Leben. Als Begleitung auf diesem Wege empfinde ich im Übrigen auch den heutigen Predigttext – und zwar nicht nur für die Jugendlichen, sondern für alle, die sie bis zu diesem Tag begleitet haben. Ich würde ihn jetzt gerne einmal vorlesen, damit wir ihn dann in unserem Gespräch auf die Zukunft von uns allen beziehen können.
S: Einverstanden! So wie wir ja auch gemeinsam den Unterricht dieser Jugendlichen unter verschiedenen Aspekten und unterschiedlichen Arbeitsformen gestaltet haben, so können wir jetzt auch die verschiedenen Facetten des Textes gemeinsam ausleuchten und uns darüber austauschen.
P: Dann lese ich den Text gerne vor. Es ist ein Abschnitt aus dem Propheten Hesekiel, Kapitel 34, die Verse 12 bis 16 und er lautet so:

P liest Ez 34,12–16

S: Hmm, das ist kein einfacher Text für unseren heutigen Anlass, finde ich. Wir leben zwar hier in einer recht ländlichen Umgebung, aber das Bild vom Hirten und seinen Schafen scheint mir doch für unsere Jugendlichen etwas altertümlich zu sein. Wie sollen sie dazu einen lebendigen Bezug bekommen? Ich habe viel eher den Eindruck, dass die Konfirmandinnen im Augenblick lieber ihre eigenen Kräfte und Fähigkeiten ausprobieren wollen, als gegängelt zu werden. Ich glaube kaum, dass sich auch nur eine/r unter ihnen jetzt aus tiefstem Herzen wünscht, von einem Schäfer behütet und geführt zu werden.
P: Auf den ersten Blick mögen Sie da vielleicht Recht haben. Zwar kann man ab und an auf dem Weg nach XY tatsächlich noch eine Schafherde mit ihrem Schäfer entdecken. Aber im Alltagsleben unserer Jugendlichen spielt dieser Beruf eines Schafhüters nun wirklich keine Rolle mehr. Anderseits bin ich schon davon überzeugt, dass die Gefühle, die mit diesem Bild bis zum heutigen Tag verbunden sind, auch den Konfirmanden so fremd nicht sind.

S: Sie haben recht: Dieses uralte Motiv, archetypisch hat es der Psychologe Jung genannt, ist vermutlich uns allen seit Kindertagen an vertraut. Keine Kinderbibel, in der nicht die Geschichte vom verlorenen und wiedergefundenen Schaf schön illustriert ist. Und der 23. Psalm – der Herr ist mein Hirte – steht ja nicht nur auf der Innenseite unserer Konfirmationsmappen, sondern wird bis heute im kirchlichen Unterricht besprochen und auswendig gelernt. Und nicht zuletzt bezeichnet ja Jesus selbst sich als dem Guten Hirten, der uns Menschen begleitet und fürsorglich darauf achtet, dass niemand von uns verloren geht. Übrigens stellt die erste bildliche Darstellung in der frühen Christenheit Jesus als ebenso einen jungen Hirten dar, der ein verletztes Schaf auf der Schulter trägt.
P: Sehen Sie, ich denke schon, dass zumindest im Verhältnis Gottes zu uns Menschen das Hirtenbild seine Bedeutung behalten hat und bis zu diesem Tag eine große Rolle spielt. Lassen Sie uns aber jetzt noch ein wenig genauer auf den Text des Propheten Hesekiel sehen. Mir fällt dabei z. B. als erstes auf, dass es Gott selber ist, der verspricht, sich um seine Menschenkinder ganz persönlich zu kümmern. Und er lässt sein Wirken, sein Suchen und Mitgehen vor dem Hintergrund anderer scheinbarer Hirten aufleuchten, auf die eben kein so großer Verlass ist. Während bei ihm Pflege und Fürsorge im Mittelpunkt stehen, versagen andere Hirten auf der ganzen Linie.
S: Ich kann mir gut vorstellen, dass sich in diese Erfahrung auch junge Menschen gut einfühlen können. Wer wie sie, in ihrem Alter auf der Suche nach Vorbildern ist, erfährt eben ab und an kleinere oder auch größere Enttäuschungen. Hat man sich von der »Herde verirrt«, wie es in unserem heutigen Text heißt, dann fühlt man sich außerhalb einer festen Gruppe manchmal auch recht orientierungslos und allein. In Zeiten des Erwachsenwerdens erfahren viele Jugendliche, dass frühere Verbindungen sich lösen und man in keiner »Herde« mehr so richtig heimisch ist. Man entfernt sich von der eigenen Familie, der Freundeskreis verändert sich – und natürlich stellt sich dann auch die Frage, ob es für junge Menschen mit all ihren eigenen Vorstellungen auch einen dauerhaften Platz in der Gemeinde gibt. – Natürlich kommen noch ganz andere, dramatischere Fälle vor: Kinder und Jugendliche verlieren den inneren Halt, reißen aus, leben manchmal Tage oder gar Wochen

auf der Straße. »An Orten zerstreut« – so nennt dies unser Text; oft finden sie sich dann mit brutalen Realitäten konfrontiert, ohne Schutz und Fürsorge. Das sind dann solche »Zeiten, als es trüb und finster war«, wie die Bibel es beschreibt.
P: Sehen Sie, da werden auf einmal scheinbar uralte Bilder wieder völlig lebendig und fangen zu uns heutigen Menschen zu reden an. Nun sind es aber zum Glück nicht nur die schwierigen und dunklen Stellen der Geschichte, mit denen die Jugendlichen etwas anzufangen wissen. Noch anregender und sicherlich auch viel aufbauender sind doch die Beschreibungen über all das was Gott ihnen als ihr Guter Hirte zur Verfügung stellen will. Zunächst einmal geht es in seiner Fürsorge darum, dass er auch die jungen Menschen immer wieder zusammenrufen und bei sich versammeln will. Natürlich machen wir die Erfahrung: Nach der Konfirmation gehen die Jugendlichen oft erst einmal ihre eigenen Wege. Trotzdem gefällt mir dieses Bild, dass Gott nicht müde wird, sie ständig neu in seine Gemeinde einzuladen und zusammenzuführen.
S: Nun hat er ihnen hier ja auch einiges zu bieten: Der Text nennt den Ort der Kräftigung als »die beste Weide und gute Aue«. Hier, hier gibt es Nahrung zum Satt werden, zum Wachsen, zum Glücklichsein, heißt das. An Leib und Seele dürfen sich junge Menschen an dieser Stelle gütlich tun. Die Gruppenstunden mit gemeinsamen Kochübungen müssen doch nach der Konfirmation nicht aufhören. Eingeladen bleiben sie doch immer, zu Gottesdiensten, zu Mahlfeiern. Auch neue Möglichkeiten zum Treffen und zum Gespräch bietet die Gemeinde an, Freizeiten, Sport und Spieleabende. Hier, diesen Ort können junge Menschen nutzen, um eigene Fähigkeiten und Verantwortung auszutesten. Sie werden daran wachsen, selbst gewählte Aufgaben zu erledigen, um auch damit das Gemeindeleben mitzugestalten. Sie können ihre Lebensphasen, ihren Jahresrhythmus von der Kirche beeinflussen lassen, zu Ostern wie bei ihrer Hochzeit, bei Tauffeiern wie zu Weihnachten und Erntedank. Seelsorgerliche, gottesdienstliche Begleitung ist hier zu finden, nicht zuletzt in Zeiten von Trauer und Abschied.
P: Nun, das ist sicherlich die *eine* Seite, ich nenne es jetzt einmal die geistliche Komponente dieser »schönen Landschaft«, die die Jugendlichen unter Gottes Leitung umgeben will. Das andere ist sicherlich dies, dass der »Ausblick auf die Berge Israels«, die Erfah-

rung von »Tälern« und des »geführt Werdens zu vielen Plätzen auf der Welt« so etwas wie Kreuzungen und Lebensstationen für die Jugendlichen bedeuten können. Auf manchen »Bergen« werden sie z. B. einen Überblick bekommen auf ihre Gaben, der ihnen helfen wird, sich für einen Beruf zu entscheiden. Oder sie werden in ihrer Freizeit, in wunderschönen »Tälern« die Ruhe und den Zauber der Schöpfung Gottes erfahren dürfen. Wo auch immer sie bereichernde Erfahrungen machen werden – immer steht doch auf die eine oder andere Art Gott selber dahinter, der Interesse an ihnen hat und deshalb kein einziges Schaf verloren geben will.

S: Bei den Tälern habe ich ehrlich gesagt eher an die dunkleren Erlebnisse gedacht, denen sich Heranwachsende stellen müssen: Da fällt man plötzlich in der Schule oder in einer Beziehung in ein dunkles Loch; aber gerade dann braucht man besonders jemanden, der einen aufrichtet und eine neue Perspektive eröffnet, den Hirten eben. Dabei machen mir besonders die letzten Verse des Textes Mut: Egal, wohin Menschen sich verlaufen, egal in welchen Sackgassen sie immer wieder landen – Gott gibt niemanden auf, er sucht Wege, manchmal auch Irrwege und Labyrinthe ab, bis er das verlorene Menschenkind wiedergefunden hat.

P: Insofern finde ich sein Bemühen »das Verirrte zurückzubringen«, sehr aktuell. Nicht wahr, wie oft verlaufen und verirren sich junge Menschen auf der Suche nach einer sinnvollen Partnerschaft und einer befriedigenden Lebensaufgabe. Mit diesem Hoffnungsbild wird ihnen heute gesagt, dass es kein Weltuntergang ist, wenn man sich im Leben einmal irrt oder verfahren hat. Gerade in diesen unsicheren Momenten werden sie die persönliche Hilfe Gottes erfahren, der sie zu einer vernünftigen Entscheidung anleiten und zurückführen wird.

S: In der Tat, das ist eine gute Grundlage, den eigenen Lebensweg mutig und getrost zu gehen. Unterwegs werden dann die Jugendlichen ja nicht nur immer wieder gefunden und eingesammelt, sondern auch nach erfahrenen Verletzungen verbunden und geheilt. Das »Verwundete«, so heißt es, soll gepflegt und das »Schwache« gestärkt werden. Jugendliche auf der Lebenssuche sind ja wirklich manchmal verletzbar und verwundbar. In aller Selbstsicherheit bleiben sie angewiesen auf eine verlässliche Gemeinschaft, ehrliche Begleitung und stabile Verhältnisse. Von dort aus können sie dann natürlich auch immer wieder neu den Aufbruch in die Welt wagen. Wenn dieses System des Gehaltenwerdens aber unterbrochen oder gar ganz zerstört wird, dann wächst die Gefährdung in die eben beschriebenen Sackgassen zu geraten, also Schaden an Leib und Seele zu nehmen. Wie gut ist es da, heute noch einmal ganz deutlich und klar hören zu dürfen, dass da Einer ist, der niemanden aus den Augen verliert, Menschen auf der Straße aufliest, ihnen ein neues Zuhause eröffnet, eine wirkliche Gemeinschaft, die Schutz bietet, aufbaut und stärkt.

P: Ganz wichtig finde ich zum Schluss aber auch die Aussage unseres Textes, dass Gott nicht nur in Krisensituationen an der Seite der KonfirmandInnen bleibt. »Was fett und stark ist, wird behütet«, heißt es ja auch. Das Können, ihr Wissen, die vielen Fähigkeiten und Kräfte, die auch wir bei unseren Jugendlichen kennen gelernt haben, werden von Gott erkannt, gefördert und unterstützt. Gott sieht ihre Stärken – und freut sich daran. Auch wir haben ja oft genug die KonfirmandInnen mit einer Fülle an Gaben erlebet, ihrem großen Schatz von Ideen, Phantasie, Humor, Einsatzfreudigkeit für die Gruppe und Kreativität. Für mich ist es auch ein gutes Gefühl, darauf vertrauen zu dürfen, dass durch Gottes Hilfe all diese Stärken weiter ausgebaut, vertieft und gefördert werden.

S: Jetzt verstehe ich viel klarer, dass das alte Bild vom Schafe hütenden Hirten gar nicht so altertümlich ist, wie ich zunächst dachte. Unser Wunsch bleibt, dass die KonfirmandInnen und wir alle aus der Herde Gottes seine Begleitung an guten und schwierigen Tagen erleben werden. Vielleicht denken wird dann in solchen Momenten an diesen Sonntag zurück, seine Texte und Lieder, seine Gebete und Mahlfeier, in denen zusammen auch ganz sichtbar der Gutes Hirte unseres Lebens spürbar war. Amen.

4. Alte und Junge unter einem Dach (1 Petr 5,1–3+5)

PSALM 23

LIEDER

EG, Ausgabe Rheinland etc.: Der Gottesdienst soll fröhlich sein (169), Herr, deine Liebe (663), Laudato si (515), Kommt mit Gaben und Lobgesang (229), Gott gab uns Atem (171)

GEBETE

Schuldbekenntnis: Lebendiger Gott! Warum machen es sich die Generationen manchmal miteinander so schwer? Selbst hier in Deiner Kirche! Oft genug wollen wir Älteren allein darüber bestimmen, wie Gottesdienst und Gemeindearbeit auszusehen haben und vergessen dabei nur allzu leicht, dass Jugendliche nicht schon deshalb unchristlich sind, weil sie einen anderen Musikgeschmack haben als wir. Und umgekehrt haben manche jungen Menschen überhaupt kein Verständnis mehr für gewachsene Traditionen in unserer Kirche, die uns Älteren viel bedeuten. Gott, wir aus beiden Generationen bekennen Dir heute unsere Ungeduld miteinander, die manchmal sogar in Unverständnis und Überheblichkeit münden kann. Gib uns stattdessen Geduld und Demut, unter Deinem Dach aufeinander zuzugehen und unter Deinem Segen uns gegenseitig recht kennen zu lernen und neu zu verstehen. Herr, erbarme Dich!

GNADENSPRUCH

Ps 148,12f

KOLLEKTENGEBET

Guter Gott! In Deinem Haus gibt es keine Unterschiede; und niemanden, den Du nicht dabei haben willst. Hier bei Dir hören Jugendliche, was Du ihnen für ihren weiteren Lebensweg mitgeben willst. Und älteren Menschen sagst Du, was als Antwort auf ihre Lebensfragen wichtig ist. So lass uns nun miteinander innerlich still und aufmerksam werden, damit wir alle, jüngere und ältere Menschen, das mitnehmen, was unserer Seele und all unseren Plänen gut tut. Das erbitten wir von Dir durch Jesus Christus, der niemanden aus seiner Gemeinschaft ausgeschlossen hat, sondern im Gegenteil als Guter Hirte alle seine Schafe, egal welchen Alters, zu sich gerufen hat. Amen

Fürbittengebet

Herr Jesus Christus! Wir danken Dir, dass Du der Gute Hirte für alle Menschen, alle Generationen, alte und junge Gemeindeglieder sein willst. Und weil wir bei Dir *eine* Gemeinschaft bilden dürfen, bitten wir Dich jetzt. Sei bei den jungen Menschen, vor allem bei den Konfirmandinnen und Konfirmanden, die sich jetzt auf ihre Konfirmation vorbereiten. Lass sie spüren, dass sie Menschen an ihrer Seite haben, die sie lieb haben und wertschätzen und sich gerade deshalb verantwortlich auch für ihren weiteren Lebensweg empfinden. Lass uns auch in der Gemeinde offen sein für Vorschläge, die Jugendliche zur Neugestaltung Deiner Kirche machen. Und geh Du selber mit ihnen mit, dass sie spüren, wie Deine Hände sie zu einem guten Lebensziel führen. Begleite auch die Erwachsenen in dieser Gemeinde, dass sie dankbar werden für alle Begleitung, die sie durch Dich während ihres ganzen Lebens bisher schon erfahren haben. Lass sie offen sein auch für neuere Ideen und Entwicklungen in der Gemeinde; und durch ihr eignes Leben zu fröhlichen Vorbildern werden für die nachfolgende Generation. Lass uns allesamt von Dir lernen, dass alle Menschen, Junge wie Alte, nur durch Deine Liebe und Güte leben; und sich also Dir gegenüber in Demut und untereinander in Solidarität, Bescheidenheit und gegenseitigem Verständnis einüben und begegnen können. Segen diese Tage vor der Konfirmation, die Feiern mit unseren Familien, und lass uns erfahren, dass Dein guter Segen über die Konfirmation hinaus das alles entscheidende Licht über dem Weg der Jugendlichen bleibt.

Predigt

Lesung 1 Petr 5,1–3.5

Liebe Konfirmandinnen und liebe Konfirmanden, liebe Eltern, Großeltern und Paten, liebe Gemeinde!

Was hatte ich vor genau 40 Jahren für einen Krach mit meinen Eltern. Damals war ich so alt wie Ihr heute. Und meine Konfirmation stand im Frühjahr 1966 an. Jetzt ging es darum, was ich zur großen Feier anziehen sollte. Meine Eltern hatten in meinen Augen den allerletzten Geschmack. Stellt Euch einmal vor, das war so die Zeit der ersten großen Rockspektakel, die Beatles und die Rolling Stones wurden gerade immer bekannter – und ich? Ich sollte mich mit einem Kordhut und einem beigen Mantel, der zu einem 80-jährigen gepasst hätte, vor der Kirche zum Konfirmandenabendmahl aufstellen. Die anderen Jungs trugen natürlich schon modische Hemden und flotte Blazer. Nur meine Eltern hatten das Gefühl, so kurz vor der Konfirmation könnte mich noch eine Grippe hinraffen. Was habe ich mich geschämt! Und innerlich die ganze Erwachsenenwelt sonst wohin gewünscht. Aber meine Eltern waren eben noch von der Nachkriegszeit geprägt, und da gehörte zu einem feierlichen kirchlichen Ereignis eben auch ein lebensrettendes, wärmendes Outfit, wie man heute so schön sagt.

14 ist kein leichtes Alter. Das wissen die meisten von Euch heute auch. So langsam entwickelt man nämlich seinen eigenen Mode- und Musikgeschmack. Man möchte sich selber seine Freunde und Freundinnen aussuchen, von denen die Eltern nicht unbedingt alles immer wissen müssen. Man verliebt sich vielleicht zum ersten Mal ein bisschen heftiger. Aber auf der anderen Seite ist man, wie Ihr so schön sagt, noch voll abhängig vom Elternhaus. Dort wird man nämlich ernährt, gepflegt und erzogen. Und bestimmte Absprachen und häusliche Gewohnheiten sind einzuhalten. Manche von Euch empfinden das alles als Unterordnung. In solchen Situationen ist es gar nicht einfach, Erwachsene und jüngere Menschen an einen Tisch zu bekommen. Wir versuchen dies heute beim Abendmahl. Denn der Tisch des Herrn, er ist für alle Altersgruppen gedeckt. Aber bevor wir das Mahl des Herrn miteinander feiern können, redet der heutige Bibeltext uns alle noch einmal ganz bewusst an: Beiden Gruppen, den Älteren wie den Jüngeren wird freundlich, aber nicht weniger eindrücklich gesagt, wie es zu einem gelungenen Umgang miteinander hier in der Kirche, aber dann auch sonst im Leben kommen kann. Denn, liebe Jugendliche, auch wenn Ihr mit den Jahren nun größer und älter und selbstständiger und verantwortungsvoller werdet – die Beziehung zu Euren Eltern und zu denen, die es hier in der Gemeinde gut mit Euch meinen, behält ein Leben lang ihre ganz besondere Bedeutung.

Meine Eltern sind ja schon lange tot, und trotzdem denke ich heute immer noch an Dinge, die ihnen wichtig für mich waren. Und unsere drei Jungs sind zwar auch schon längst aus dem Haus, aber sonntags rufen sie oft an und fragen nach, wenn wichtige Entscheidungen bei ihnen anstehen.

Die Bibel selber gibt nun in unserem Text aus dem 1. Petrusbrief wunderbare Anregungen, wie sich beide Altersgruppen, auch in der Zeit nach der Konfirmation auf Augenhöhe begegnen können. Natürlich geht es ihr dabei zunächst einmal um das Miteinanderumgehen hier bei uns in der Gemeinde, der Kirche, dem Haus Gottes also. Aber seht, all das, was man hier im Verhalten und Umgang miteinander gelernt hat, das kann man dann sehr wohl auch später im Leben auf vielerlei Alltagssituationen übertragen. Ihr habt es eben selber gehört: Die Erwachsenen sind die Ersten, die heute angesprochen werden. Sie werden mit Hirten verglichen, die ihre Schutzbefohlenen recht anleiten und führen und ihnen durch die eigene Lebensführung zu Vorbildern werden sollen. Das scheint beim ersten Hören recht altbacken zu klingen und ist doch eine ganz wesentliche Grundlage für die Beziehungen der Generationen zueinander – hier in der Kirche, aber sehr wohl im sonstigen Leben auch.

Natürlich haben wir Erwachsene, ich erwähnte es schon, zunächst einmal nach außen gesehen immer noch in Euerm Alter die Macht und das Sagen. Wir verdienen das Geld, das die ganze Familie ernährt. Wir besitzen die Erziehungspflicht und wesentliche Rechte und Gesetze auf unserer Seite. Aber – nun kann man mit dieser durchaus vorhandenen Macht unterschiedlich umgehen. Natürlich kann man Kinder und Jugendliche auch ständig klein halten, sie permanent in die eigenen Lebenspläne zwingen, sie für Träume, die vielleicht im eigenen Leben zu kurz gekommen sind, als Ersatz einsetzen. Aber man kann die Kinder sehr wohl auch liebevoll anleiten, so dass sie durch die Art des eigenen Vorbilds auf einen guten Lebenspfad gesetzt werden. Gut, meine Eltern hatten vielleicht einen merkwürdigen Modegeschmack. Aber ihr Kirchengeschmack war damals völlig O.K. Es war für sie nämlich eine Selbstverständlichkeit, ihre Kinder all die Jahre vor der Konfirmation, im Grunde seit Ende des Kindergottesdienstes, in den normalen Sonntagsgottesdienst zu begleiten. Oft sind wir dann von der Kirche zu Fuß nach Hause gegangen und haben miteinander über Aussagen der Predigt diskutiert. Was uns angesprochen hat. Aber auch das, was wir komisch fanden oder was uns vielleicht sogar verärgert hat. Bei uns zu Hause hatte ich immer das Gefühl: Es ist meinen Eltern nicht egal, was für eine Beziehung ich zum Glauben aufbaue. Im Grunde wurden sie damit für mich zu Vorbildern in ihrer Ehrlichkeit und ihrer kritischen Treue der Kirche gegenüber. Ich glaube, durch ihr gelebtes Beispiel haben sie mich damals mehr erzogen, als durch ständige Ermahnungen, nur ja nicht den Gottesdienst zu versäumen. Andere Erwachsene haben an diesem Fundament – auch in der Gemeinde – weitergebaut, mich als Gesprächspartner ernst genommen; und dann auch zusammen mit uns Jugendlichen überlegt, wie man für junge Menschen in der Kirche ein attraktives Angebot ausbauen kann. Sie spielten sich dabei nicht als die Besserwissenden vor uns auf, sondern ließen sich sehr wohl auf unsere Wünsche und Vorstellungen ein. Seht, liebe Konfirmandinnen und Konfirmanden, Erwachsene sind nicht Eure natürlichen Feinde. Sie bemühen sich mit ihren – natürlich immer begrenzten – Möglichkeiten zu Hause, in der Schule, in Vereinen und eben auch in der Kirche darum, Euch wichtige Hinweise zu einem sinnvollen Leben aufzuzeigen. Erwachsene sind natürlich keine Halbgötter, die alles immer wissen und richtig machen und können. Wie viele Fehler und Schwächen habe ich etwa in der Begleitung und Erziehung meiner drei Kinder gezeigt. Aber wenn Ihr, liebe Eltern und Großeltern und Paten, es auch nur im Ansatz versucht, ein geradliniges Vorbild und liebevolles Angebot für die Lebensführung Eurer Kinder zu entwickeln, dann werden diese es Euch auf längere Sicht mehr danken, als wenn Ihr Ihnen alles verbietet oder – was vielleicht noch schlimmer ist – einfach alles durchgehen lasst und alles erlaubt. Und dazu gehört nicht zuletzt eben auch Euer Hirtendienst hier in der Gemeinde, nämlich dass Ihr zusammen mit anderen Gemeindeleitern überlegt, wie auch nach der Konfirmation der Glaube und das Leben dieser jungen Menschen begleitet und gefördert werden können.

Aber nun geht es ja im zweiten Abschnitt unseres Textes auch um die Ansprache an die Jüngeren, also an Euch Konfirmanden und Konfirmandinnen. Wahrscheinlich seid Ihr beim ersten Hören der Zeilen zunächst auch innerlich ein bisschen zusammengezuckt. Scheint da doch in dem Text zunächst einmal nichts anderes von Euch erwartet zu werden, als den Großen ständig zu gehorchen, oder wie es wörtlich im Text heißt, sich den Älteren unterzuordnen. Mir haben sich damals vor 40 Jahren auch die Nackenhaare gesträubt, als ich diesen blöden Hut vorm Kirchgang aufziehen sollte. Und manch anderes, was meine Eltern damals für gut befanden, empfand ich ebenfalls als ausgesprochen ärgerlich und lästig. Meine Mutter mochte manche meiner Freunde nicht und war sogar manchmal patzig zu ihnen. Ich musste am Abend auch immer früher zu Hause sein als alle meine Klassenkameraden. Zum Glück, kann ich da nur sagen, hat sich in den letzten Jahrzehnten in dieser Hinsicht einiges geändert und durch gelungene Erziehungsarbeit vieles entspannt. Ende der 60-er Jahre entstand der Protest vieler junger Menschen uneinsichtigen Verhaltensregeln gegenüber, Und ich war natürlich dabei. Noch heute denke ich, dass dieses kritische Denken sehr viel Erfrischendes und Aufbrechendes an sich hatte. Aber wenn ich heute einmal ganz ehrlich sein soll, dann war das, was mich damals am meisten geprägt hat, die Ernsthaftigkeit mancher Erwachsener, die mir glaubwürdig wesentliche Einsichten und Erkenntnisse für mein Leben vermittelt, ja geschenkt haben. Was für Entwicklungsmöglichkeiten haben mir da z. B. vor allem anderen meine Eltern geschenkt: Ich konnte reisen, ich konnte Sprachen lernen, ich konnte ein Musikinstrument einüben und – ich konnte mich kritisch und neugierig nicht zuletzt mit den wunderbaren Texten der Bibel beschäftigen – eine Grundlage für mein ganzes weiteres Leben.

Wisst Ihr, inzwischen bin ich es ganz schön leid, wie viele Erwachsene, die sich auf ihre Art um Euch kümmern und bemühen, in der Öffentlichkeit Schelte beziehen. Da werden die Eltern kritisiert, weil sie sich aufgrund der Berufstätigkeit beider angeblich zu wenig Zeit für Euch nehmen. Da werden Lehrer und Lehrerinnen vorgeführt, weil sie scheinbar keine Autorität mehr besitzen, um hart durchzugreifen. Und wenn sie es einmal tun, dann ist es auch nicht recht. Und der Pfarrer und die Pfarrerin, sie werden natürlich im besten Fall auch belächelt, weil sie mit ihren altmodischen Ansichten die heutigen Jugendlichen in ihrer Welt gar nicht mehr erreichen. Diejenigen aber, die Gott und die Welt am lautesten kritisieren, wissen oft am allerwenigsten, wie schwierig und mühevoll die tagtägliche Begleitung Heranwachsender ist. Seid Ihr doch, liebe Konfirmandinnen und liebe Konfirmanden, ein bisschen klüger und differenzierter und unterscheidet, wer es von den Großen gut mit Euch meint und wer nicht. Verschließt Euch nicht von vornherein den gutgemeinten Vorschlägen der Erwachsenen, auch den Vorbildern in der Kirche hier nicht. Sie alle versuchen auf ihre Art,

Euch ein Lebensrüstzeug an die Hand zu geben, mit dem ihr später allein auskommen und umgehen könnt. Vielleicht werdet Ihr ja erst in einigen Jahren verstehen, wie gut und richtig manche Begleitung und mancher Ratschlag früher war. Deshalb versperrt Euch heute nicht vollständig und nehmt Euch damit selber die Chance, von Menschen, die Euch wirklich Gutes für Euer Leben mitgeben wollen, dieses Gute auch jetzt, gerade jetzt dankbar anzunehmen.

Damit sind wir am Ende unseres Textes aus dem 1. Petrusbrief angelangt. Trotzdem gibt er nun beiden Gruppen gleichermaßen noch eine Schlussempfehlung an die Hand, nämlich sich gegenseitig nicht in Überheblichkeit zu begegnen, sondern in Bescheidenheit und gegenseitigem Verständnis und Respekt. Die Älteren unter uns kennen vielleicht noch die altertümliche Übersetzung dieser Stelle durch Martin Luther: Gott widersteht den Hochmütigen, aber den Demütigen gibt er Gnade. Auch wir Erwachsene haben überhaupt keinen Grund, Jugendlichen in Selbstgefälligkeit und ständiger Besserwisserei zu begegnen. Damit werden wir nämlich nicht nur auf eine ziemliche Blockade der jungen Menschen stoßen, sondern ein schlechtes Licht auf uns selber werfen. Als ob wir immer die Weisheit mit Löffeln zu uns genommen hätten. Als ob wir Großen nicht oft genug in Fehlentscheidungen uns ganz schön klein, beschränkt, schwach und unsicher verhalten würden – im Glauben wie im Leben. Und umgekehrt wird nun aber auch jungen Leuten nahegelegt, nicht in Arroganz und permanenter Kritik denjenigen zu begegnen, die immer noch versuchen mit ihren – sicherlich begrenzten –Möglichkeiten Euch in ein eigenes, selbstbestimmtes Leben zu begleiten. Gott mag keine Besserwisser, vielleicht, weil er doch eigentlich der einzige ist, der wirklich besser weiß, was für uns alle das Beste ist. Er jedenfalls will allen seine Liebe und Gnade schenken, Jungen wie Alten, Menschen, die gemeinsam um ihre Grenzen wissen und sich deshalb ganz auf Gott verlassen; und sich dann auch gegenseitig wertschätzen und sich gegenseitig in Gebet und Gedanken diesem Gott auch anvertrauen. Mit Bescheidenheit, Humor und fröhlicher Selbsterkenntnis sind die Generationen bisher immer noch am besten miteinander ausgekommen. So werden heute auch nicht nur Jugendliche von Gott zur Konfirmation und in ein gelingendes Leben geführt. Auch ihre Eltern werden von ihm mit guten Gedanken zur Gestaltung dieser wichtigen Zeit beschenkt. Meine Eltern mochten wohl mit meinem komischen Hut falsch gelegen haben, mit ihrer Begleitung zum Glauben und ins Leben waren sie es sicherlich nicht. Und, nicht wahr, am Ende kommt es doch wohl auf diese wesentlichen Dinge des Lebens an, darauf also, was Dauer hat und wirklich zählt, für uns und diese Gemeinde und unsere Kinder, nämlich die tröstliche Nachricht von Gottes Liebe, dessen Sorge und Zuspruch immer allen gilt, Jungen und Alten gleichermaßen. Amen.

Gottesdienste zur Konfirmation

(Anmerkung: Die folgenden liturgischen Elemente sind für alle Konfirmations-Gottesdienste gleichermaßen einsetzbar, so dass sie für die vier Predigten nur *einmal* ausformuliert werden.)

1. »Wie ein Baum am Wasser gepflanzt« (Jer 17,5–8)

Psalmenvorschläge 1, 23, 96, 121, 139

Liedvorschläge

(EG, Ausgabe Rheinland etc.): Lobe den Herren, den mächtigen König der Ehren (317), Wir haben Gottes Spuren festgestellt (648), Herr, dein Liebe ist wie Gras und Ufer (663), Gott gab uns Atem (432), Unser Leben sei ein Fest (571)

Konfirmandengebet

Gott, lieber himmlischer Vater! Wir stehen am Ende einer gemeinsamen Konfirmandenzeit, in der wir versucht haben, etwas von Deiner Liebe und Treue der ganzen Welt gegenüber zu erfahren. Manche unter uns sind vielleicht ganz froh, dass die anderthalb Jahre vorüber sind. Und doch haben wir alle das Gefühl, dass wir mit unseren Fragen und Bitten an Dich nicht fertig sind – wie ja auch unsere Eltern nicht fertig sind mit ihrem Glauben. So lass uns nun weitersuchen, was es bedeutet, in unserer Welt als konfirmierte Christen und Christinnen zu glauben und zu leben. Schenke uns allen immer wieder genügend Einsicht und Mut und gute Einfälle, als konfirmierte Christen und Christinnen unseren Weg in den Alltag hinein zu finden. Und wenn wir nicht mehr weiter wissen, dann brauchen wir Menschen, die das verstehen und uns weiterhelfen. Aber vor allem, lieber Herr, gehe Du immer mit uns mit und lass uns nicht allein. Amen.

Fürbittengebet

(EG, Ausgabe Rheinland), Mach mich zum Werkzeug deines Friedens (875)

Segen aus Irland
(EG, Ausgabe Rheinland), Der Herr sei vor dir (958)

Predigt

Lesung Jer 17,5–8

Meine lieben Konfirmandinnen und liebe Konfirmanden, liebe Eltern und Großeltern und Paten, Verwandte und Freunde, liebe Gemeinde!

Verflucht, beinahe hätte mich jetzt der Treibsand völlig zugeschüttet. Nur noch wenig sind meine Zweige sichtbar, voll angeknackster Äste und abgebrochener Dornen. Und über allem pfeift ein heißer Wind, der mein Rufen sinnlos macht. Verflucht noch mal, ist denn da keiner, der mich noch hört? Ich bin so unendlich allein, in dieser unüberschaubaren, bleichen Wüste. Ein vertrockneter Dornstrauch in einer Gegend, in der nichts mehr lebt und nichts mehr wächst. Ein unnützes Gewächs, das niemand braucht. Verflucht eben. Ohne Menschenseele, die noch bei einem wäre, mit der man sich austauschen und reden könnte. Ich fühle mich verlassen, ein einsamer Dornstrauch inmitten dieser trostlosen Wüste. Erschöpft fühle ich mich. Dabei hatte alles einmal so vielversprechend angefangen. Jetzt versinke ich müde in meiner Vergangenheit. Ich schlafe ein. Ich träume noch einmal – von dem Tag meiner Konfirmation.

Das war ein schöner Sonntag gewesen, damals am X.Y.20NN. Aufgeregt hatten meine Eltern mir noch einmal über's Haar gestrichen und gesagt: Das ist heute ein großer Tag für Dich. Du wirst in die Kirche als verantwortliches Gemeindeglied aufgenommen. Auch sonst wirst Du immer erwachsener. Sieh zu, was Du jetzt aus Deinem Leben alles machst! Dann mussten wir noch auf Verwandte warten, die von weit her angereist kamen. Und als wir schließlich in die überfüllte Kirche einzogen, war kaum mehr ein Platz wegen der Menschenmassen frei. Ein Chor sang, aber eigentlich war ich viel zu aufgeregt, um aufmerksam auf all das zu achten, was da um mich herum vor sich ging. Mit meinen Gedanken – da war ich viel mehr bei der anschließenden Gratulation und Geschenkeverteilung, beim Büfett, das meine Eltern so liebevoll vorbereitet hatten.

Einmal, ja einmal bin ich dann doch etwas aufgeschreckt. Das war, als die Pfarrerin/der Pfarrer den Predigttext aus der Bibel vorlas. Der fing, ich weiß es heute noch ganz genau, der fing doch glatt mit einem Fluch an. Verflucht ist der Mensch, der sich auf Menschen verlässt. Zunächst einmal hatte ich mich darüber gewundert, dass in der Kirche überhaupt geflucht werden darf. Meine Mutter jedenfalls hatte an dem gleichen Morgen die Stirn gerunzelt, als mein Vater – wie immer natürlich zu spät – durch die Wohnung tigerte und ungeduldig rief: Verflucht noch mal, Inge, weißt Du wo meine Manschettenknöpfe sind? Und jetzt, mitten im Gottesdienst, fluchte sogar die Pfarrerin/der Pfarrer! Oder war das gar nicht nur die Pfarrerin/der Pfarrer, die/der da einen bösen Fluch ausstieß, sondern Gott. Gott selber? Ich schaute damals noch einmal auf das Liturgieblatt, das uns für den Gottesdienst zu Beginn ausgehändigt worden war und auf dem der Text fein säuberlich abgedruckt stand. Tatsächlich, dort stand Wort für Wort: So spricht der Herr: Verflucht ist der Mensch, der sich auf Menschen verlässt. Da muss es Gott aber schon ein wichtiges Anliegen sein, dachte ich damals, dass er zu solch starken Worten greift. Aber wie dann dieser Text für mich am Konfirmationstag ausgelegt wurde, das habe ich nicht verstanden. Noch nicht. Damals noch nicht. Ich sollte nämlich verflucht sein, so hieß es weiter, wenn ich mich ausschließlich auf Menschen verlassen würde. Aber jetzt mal ehrlich: Wie sollte ich denn nicht mein Leben auf Menschen und Freunde aufbauen – gerade zu der Zeit, als ich begann, erwachsen zu werden. Hatte ich nicht auch in unserer Familie gelernt, unbedingtes Vertrauen zu meinen Eltern zu entwickeln, auf die ich mich – komme, was da wolle – immer 100 Prozent verlassen konnte? Kam ich nicht auch in das Alter, wo mir neben meinen besten Freunden ein erster wahrer Freund, neben meinen besten Freundinnen die erste wirklich richtige Freundin lieb und Wert wurde? Und überhaupt: War ich nicht in meiner weiteren beruflichen Entwicklung ganz besonders auf Menschen angewiesen, denen ich voll vertrauen und auf deren starken Arm ich mich völlig aufstützen konnte? Ich verstand die Pfarrerin/den Pfarrer nicht und die Bibel nicht und Gott nicht. Sollten mir denn ausgerechnet am Konfirmationstag alle Familienbeziehungen und Freundschaften, alle Bekanntschaft mit zukünftigen Kollegen und Mitarbeiterinnen madig gemacht werden – weil man niemanden davon so recht über den Weg trauen konnte? Nur noch schwer konnte ich mich auf den weiteren Ablauf der Predigt konzentrieren. Ich weiß nur noch, dass die Pfarrerin/der Pfarrer nicht nur einen Fluch ausgesprochen hat, sondern uns auch noch mit einem einsamen Dornstrauch verglich, wenn wir unser Leben allein auf Menschen aufbauen würden.

Dann aber änderte sich ihre/seine Tonlage. Sie/Er sprach nämlich danach auch noch über einen Segen, den sie/er über uns ausgebreitet sah, wenn wir uns in unserem zukünftigen Leben allein an Gott festhalten würden. Nun, die Pfarrerin/der Pfarrer sprachen nicht nur über den Segen. Sie/Er hat ihn uns sogar zugesprochen, gegeben, verschenkt. Uns, die wir damals konfirmiert wurden. Als Einsegnung. Aber viel mehr habe ich davon nicht behalten. Denn anschließend begann mein eigentliches Leben. Ich stürzte mich in eine Welt, die so verheißungsvoll war und mir so vieles zu versprechen schien. Ich traf dabei natürlich auch auf Menschen, die mir eine Menge versprachen. Von meinem Erfolg und meinem Glück war dabei oft die Rede; auch wie ich alles erhalten würde, was ich mir wünschte, wenn ich mich nur anstrengen und ihren Vorschlägen bedingungslos Folge leisten würde. Ich habe all diesen Versprechen blind vertraut. Und mich dann immer mehr in dieser Wüste verlaufen, in der ich bis zum heutige Tag leben muss. Ich war ja damals noch sehr jung. Ich kannte die Welt und viele Menschen ja noch nicht. Ich hatte noch nicht ihre Überheblichkeit durchschaut. Und ich wusste schon gar nicht um meine eigenen Grenzen Bescheid. Ich dachte, dass Menschen alles sind, und dass es deshalb nichts weiteres oder Verlässlicheres auf dieser Welt für mich geben würde. Heute, oh ja, heute weiß ich, wie ich andere völlig falsch eingeschätzt, überschätzt und mich selber völlig überhoben und übernommen habe. Damals aber war ich felsenfest davon überzeugt, dass ich mich und mein Leben völlig auf Menschen aufstützen wollte. Aber ihr Arm brach weg. Ich benutzte ihn ja oft voller Erwartung für Dinge, die sie gar nicht erfüllen konnten: Für eine perfekte Beziehung z. B. ohne Kummer und Enttäuschungen – aber schon kurze Zeit später drängten sich unüberbrückbare Meinungsverschiedenheiten ans Licht. Ewigen Erfolg erwartete ich durch ihre Hilfe – aber schon bald geriet ich an Grenzen, stockte meine Energie, musste ich von Hoffnungen und Träumen Abschied nehmen.

Ich veränderte mich. Ich wurde herb, verschlossen und bekam spitze Stacheln. Für mein Weiterkommen setzte ich auf Menschen, aber oft nutzten mich viele von ihnen aus und ließen mich am Ende ganz fallen. Die Einsamkeit in meiner Sandwüste wuchs. Ich hatte ja auch nichts und niemanden mehr, auf dessen Hilfe ich unbegrenzt bauen und der mir ewig beistehen würde. Verflucht war ich geworden. Wie hatte die Pfarrerin/der Pfarrer diese Einsamkeit damals zu meiner Konfirmation umschrieben: Er wird nicht sehen das Gute, das kommt, sondern er wird bleiben in der Dürre der Wüste, in unfruchtbaren Lande, wo niemand wohnt. Wo niemand wohnt… Nur noch ich. Allein. Wie viel Gutes hatte ich mir vorgenommen, Gutes, das mir Menschen vermitteln sollten. Und was ist aus mir geworden? Jetzt bin ich völlig allein, dort, wo wirklich kein andere wohnt. Verflucht.

Ich wache auf. Es ist heißt. Der Horizont flimmert. Ich sehe in der Ferne ein Bild vor mir. Eines dieser vielen Traumbilder, von denen am Konfirmationstag so manche der salbungsvollen Reden voll waren. Ich sehe – mitten in meiner Wüste einen Baum. Schön ist er und groß und grün. Er hängt voll wunderbarer Früchte in allen Regenbogenfarben. Seine Wurzeln streckt er zu einem Bach ganz in der Nähe hin. Bei seinem Plätschern versinke ich noch einmal in der Vergangenheit. Ich sehe mich noch einmal am Tage meiner Konfirmation. Die Pfarrerin/der Pfarrer redet immer noch. Aber nicht mehr vom Fluch. Jetzt spricht sie/er über den Segen. Ein Segen, sagt sie/er, ein Segen wird über Euerm Leben stehen, wenn Ihr Euch von ganzem Herzen auf Gott verlasst. Wenn Ihr also bei allen anstehenden Entscheidungen zunächst ihn bittet, euch zu beraten und dann auch zu begleiten. Bei der Wahl Eurer Lebenspartner – fragt ihn um Rat. Im Aufbau Eures Berufes – bittet ihn um Beistand und Hilfe. Macht Euch unabhängig von anderen, bzw. hängt Euer Herz nur an ihn, der Euer Vertrauen nicht enttäuschen wird. Wie ein Baum werdet auch Ihr dann dastehen, selbst an harten Tagen und in problematischen Stunden werdet Ihr in seiner Liebe wurzeln. Ein fruchtbares Leben wird vor Euch liegen. Ich habe der Pfarrerin/dem Pfarrer damals nicht getraut. Ich wusste es ja besser. Die Worte im Gottesdienst, sie klangen irgendwie so schwierig, theoretisch, abstrakt. Menschen konnte ich mir vorstellen, konnte sie sehen und anfassen, aber diesen Gott? Deshalb habe ich mich dann lieber an die gehalten, die mir sichtbar viel versprachen. Und bin so zum Dornstrauch geworden in der Dürre einer sengenden Lebenswüste.

Ich wache auf, In der Ferne aber flimmert immer noch dieser Baum. Dieser Traum von einem guten, geglückten, erfüllten, zufriedenen Leben. Ich bin mir sicher, all dies ist ein Trugbild, eine Fata Morgana. Ich jedenfalls werde niemals dorthin kommen. Ich bin ja verflucht. Auf immer. Ich habe ja mein Leben endgültig verspielt. Und doch, was ist das? Da löst sich auf einmal eine Gestalt aus der Ferne, kommt auf mich zu. Noch so eine Illusion, auf die ich schon so oft hereingefallen bin, ein allerletzter Traum, den ich mir selber verzweifelt in meiner Einsamkeit zurechtspinne? Aber die Gestalt kommt näher. Jetzt erkenne ich sie. Im Konfirmandenunterricht stand sie immer wieder im Mittelpunkt. Bei der Konfirmation damals am X.Y.20NN ging es hauptsächlich um sie. Und diese Gestalt wurde zu einem Er. Er hatte mich ja schon bei meiner Taufe auf seinen Armen getragen. Er war immer schon mit mir durch meine Wüstentage gewandert und hatte mich dabei gestützt. Jetzt steht er wieder an meiner Seite. Dem verfluchten Dornenstrauch. Der konfirmiert wird und sich dann in seinem Leben immer nur auf Menschen verlassen wollte. Bis diese ihn verließen. Ich, dem es zu umständlich erschien, auf den unsichtbaren Gott zu vertrauen, bis Gott sein Vertrauen in mich verlor. Vor mir steht jetzt diese Gestalt. Jesus, der Christus. Und spricht: »Siehe, ich mache alles neu. Ich bin das A und das O, der Anfang und das Ende. Ich will dem Durstigen geben von der Quelle des lebendigen Wassers umsonst.« (Offb 21,5f) Und dann fängt er an, mich aus dem Treibsand auszugraben. Er zieht mich an meinen Händen hoch und nimmt den Fluch von meinen Schultern. Übernimmt ihn für mich. All das, was ich mir selber seit meiner Konfirmation aufgebürdet habe. Ich verliere meine Stacheln, all die Enttäuschungen meines Lebens. Plötzlich stehe und gehe ich ganz aufrecht. Jesus geleitet mich zum frischen Wasser, dem Wasser des Lebens. Dort knie ich jetzt nieder. Es ist kein Traum. Ich werde zu einem Baum. Meine Wurzeln strecken sich jetzt auf ihn hin, der Leben und Glück überfließen lässt. Ich lasse mich erfrischen von seinem Wort und seinem Trost. Ich fange noch einmal an. Als ob es noch einmal mein Konfirmationstag wäre. Meine Blätter sind grün. Ich finde Beziehungen, die ich nicht überlade, die mich stattdessen tragen, weil wir gemeinsam dem Herrn dieser Welt vertrauen. Die Wüste versucht mich zwar immer zurück zu locken, in mancherlei Abhängigkeiten hinein. An manchen Tagen und unter manchen Menschen wird mir dann doch wieder ganz heiß. Aber ich habe keine Angst mehr, im Treibsand völlig zu versinken. Ich stehe jetzt ja Tag für Tag am Gotteswasser. Meine Blätter sind grün, mir werden Erfolge geschenkt, in der Schule, im Beruf. Es werden wohl immer wieder Jahre kommen, da sieht manches dürr und trocken aus – um mich herum. Aber gerade dann werden neue Früchte wachsen, gute Dinge, Hoffnung – nicht aus mir heraus, sondern vom Quell her, dem Wasser des Lebens. Und wenn mich wieder einmal Wüstengedanken bedrohen und verschlingen sollten, mich in einen verfluchten Dornstrauch verändern wollen, dann wird diese Gestalt, dieser Er, dieser Jesus bei mir sein, eingreifen, mich verteidigen und immer wieder zum Lebensbaum zurückführen. Am Konfirmationstag, aber auch später. Ein Segen, ein Segen, was für ein großer, großer Segen! Amen.

2. »Ein offenes Fenster nach Jerusalem« (Dan 6)

Liebe Konfirmandinnen und liebe Konfirmanden!

Eure Bibel ist kein verstaubtes Märchenbuch, das man getrost nach der Konfirmation im Schrank verschließen kann. Nein, sie ist vielleicht das größte Konfirmationsgeschenk Gottes an Euch. Sie will ein Leben lang mit Euch gehen, weil jeder von uns gerade so eine Begleitung braucht. Vor allem deshalb aber, weil Ihr selber darin mit allem Schönen und Schweren, das Euer Leben ausmacht, vorkommt. Und so eine Lebensgeschichte ist auch die Erzählung von Daniel, den Löwen und vor allem sein Vertrauen in Gott.

> Im Reiche der Meder und Perser herrschte ein König mit Namen Darius. Der hatte einen israelitischen Statthalter eingesetzt mit Namen Daniel; denn es war ein überragender Geist in ihm. Die anderen Fürsten aber waren neidisch auf ihn und versuchten, ihn beim König anzuschwärzen; fanden aber nichts. Da sprachen sie zueinander: Wir werden keinen Grund zur Anklage gegen Daniel finden, es sei denn aufgrund seiner Gottesverehrung. So schlichen sie also zum König und baten ihn, es solle ein königlicher Befehl ausgegeben werden, dass jeder, der etwas erbittet von irgendeinem Gott oder Mensch – außer natürlich vom König Darius – zu den Löwen in die Grube geworfen werden soll. Als nun Daniel erfuhr, dass ein solches Gebot tatsächlich erlassen wurde, ging er sogleich in den ersten Stock seines Hauses, öffnete ein Fenster in Richtung Jerusalem und fiel dort drei Mal am Tag auf seine Knie,

betete, lobte und dankte seinem Gott. Als dies seine Neider mitbekamen, gingen sie sofort zum König und sagten: Daniel, der Mann aus Juda, missachtet sowohl Dich wie den Befehl, den Du erlassen hast! Er betet weiterhin zu seinem Gott drei Mal täglich! Da befahl der König, Daniel herzubringen. Und sie warfen ihn zu den Löwen in die Grube. Der König aber rief ihm nach: Dein Gott, dem Du ohne Unterbrechung dienst, der möge Dir auch jetzt beistehen! Am anderen Morgen aber lief der König eilig zur Grube und rief, da er doch Daniel im Grunde seines Herzens lieb hatte, mit angstvoller Stimme: Daniel, Du Diener des lebendigen Gottes, hat Dich Dein Gott nun auch vor den Löwen errettet? Da antwortete Daniel: Mein Gott hat seinen Engel gesandt, der den Löwen ihre Rachen zugehalten hat, so dass sie mir nicht schaden konnten. Denn ich bin vor Gott unschuldig; und auch gegen Dich, mein König, habe ich nichts Unrechtes getan. Da sprach der König Darius: So lautet mein Befehl: In meinem ganzen Königreich möge man den Gott Daniels fürchten und ehren. Denn er ist wirklich ein lebendiger Gott, der ewig bleiben wird; und sein Reich ist unvergänglich, und seine Herrschaft wird nie zu Ende sein. Ein Retter ist er und ein Nothelfer, Zeichen und Wunder tut er im Himmel und auf Erden. Er war es nämlich, der Daniel von den Löwen errettet hat. (Auszüge aus Dan 6)

Und so stelle ich mir vor, liebe Konfirmandinnen und liebe Konfirmanden, wie auch Ihr Euch heute Abend in Euerm Zimmer an ein offenes Fenster setzen werdet – und in die kühler werdende Nacht hinausseht. Ich denke, Ihr werdet dann noch einmal den ganzen Konfirmationstag an Eurem inneren Auge vorüberziehen lassen. Schon morgens war eine ziemliche Aufregung im Haus gewesen, ob die Verwandten von auswärts auch rechtzeitig eintreffen würden; und ob vor allem die etwas ungewohnte Kleidungsmontur einem stehen würde – da vielleicht manche von Euch lieber in Jeans in der Kirche aufgetaucht wären. Aber vor allem werdet Ihr wohl darüber nachdenken, wie der ganze Tag doch einen wichtigen Einschnitt in Euerm Leben darstellt. Längst habt Ihr keine Kindergesichter mehr, wie damals, als Eure Eltern Euch mit 11 oder 12 Jahren zum Unterricht angemeldet haben. Ich selber habe ja in den letzten Monaten feststellen können, wie Ihr Euch entwickelt und welche Fähigkeiten Ihr an den Tag gelegt habt.

Übrigens, genau wie unser Daniel in der heutigen Geschichte auch. Die Bibel beschreibt ihn als einen jungen Menschen, der schön war und begabt, weise, klug und verständnisvoll, sich als Vegetarier verstand, und vor allem dazu befähigt war, Visionen zu haben und Träume deuten zu können. Und wenn ich Euch heute jetzt ansehe, so habe ich einen ganz ähnlichen Eindruck: Da sitzen viele junge Menschen, die haben ja auch einiges an Gaben erhalten: Die können z. B. gut musizieren und formulieren, aufeinander zugehen und Verantwortung entwickeln für die Zukunft unserer Welt. Und: Sie haben auch Lebensträume, die sie einmal umsetzen wollen. Der gute Daniel, der wusste damals ganz genau, woher ihm alle seine Fähigkeiten geschenkt worden waren. Eigentlich brauchte er sich ja nur an die Bedeutung seines Namens zu erinnern: Daniel, das heißt nämlich übersetzt: Gott hat alles gegeben und alles geschenkt: Gottes Geschenk! Und so würde ich mir, liebe KonfirmandInnen und liebe Konfirmanden, sehr wünschen, dass auch Ihr heute Abend am offenen Fenster beim Rückblick auf den heutigen Tag daran denkt: Natürlich, es hat viele nette Geschenke und Aufmerksamkeiten gegeben, das Essen war festlich, der ganze Nachmittag und Abend mit Ansprachen und Spielen gelungen und abwechslungsreich – aber all dies hat nur deshalb so fröhlich und harmonisch und entspannt sein können, weil uns alle zuvor zunächst einmal ein Anderer beschenkt hat.

Gottes Segen war es, der nicht nur den heutigen Tag hat gelingen lassen. Er war es ja, der unser ganzes bisheriges Leben in einem Übermaß begleitet und behütet und kostbar gestaltet hat. Hat denn Markus von alleine gelernt, intensiv zuzuhören? Ist Beatrice von sich aus für viele Themen aufgeschlossen? Hat der Benjamin sein Lachen eingeübt? Und Finja etwa ihr Interesse für unsere Gemeinde alleine entwickelt? So fände ich es also für Euren heutigen Abendblick nach draußen zunächst einfach schön, wenn Ihr Gott zunächst für diesen Tag und Eure Gaben und Euer ganzes bisherige Leben ganz einfach dankt. Für Daniel jedenfalls war das eine Selbstverständlichkeit. Er wusste nämlich sehr genau, wem er sein Leben mitsamt allen Fähigkeiten zu verdanken hatte. Und deshalb, deshalb öffnete er drei Mal täglich, besonders aber am Abend sein Fenster in Richtung Jerusalem. Das war nämlich die Stadt, aus der er gekommen war, bevor er mit seinen Leuten ins Exil verschleppt wurde. Es war vor allem anderen aber der Ort gewesen, an dem er Gott persönlich kennen gelernt hatte;

einen Gott, der auf der Seite der Armen stand, Gefangene befreite und Menschen motivierte, gegen Hass und Böses auf Liebe, Geduld und Gutes zu setzen. Drei Mal täglich dachte Daniel an Ihn, sprach mit Ihm und holte sich bei Ihm für sein Leben Rat.

Und Ihr? Werdet auch Ihr heute Abend am offenen Fenster mit Ihm sprechen, Ihm danken für diesen gelungenen Tag und Ihn dann bitten, Euch auch in der kommenden Zeit zu begleiten und zu beraten? Bis zum Ende Eurer Schulzeit und bei der Berufswahl und dem Ausschau nach einem Lebenspartner und vielleicht auch bei der Wahl eines neuen Wohnorts, einer neuen Heimat? Vielleicht ist das ja die große Gefahr unserer Zeit und dann auch Eures Lebens, dass wir am Ende eines langen Tages das Fenster nach Jerusalem – die Beziehung zu Gott also – zuschließen, abschließen; um sich anschließend völlig in den Trubel der Welt zu stürzen; keine Zeit mehr für eine Ansprache also mit dem zu haben, der doch der ursprüngliche Geber des heutigen Tages und allen Segens in unserem Leben gewesen ist. Nein, da sah die Sache bei Daniel doch ganz anders aus. Der ließ sich keinen Tag darin beirren, sein Fenster zum Himmel sperrangelweit zu öffnen, um nur ja nicht den Kontakt zu seinem Gott und Schöpfer zu verlieren. Auch dann eben nicht, als sich einige Neider zusammentaten, um irgendetwas Gesetzwidriges an ihm zu finden. So erwirkten sie tatsächlich bei ihrem König einen Befehl, dass jeder, der eine Bitte an Gott oder einen anderen Menschen – ausgenommen den Königs selbst natürlich – richten würde, im Löwenkäfig landen sollte. Was das bedeutete, konnte sich auch Daniel ausrechnen.

Diese Neider und schlechten Ratgeber, es gibt sie leider bis zum heutigen Tage. Das sind Menschen, die Euch auslachen, wenn Ihr heute Abend an Eurem Fenster sitzen und Gott für den Tage danken werdet. Sie halten so eine Einstellung für dummes Zeug und sehen in der Konfirmation – wenn es hochkommt – nur einen symbolischen Ritus, der den Lebensübergang von der Kindheit ins Erwachsenenalter feiern will. So eine Stimmung scheint insgesamt in unserem Land immer mehr um sich zu greifen. Gott hat in Deutschland z. Zt. nicht den allerbesten Stand. Und daraus scheint automatisch zu folgen, dass man demzufolge auch gut und gerne auf seine Kirche verzichten könnte. Wisst Ihr, was ich mir dann von Euch nach unserem gemeinsamen Unterricht wünschen würde? Ich würde mir wünschen, dass ihr jedenfalls Euer Fenster nach Jerusalem auch ganz öffentlich weit offen halten werdet; dass also der Kontakt zu unserer Gemeinde nie ganz völlig abbrechen wird; dass Ihr also auf Eure Art versucht, weiter mit Gott und mit von ihm zu Euch geschickten Menschen im Gespräch bleibt. Ich weiß, das alles ist gar nicht so einfach. Wenn es halbwegs gut geht, erntet man nur einen milden Spott von Klassenkameraden, die sich über Eure offenen Fenster nach Jerusalem vor Lachen ausschütteln wollen. Aber das Ganze kann auch schwieriger werden. Es werden Euch im Laufe Eures Leben auch Menschen begegnen, die es ganz und gar nicht gut mit Euch meinen und – ganz so wie die vermeintlich klugen Königsratgeber – dem Daniel aus lauter Missgunst und Neid Fallen stellen werden; weil sie es nicht ertragen können, dass Euer christlicher Glaube und Eure Gottesbeziehung die wesentliche Lebensgrundlage für Euch bildet. Ach, werdet Ihr jetzt vielleicht im Stillen denken, was soll mir denn schon passieren, wenn ich abends mein Fenster nach Jerusalem und damit meinen Kontakt zu Gott lebendig halte? Wir leben schließlich nicht unter dem Tyrannen Darius, sondern in einem freien Land, unserer Demokratie. Ich verstehe Eure Rückfragen – und doch werdet Ihr in Situationen geraten, in denen Ihr Euch für Gott und seine guten Lebensgebote – oder undurchsichtige Machenschaften bestimmter Menschen entscheiden müsst. Das fängt schon im zwischenmenschlichen Bereich an, wenn Ihr in der Schule, im Umgang mit anderen Jugendlichen Verständnis und Geduld Rücksichtslosigkeit und Überheblichkeit vorzieht. Und das kann eines Tages sogar zu einem gewichtigen Nein uns scheinbar so selbstsicheren Erwachsenen gegenüber führen, wenn es uns nicht gelingt, die vielen Bedrohungen für die Schöpfung abzuwehren. Haltet in solch wirklich nicht einfachen Zeiten Eure Glaubensfenster zu Gott sperrangelweit auf. Er selber wird Euch dann schon mit der nötigen Kraft, auch Überzeugungskraft versorgen, die Ihr zum Durchhalten Eurer guten Meinung braucht. Ich weiß – und habe das auch am eigenen Leib erfahren – dass dies wirklich nicht immer die einfachsten Stunden sind. Da versuchen dann so mancherlei Ungeheuer nach einem zu greifen. Seht, auch dem mutigen Daniel wurde so eine Löwengrube nicht erspart, obwohl dem unsicheren König das alles gar nicht so lieb war. Ich kann Euch also heute nicht versprechen, dass Eure Beziehung zu Gott, Euer Einsatz für seine weltweite Gerechtigkeit nicht auch Euch einmal vor die geöffneten Rachen von Löwen führen wird, die Euch bedrohen, klein machen und ängstigen wollen. Aber ich will Euch trotzdem Mut machen und deshalb die Geschichte Daniels für Euch noch rasch zu Ende erzählen. Die geht ja so weiter, dass unerwarteter weise ein Engel auftaucht, der den Löwen das Maul stopft und es zuhält. Also doch eine Märchengeschichte aus einem alten, verstaubten Buch? Nun, ich kann Euch heute nur einladen, Euch mutig und bewusst auf eine Gottes-Beziehung, ein offenes Fenster zum Himmel einzulassen, die Euch am Konfirmationstag mit seinem Segen angeboten wird. Ich weiß aus eigener Erfahrung, dass Gott sich in der Tat dabei immer wieder neu als Retter und Nothelfer herausstellt; gerade in solchen Momenten, in denen man es nicht erwartet hat, schickt er seine Engel zu uns. Engel geben Euch Kraft, unterstützen und begleiten in vielerlei Form – wie Eure Eltern, Eure Paten, Eure Freundinnen – und sorgen mit dafür, dass Ihr Euch vor Entscheidungen nicht drückt. So wie vielleicht schon heute Abend, wenn Ihr noch einmal an die Geschichte von Daniel in der Löwengrube zurückdenkt – nach allen Glückwünschen und Geschenken, dem herrlichen Essen und der gelungenen Feier danach. Und dann, ja dann entschließt Ihr euch tatsächlich, auch für die Zukunft Euer Fenster nach Jerusalem geöffnet zu halten; Angst vor den Löwen unsrer Tage zu verlieren und auf die Zeichen und Wunder zu vertrauen, die der lebendige Gott Euch allen zukommen lassen will. Der schon Daniel errettet hat, der, der ewig bleibt und dessen Reich unvergänglich bleibt, dessen Liebe wird auch Euer Leben in seinen Händen halten, bis einmal überall seine Herrschaft kein Ende mehr haben wird. Amen.

3. Und es wird keine Nacht mehr sein (Offb 22)

Lesung Offb 22,1–5

Liebe Konfirmandinnen und liebe Konfirmanden, liebe Eltern, Verwandte und Freunde, liebe Gemeinde!

Wie wird das sein, wenn dieser Tag und der morgige Urlaubstag vorüber sein werden? Wenn die Verwandten wieder abgefahren und die ersten Geschenke schon in den Schränken verstaut sind? Wie ist das also, wenn der Alltag Eures Lebens wieder eingekehrt sein wird? Könnte es vielleicht sein, dass nach diesem heutigen schönen Höhepunkt Eures Lebens sich dann doch auch wieder Schwierigkeiten Euch in den Weg stellen, vor denen man am liebsten fortlaufen würde? Ist es nicht dann auch denkbar, dass Ihr tatsächlich als junge Menschen einfach weggehen, fortgehen, auswandern wollt aus dieser Welt, die nach Feier und Fröhlichkeit grau, trist und bedrohlich erscheint? Wer von Euch würde dann nicht den immer neuen Meldungen über unsere erkrankte Natur entkommen wollen? Wer möchte sich nicht die Ohren zuhalten bei den Nachrichten über böse Herrscher, die auf ihrem Thron anderen Menschen das Leben zur Hölle machen? Wer von Euch würde sich nicht allzu gerne von dort zurückziehen, wo gerempelt und gestoßen und ausgenutzt wird – in der Schule und auch anderswo? Ach, wer würde dann nicht gerne noch einmal an den heutigen Konfirmationstag zurückdenken wollen, an dem alle diese Dunkelheiten zumindest für die Dauer von ein paar Stunden in den Hintergrund gerückt waren?

Weil ich mir also schon heute Eure Gedanken und Gefühle der Zukunft gegenüber sehr wohl vorstellen kann, möchte ich tatsächlich gedanklich in diesem Gottesdienst mit Euch woanders hinwandern, mit Euch an einen anderen Ort auswandern. Keine Angst, ich will Euch nicht in ein erfundenes Traumland entführen, dessen märchenhafte Bilder und Melodien vor den harten Realitäten der kommenden Woche wie Seifenblasen zerplatzen werden. Nein, natürlich kann ich Euch in den nächsten Monaten und Jahren nicht mehr so persönlich begleiten, wie ich es während der Konfirmandenzeit versucht habe. Aber ich kann zumindest in Gedanken Euch ein Licht für Euren Weg mitgeben, das Euch immer wieder stärken und aufbauen wird – selbst wenn wir uns aus den Augen verlieren sollten. So nehme ich Euch jetzt alle bei der Hand: Michael und Bettina, Sonja und Frauke, Mirko und René, Christian, Christiane und Kristina und wie Ihr sonst noch heißen mögt – und führe Euch jetzt fort von hier, weit weg – von mir aus schließt Eure Augen dabei – weg in einen großen, dunklen Wald. Kann gut sein, dass Ihr später einmal, wenn Ihr dann richtig erwachsen seid, immer wieder an diese unsere Traumwanderung zwischen Bäumen zurückdenken werdet. Oder Ihr werdet – wenn Ihr tatsächlich in den nächsten Ferien so ein Walddickicht durchquert – über all das noch einmal nachdenken, was wir uns jetzt vorzustellen versuchen. Denn dieser Pfad unter der schattigen Dunkelheit der Bäume, er ist so etwas wie ein Bild für Euren gesamten Lebensweg. Oft genug werden sich dabei Euch auch Hindernisse in den Weg stellen. Die Natur selber, Menschen, die bestimmen und leiten wollen, auch die nächsten Freunde und Angehörige können manchmal zu solchen Stolpersteinen werden. Wer könnte es Euch dann verdenken, Ausschau zu halten – durch die Bäume hindurch – nach einer Welt, in ein Land, das ein völlig anderes Leben für Euch bereithält. Die Sehnsucht nach einer Stadt, die über den Alltag hinaus begeistert und trägt, das ist es, was Ihr dann besonders braucht.

Durch die Zweige hindurch schimmert nämlich tatsächlich jetzt so etwas wie ein unvorstellbares Licht. Daneben aber hört Ihr es rauschen und glucksen. Ein Fluss, ein Strom taucht zwischen den Zweigen auf. So etwas Klares, Sauberes und Helles habt Ihr Euer Lebtag lang noch nicht gesehen. Die Sonne spiegelt sich funkelnd in dem Wasser. Als ob Ihr magisch von diesem Fluss angezogen wärt, folgt Ihr seinem Lauf – zurück zu seiner Quelle. Während Ihr an diesem Wasser entlang geht, lasst Ihr Euch immer wieder von seiner Kühle erfrischen und spürt auf einmal: Ja, das ist er, der Strom ganz lebendigen Wassers, der Euch immer, gerade auch in schwierigen Lebensmomenten, genau die Kraft schenken wird, die Ihr dann braucht. Endlich seid Ihr bei seinem Ursprung angekommen. Aber schon vorher habt Ihr durch die Stämme hindurch Türme, Dächer, Ziegel und Balustraden erspäht: Die Spitzen einer glänzenden Stadt, die offensichtlich direkt an der Flussquelle liegt. Genauso ist es: Dieses köstliche, alle Menschen stärkende und erfrischende Wasser stammt selber sogar aus den Urgründen unter dieser himmlischen Stadt. Noch genauer: Er quillt hervor unter dem Thron Gottes und eines zärtlichen Lammes. Also, das Lebenswasser, das Euch müde Geister auf dem Weg durch die Welt immer wieder stärken wird, es entspringt direkt aus Gottes Wohnung, des Schöpfers Himmels und der Erde. Ich glaube, das ist das Erste und vielleicht auch Wichtigste, das ich Euch für einen gedanklichen Weg in die Zukunft hinein heute mitgeben will: Gott ist nicht abgesetzt, nein er sitzt immer noch auf seinem Thron und bestimmt diese Welt. Nicht irgendwelche Präsidenten oder schlimme Machthaber, die scheinbar über Euch das Sagen haben. Er hat diese Welt und Euch alle geschaffen, so interessiert und liebevoll Ihr seid – und so bleibt er Euch auch weiterhin verbunden, selbst wenn die Konfirmation längst der Vergangenheit angehören wird. Aber da sitzt noch etwas anderes, ein anderer neben ihm: Ein Lamm. Ihr habt gelernt, dass dies ein Bild für Christus ist. Nicht die Rücksichtslosen gewinnen die Welt, sondern dieses feinsinnige Tier. Er begleitet und hält Euch auf allen Wanderungen; und stellt sich denen in den Weg, die Böses mit Euch vorhaben. Sein Lebensstrom in der Taufe, seine Stärkung durch sein Mahl wird Euch immer wieder erfrischen und beleben. Und den Zugang zu seiner Stadt eröffnen.

Und was ist das für eine Stadt! Erst jetzt erkennt Ihr deutlich all die Zeichen und Wunder, die vorher nur schemenhaft durch die Dunkelheit hindurch zu erahnen waren. Da ist zunächst ein Platz zu erkennen, wie ihr ihn aus den südlichen Ferienstädten kennt. Um diesen Ort herum aber stehen zauberhafte Bäume, Lebensbäume. Wer einmal von Euch durch die Hitze hindurch über einen staubigen Weg auf so einen einladenden Dorfflecken zugewandert ist, der weiß, was für eine Erfrischung selbst der kleinste Baumschatten bedeuten kann. Aber das wirklich Wunderbare ist, dass diese Bäume in unserem Traum nicht nur einmal im Jahr mehr oder minder kümmerliche Früchte tragen. Oh nein, zwölf Mal jährlich tragen diese Lebensbäume Früchte, Monat für Monat für Monat! Und wisst Ihr, was das für Bäume sind? Ich sag es Euch: das seid insgesamt alle Ihr! Wer sich nämlich auch nach der Konfirmation am Quell des Gotteswassers, an den Tropfen seiner guten Worte und seiner Speise weiter aufhält und sich dort stärken lässt, der oder die wird dann tatsächlich so ein Baum sein, der jeden Monat fruchtbar wirkt. Liebe Konfirmandinnen und liebe Konfirmanden, unsere Welt braucht Euch als solche Bäume. Die Umwelt braucht sie, unsere Schulen, unsere Kirchengemeinden brauchen sie. Mag sein, dass Ihr Euch über Euch selber wundern werdet, wie und wo Ihr überall ebenso fruchtbar, liebevoll und reif wirken werdet; indem Ihr nämlich Eure ganz persönlichen Fähigkeiten Gott zur Bewahrung allen Lebens zur Verfügung stellt.

Und noch etwas anderes Wunderbares geschieht, diesmal mit Euren Blättern: Ihr seht es selbst, die Blätter bekommen eine ganz besondere Aufgabe, nämlich zur Heilung der Völker eingesetzt zu werden. Das könnt Ihr nämlich auch: Heilen, im Streit verbinden, Hass beenden, bei Krankheiten trösten, in weltweiten Krisengebieten – mit Ideen und Geld und, wer weiß, vielleicht sogar einmal Eurem ganz persönlichen Einsatz. Das alles seht Ihr jetzt staunend, wie es in der Stadt Gottes nichts Böses und Verwerfliches mehr gibt. Ihr lernt Euch stattdessen selber dort kennen, weil Ihr am Tage Eurer Konfirmation zu Dienern und Dienerinnen des einen Gottes und seines Lammes eingesetzt wurdet. Seinen Namen hat er Euch an diesem Tag auf die Stirne geschrieben. Damit beauftragt er Euch zur Sorge um die Schöpfung, von Menschenleben, der Tierwelt und aller Kreaturen.

Als Letztes aber werdet Ihr durch die Bäume des Weltenwaldes hindurch erkennen, dass diese himmlische Stadt Gottes keine Lampen und keine Leuchte und keine Sonne mehr braucht – und es dennoch nie mehr Nacht sein wird! Ihr erkennt, dass dies daran liegt, weil Eure Lebenslichter dort von Gott selber entzündet und immer wieder neu entfacht und erhellt werden. Ihr werdet auf Eurem Weg nicht stolpern, Ihr geht mutig und getröstet Euren Weg, von hier in die Zukunft…da wacht Ihr auf einmal auf und sitzt wieder in Euren Zimmern, vielleicht am Montag Abend. Die Konfirmation liegt hinter Euch. Die Verwandten sind fort. Morgen fängt die Schule wieder an. Und bei manchen Erwartungen an Euch könnte es einem jetzt doch wieder ein bisschen zum Heulen werden. War das alles nur ein Traumgespinst? Unsere Flüsse jedenfalls sind oft nicht kristallklar, sondern schmutzigtrüb. Auf den Thronen dieser Welt sitzt nicht ein Lamm, sondern dort sitzen viele Löwen. Manche Monate, die kommen werden, erscheinen eher fruchtlos, unfruchtbar. Mehr Streit als Heilung lauert um die Ecke. Verfluchte Stunden und Menschen schleichen sich in Euer Leben. Und es wird wieder Tage geben, da braucht man den ganzen Tag künstliches Licht. Selbst die Sonne scheint da zu versagen. Nicht Gott dient Ihr dann, sondern anderen, die ihre Namen auf Eure Stirne geschrieben haben, um Euch menschlich und beruflich von sich abhängig zu machen.

Nein, sagt Ihr da, nein, wenn Euch tatsächlich solche trüben Gedanken wieder überfallen sollten. Das alle stimmt so nicht. Das ist so nicht wahr. Wir haben nämlich auf unserem Konfirmationswanderweg über die Schatten der Bäume hindurchgesehen. Sicherlich, wir sind noch auf Gottes Stadt hin unterwegs. Wir sind noch nicht angekommen. Aber wir erleben schon heute, auch in dieser Gemeinde, dass es vieles Leuchtende und Erfrischende gibt – gerade inmitten staubiger Zeiten. Wir bringen Früchte und Ergebnisse – auch in unfruchtbaren Stimmungen. Wir dienen Gott – beim Beten und Singen mitten in weltlichem Lärm. Schon dort, schon hier leuchtet etwas von der Herrlichkeit Gottes auf. Und irgendwann einmal werden wir tatsächlich beim Quell des lebendigen Wassers angekommen sein.

Dann wird unser Weg zu Ende und unsere Konfirmation zu ihrem Ziel gekommen sein: Denn dann wachsen nur noch Früchte, jeden Monat; dann sehen wir Gott von Angesicht zu Angesicht, dann atmet die ganze Schöpfung im Frieden auf und lobt und singt dem Schöpfer, der immer schon sein Licht über uns angezündet hat. Amen.

4. Herr, Du hast mir Talente anvertraut (Mt 25)

LESUNG Mt 25, 14–27)

Meine lieben Konfirmandinnen und liebe Konfirmanden, liebe Eltern und Paten und Großeltern, Verwandte und Freunde, liebe Gemeinde!

Ihr habt vollkommen recht: Die Konfirmation ist das Fest großer Geschenke. Und im Grunde genommen verstehe ich auch diejenigen nicht, die etwas muffig über die »Schenkerei« am heutigen Tag nörgeln. Nein, es ist schön: Ein Korb von Präsenten wartet jetzt auf euch; vielleicht schon gleich, draußen nach dem Gottesdienst. Und mit Sicherheit nachher, bei einem fröhlichen Essen und am Nachmittag, wenn weitere Gäste zum Kaffeetrinken kommen werden. Da wird man Euch dann gratulieren und Gegenstände in die Hände drücken, die Freude auslösen und Bedeutung für Euch haben werden. Elektronische Attraktivitäten, Bücher und Schmuck, eine Uhr, Gutscheine und Reiseangebote. Ach ja, wie konnte ich das vergessen: Natürlich auch Geld, manchmal sogar eine recht erstaunliche Summe, die da zusammen kommt, die Ihr sparen oder über die ihr jetzt schon frei verfügen könnt. Bei uns zu Hause gab es die Tradition, zur Konfirmation ein echtes Goldstück, einen Taler, ein Talent geschenkt zu bekommen, den man als Goldene Reserve für spätere Notfälle sorgfältig hüten sollte. Ich finde, all diese Geschenke sind durchaus etwas Schönes, machen diesen Tag festlich – und stellen darüber hinaus Euch in der nächsten Zeit vor die Aufgabe, zu überlegen, was Ihr denn mit all diesen Gaben anstellen werdet. Niemand von Euch wird doch so unvorsichtig sein, schon heute seine Uhr fallen zu lassen. Und keiner von Euch trau' ich zu, schon übermorgen alles zu verpulvern, was Ihr an Geldscheinen erhaltet habt. Ich stelle mir vor, dass Ihr stattdessen sehr genau überlegt, wie Ihr mit den Geschenken umgehen werdet, die Elektronik sorgfältig studiert, Bücher und Süßigkeiten Euch einteilt und Euer Geld für eine besondere Wunscherfüllung auf die Bank bringt; kurz gewissenhaft die Taler dort einsetzen werdet, wo sie für Euer Leben einen bleibenden Wert haben werden.

Und nun stellt Euch bitte etwas ganz Ähnliches hier in unserem Gottesdienst vor: Jetzt werdet Ihr nämlich auch schon ganz schön beschenkt! Mit Eurer Konfirmation feiern wir nämlich die wunderbare Tatsache, dass Gott Euch über alle Maßen reichlich beschenkt. So geht es ja auch in unserer Biblischen Erzählung, die wir eben gehört haben, zu wie bei dem Besuch eines reichen Erbonkels. Er ruft seine Angestellten zu sich – und verschenkt Gaben. Und ebenso, ohne Ausnahme ruft Gott in dieser Stunde nun auch Euch zu sich. Er kennt, liebt und akzeptiert einen jeden und eine jede von Euch. Und weil er das tut, legt er gleich bei Eurer Einsegnung das Kostbarste auf Euch, was er hat, nämlich seinen liebevollen Segen für Euer ganzes Leben. Das ist der Grund allen sonstigen Reichtums, den er Euch auch noch anvertrauen wird: Seine Begleitung, sein Zuspruch, seine Freude über Euer Lebensglück.

Aber dies tut er eben jetzt nicht nur mit guten Worten und frommen Sätzen. Nein, Gott hält nun als nächstes einen großen Segenskorb für Euch bereit, aus dem er nun für jeden, für jede von Euch Gaben und Talente holt, mit denen er Euch für Euer weiteres Leben ausrüsten will. Er möchte nämlich, dass Ihr auch in Zukunft engagierte Diener und Dienerinnen von ihm bleibt. Er traut Euch vieles zu, und deshalb vertraut er Euch viele seiner Reichtümer an, mit denen Ihr die Welt noch schöner und fröhlicher und gerechter machen könnt. So ruft er also einen jeden, eine jede gleich zu sich, um ihm und ihr aus seinen Schätzen die unterschiedlichsten Talente zu überreichen. Einer, eine von Euch wird also fünf Talente erhalten. Was für eine großzügige Gabe. Dazu gehört sicherlich, Holger, Deine große technische Begabung. Und bei Dir, Yvonne, Deine Liebe zu Tieren. Bei Marina ist es bestimmt Ihr Verständnis für andere Menschen. Markus, Dir übergibt er Deinen Spaß an Autos und Dir, Björn, Dein großes Interesse an Musik. – Andere unter Euch werden zwei Talente erhalten: Silke sicherlich ihre Liebe zur Familie und Torsten, Dein Spaß am Lesen. Und wieder andere unter Euch werden mit einem besonderen Talent ausgerüstet: Vielleicht mit Deinem Humor, Michael, oder mit Deiner Neigung zur Medizin, Nana, oder mit Deinen sportlichen Fähigkeiten,

Sascha oder etwa auch mit Deiner Gabe, Jörg, die guten Dinge des Lebens schlicht und einfach genießen zu können.

Was ich Euch damit sagen will: Bevor Gott Euch nach dieser Feier auf Euren verantwortungsvollen Weg durch diese Welt schickt, steckt er jedem und jeder von Euch einen ganz persönlichen Segen in Eure Reisetasche, der sich in unterschiedlichen Talenten entfalten will. Mit der Konfirmation traut er Euch zu, diese ein- und umzusetzen, einfach also phantasievoll zu leben. Und nun, meine Lieben, kommt es in der Tat darauf an, was Ihr ab morgen mit all diesen Euch anvertrauten und geschenkten Talenten und Gaben und Fähigkeiten tun werdet. Auch im Blick auf Eure materiellen Geschenke tut Ihr dies ja sehr sorgfältig. So ist es ja nun wirklich nicht überflüssig, ein paar Minuten auch darüber nachzudenken, wie Ihr mit den Gottesgeschenken umzugehen gedenkt. In unserer Biblischen Geschichte wird ja gar nicht verschwiegen, dass die Gaben unterschiedlich verteilt sind, große und kleine, viele und weniger viele. Allerdings geht keiner von Euch völlig leer aus. Jetzt kommt es aber darauf an, was Ihr mit den jeweiligen Talenten macht. Und da bieten sich schlicht zwei Möglichkeiten an: Zum einen könnt Ihr Euch so verhalten, wie es die beiden Erstbeschenkten tun. Oder aber Ihr könnt Euch denjenigen zum Vorbild nehmen, der ein Talent erhalten hat. Nun, die ersten beiden wissen nämlich sehr wohl, was sie mit ihren Gaben anfangen wollen: Sie setzen sie nämlich schlicht und einfach ein. Sie intensivieren Ihr PC-Wissen, sie erlernen Tierpflege, sie üben ihr Musikinstrument und kümmern sich um andere Menschen, die Hilfe brauchen. Sie lesen und bringen andere zum Lachen. Sie trainieren auf dem Aschenplatz, gründen eine Familie und unterstützen ihre Kirchengemeinde. Glaubt mir, all dies sind sinnvolle und gute Lebensaufgaben. Mit ihrer Umsetzung ist man nämlich ein Leben lang gut beschäftigt. Wer sich so engagiert einbringt, der wird im Übrigen auch erfahren, dass ihm und ihr dabei neue Fähigkeiten zuwachsen und neue Gaben darüber hinaus geschenkt werden. Gott braucht Euch gerade so, interessiert, fleißig und klug, damit seine Welt weiterhin schön und liebenswert bleibt. Mit den Euch von ihm anvertrauten Talenten erhält er auch seine Kirche und die Liebe zu allen Geschöpfen.

Und gibt es aber leider auch noch diese andere Möglichkeit. Dummerweise entscheiden sich manche Jugendliche eben auch völlig anders. Ich rede über diese »Null Bock« – Mentalität, diese »Nicht mit mir, nein danke« – Haltung, dieses undurchdachte »No future« – Gerede. Und wenn man dabei zuhört, dann tönen manchmal Jugendsätze wie diese ans Ohr wie: »Ach, was habe ich schon erhalten? Dieses eine kleine mickrige Talent! Was soll ich damit bloß anfangen. Da kann man sich, da kann man dieses ›Geschenk‹ doch nur noch verstecken. Ich vergrabe mich am besten gleich selber mit. Damit kann man doch in unserer Gesellschaft keinen Blumentopf gewinnen!« Und tatsächlich, manche Jugendliche verstecken dann ganz einfach sich und ihre Talente – aus Faulheit, aus Missmut, aus Angst. Gut vorstellbar, dass man mit so einem Verhalten alles verspielt, nichts erfährt und schon gar kein neues Talent dabei erlernen wird. – Hier könnte unsere Erzählung zu Ende sein. Wir würden ganz nüchtern feststellen: Nun ja, in unserer Welt wird es eben immer solche und solche geben: Einige, die sich richtig anstrengen; einige, die auch ganz rührig sind; und einige, die ganz einfach nichts tun und die Hände in den Schoß legen.

Aber so einfach ist es denn nun doch nicht. Denn alle Gaben, die wir auf dieser Erde zum Guten einsetzen dürfen, stammen ja gar nicht aus uns selber. Sie sind geliehenes, anvertrautes Gut des Herrn dieser Welt – und gehören also weiterhin immer noch irgendwie auch ihm. Und so kommt tatsächlich einmal der Tag, an dem dieser Herr kommen und nachfragen wird, was wir denn alles so mit den von ihm verliehenen Gaben gemacht haben. Er wird nicht fragen, ob unser Leben immer perfekt geklappt hat. Aber er möchte schon wissen, ob Yvonne, Mike und Petra das umgesetzt haben, was ihnen anvertraut worden war, dass sie also wirklich zu seinen einmaligen Geschöpfen, eben zu Yvonne und Mike und Petra geworden sind. Was wäre das für ein wunderbares »Danke-schön« an Gott, wenn wir unsere Lebensschatzkiste vor ihm öffnen und dann sagen würden: »Schau, Guter Gott, diese fünf, diese zwei Talente hattet Du mir damals bei meiner Konfirmation gegeben. Diese fünf, diese zwei habe ich im Laufe der Jahre noch dazu gewonnen.« Gott wird das freuen: »Gut gemacht«, wird er sagen, »über wenigem warst Du treu, ich vertraue Dir deshalb noch viel mehr an: Geh ins Haus und feier' heute schön mit!«

Und wenn man nun bei diesem himmlischen Dankesfest wirklich dabei sein will, dann sollte man doch möglichst diese andere, ach so peinliche Situation vermeiden. Und nicht zu solchen Gottesdienerinnen und –dienern werden, die einmal sagen: »Ach, Gott, ich hatte irgendwie Angst vor Dir. Ich wusste nichts mit meinem Talent anzufangen. Ich hab's deshalb unter meinem Alltag schlicht vergraben!« – Nicht wahr, was wäre das für eine Blamage! Schlichtweg verspielt hätten wir alles, Gottes Liebe und all unsere Möglichkeiten gleich mit. Aber so weit muss es ja nun wirklich nicht kommen. Ihr werdet ja heute gerade nicht deshalb konfirmiert und so vielfältig beschenkt, dass Ihr am Ende des heutigen Tages Gott alle Gaben ungenutzt vor die Füße werft. Das macht Ihr ja auch nicht mit den Geschenken, dem Geld, dem Essen, das Eure Eltern und Verwandten Euch spendieren. Zumindest Zinsen hättet man einfahren können, wenn man schon zu lahm war, das Silbertalent Gottes persönlich einzusetzen. Nein, liebe Konfirmandinnen und liebe Konfirmanden, so muss es in Euerm Leben nun wirklich nicht weitergehen. Ihr habt ja noch alles in Eurer Hand. Noch könnt Ihr mit Euren Gaben so unendlich viel anderes und andere dazu gewinnen: Neue Freunde, kreative Ideen, Gemeinschaft in der Kirche, Glück über Erfolge. Das wünsche ich Euch nämlich am meisten: dass Ihr neben den vielen anderen Geschenken, die Ihr heute erhalten werdet, nie vergesst, die Gaben, mit denen Gott Euch ausgestattet hat, reichlich und fröhlich zu nutzen. Jeder und jede von Euch ist dazu von Gott berufen und beschenkt. Ihr seid mit der Konfirmation nun als seine Diener und Dienerinnen eingestellt und engagiert. Lebt und bejaht jetzt diesen schönen, wunderbaren Dienst. Amen.

Gottesdienste zur Goldkonfirmation

(Anmerkung: Diese Gottesdienste fanden am Palmsonntag statt, sind aber auch für alle anderen Termine im Kirchenjahr denkbar.)

1. Mit den Müden reden zur rechten Zeit (Jes 50,4; EG 452)

Psalm 69

Lieder

EG, Ausgabe Rheinland etc.: Tut mir auf die schöne Pforte (166), Du meine Seele singe (302), Bis hierher hat mich Gott gebracht (329), Er weckt mich alle Morgen (452)

Gebete

Schuldbekenntnis: Herr, reden wollen wir und reden und reden, auch wenn eigentlich Stille und Zuhören angesagt wären. Verlernt haben wir es, in aller Ruhe auf Dich zu hören, darauf also, was Du uns sagen und mit Deinem Wort schenken willst. Wir reden lieber selber und plaudern Dir und anderen alles Mögliche vor, weil uns oft genug die richtigen Worte fehlen, um zu sagen, was wirklich wichtig ist. – Und weil wir Dir nicht mehr zuhören können, leihen wir auch selten nur noch unsere Ohren den Menschen, die sie am nötigsten brauchen. Wir verwehren ihnen damit die Freiheit, ihr Herz auszuschütten und sich aussprechen zu können. Im Gegenteil, oft genug machen wir andere mit unserem permanenten Reden mundtot. So bitten wir Dich heute, lieber Herr: Lass uns an diesem Ort neu lernen, wieder innerlich still zu werden, damit wir zunächst Dich ausreden lassen. Und als Folge davon wieder die Menschen neben uns wahrnehmen, um schließlich für sie die tröstlichen Worte zu finden, auf die sie schon lange warten. Herr, erbarme Dich!

Gnadenspruch

Mk 7,37

Kollektengebet

Lebendiger Gott, was für ein Geschenk, dass Du kein tauber und stummer Götze bist, sondern ganz nah Deine Ohren zu uns neigst; damit wir Dir all das sagen können, was wir auf dem Herzen haben. Auch wenn uns manchmal kein Mensch zuhören will, Du bist mit großer Aufmerksamkeit immer für uns da. Lass uns in diesem Gottesdienst wieder neu darauf hören lernen, was Du uns als Lebensantwort geben willst; damit anschließend dann auch unsere Worte befreit werden für die, die auf gute Nachricht von uns warten. Das erbitten wir von Dir durch unseren Herrn und Heiland Jesus Christus, der selber das wichtigste Wort ist, das Du je zu uns gesprochen hast. Amen.

Fürbittengebet

Herr Jesus Christus, wir haben es in unserem Leben selber erfahren dürfen: Blinde sehen und Lahme gehen, Aussätzige werden rein und Taube hören, Tote stehe auf und Armen wird das Evangelium gepredigt. Wir danken Dir heute für das Wunder Deiner Nähe, das uns schon einmal bei unserer Konfirmation zugesagt wurde; und uns über 50 Jahre immer wieder in unserem Leben begegnet ist. Und weil Du auch weiter unser Zuhörer und Tröster sein willst, bitten wir Dich jetzt: Lass uns auch in Zukunft still und vertraut darauf hören, was Du zu unserem Leben zu sagen hast, wovon wir umkehren dürfen, was wir als persönlichen Auftrag von Dir empfangen; aber auch, wie Du uns bei all unseren Aufgaben immer wieder tragen und stärken willst. Schenke auch den Menschen, die in Deiner Kirche ihren Dienst tun, dass sie die rechten Worte finden mögen, das Herz der ihnen Anvertrauten zu erreichen, indem sie den Müden Kraft zu geben vermögen und Stärke den Sprachlosen. Dein Geist möge sie dabei aufrichten und frei machen und ihnen eine neue Sprache der Befreiung vermitteln. Sei so bei allen, die verantwortungsvoll mit Worten umzugehen haben: Politiker und Lehrerinnen, Pfarrer und Rednerinnen, damit sie die richtigen Formulierungen finden, die Wahrheit sagen und Menschen damit aufklären, informieren, begleiten, unterrichten, heilen und trösten. Lass uns bis an unser Lebensende immer wieder vertrauensvoll auf die Verse und Sprüche hören, die Du uns ganz persönlich schon früher zugesagt hast, damit wir sie festhalten als Zeichen Deiner liebenden Gegenwart, in der wir auf die Ewigkeit hin geborgen bleiben dürfen.

Predigt

Liebe Goldkonfirmanden, liebe Gemeinde!
Palmsonntag – das war für viele von Ihnen früher der Tag, an dem die Konfirmation stattfand. Draußen duftete es nach Frühling; und drinnen in den alten Kirchengebäuden war die Aufregung mit Händen zu greifen: 14-jährige Mädchen und Jungen wurden – wie man damals sagte – eingesegnet. Als vollwertige Mitglieder in die Gemeinde aufgenommen. Im christlichen Glauben beheimatet. Zum heiligen Abendmahl und dem Patenamt zugelassen. Schwarz war damals die vorherrschende Farbe der Konfirmationskleider und -anzüge. Ein Gesangbuch mit Goldschnitt bekam man geschenkt, oft auch die erste eigene Uhr. Denn der Ernst des (Berufs-)Lebens stand vor der Tür. Viele Jahre und Jahrzehnte ist das jetzt her. Und wir wissen: Heute wird die Konfirmation meist farbiger und fröhlicher gefeiert. Trotzdem haben wir für diesen Tag die feierliche Tradition der Goldkonfirmation behalten, um auf 50 (und mehr) Jahre der Einsegnung von vielen von Ihnen zurückzublicken. Selbst aber, wenn die Konfirmation von anderen Gottesdienstbesuchern erst 20, 30 oder wie bei mir 40 Jahre zurückliegt, so lohnt es sich doch heute einmal vielleicht, über die besondere Bedeutung des Tages für uns alle nachzudenken. Die Bibelstelle, die wir dabei zugrunde legen ist ein Vers des Propheten Jesaja. Bei ihm heißt es im 50. Kapitel, Vers 4:

Lesung Jes 50,4

Das ist ein wunderbarer Vers, gerade für einen Gedenktag an die eigene Konfirmation. Es geht in diesem Text nämlich um zwei besondere Geschenke, die Gott einem an diesem Tag zuspricht: Zum einen, wozu das eigene Reden da sein darf. Und zum anderen, was man mit dem eigenen Hören erleben kann. Aber bevor wir nun selber beginnen zu denken, zu reden und zu hören, spricht Gott uns als erster an. Das hat er schon einmal ganz bewusst am Tage unserer Konfirmation gemacht. Es hatte ja nicht nur für die ganze versammelte Gemeinde eine Konfirmationspredigt gegeben, deren Inhalt wahrscheinlich die meisten unter uns längst vergessen haben. Nein, jeder und jede einzelne von uns hat von ihrem damaligen Pfarrer (gab's bei Ihrer Konfirmation eigentlich schon Pfarrerinnen?) einen Konfirmationsspruch zugesagt bekommen, der ein Leben lang halten und begleiten sollte. Wissen Sie eigentlich noch Ihren Konfirmationsvers? Meiner hat tatsächlich mein Leben lang, eigentlich bis heute immer wieder zu mir geredet; habe ich doch am 20. März 1966 in der Friedenskirche in Bonn-Kessenich von Pfarrer Arnold Schumacher den Vers Psalm 51,17 zugesprochen bekommen: »Herr, tue meine Lippen auf, dass mein Mund deinen Ruhm verkündige.« Die wenigen Worte empfand ich als ein Zeichen von Oben – und war dankbar für dieses offenherzige Gebet.

Wir sagten eben, dass Gott uns immer schon, ein ganzes Leben lang angesprochen und mit besonderen, persönlichen Goldenen Worten beschenkt hat. Neben dem Konfirmationsvers gibt es mit Sicherheit für jeden und jede einzelne von uns Sprüche, z. B. zur Taufe, zur Trauung, oder auch Geschichten, biblische Erzählungen und Bilder, die uns über Jahre hin gestärkt, getröstet und aufgebaut haben. So sehr, dass wir sie uns selber immer wieder in wichtigen Momenten unseres Lebens aufgesagt haben. Wir können sie auswendig, weil wir sie bis heute im Herzen tragen. »Learning by heart« sagen die Engländer dazu, weil bestimmte Formulierungen einem so wichtig geworden sind, dass sie sich im Herzen eingenistet haben. Ebenso ist es dem Dichter Jochen Klepper mit unserem heutigen Predigttext ergangen. Er war von ihm sogar so angesprochen, dass er ihn in ein Gedicht übertrug, das später als Kirchenlied vertont wurde. Die meisten von Ihnen werden es kennen. Lassen Sie uns ruhig einmal die erste Strophe davon gemeinsam singen. Es steht in Ihrem Gesangbuch unter der Nummer 452:

> Er weckt mich alle Morgen, er weckt mir selbst das Ohr. Gott hält sich nicht verborgen, führt mir den Tag empor, dass ich mit seinem Worte begrüß das neue Licht. Schon an der Dämmrung Pforte ist er mir nah und spricht.

Möglich, dass das, was hier gesagt und besungen wird, der Anfang aller Konfirmationserfahrungen – früher nicht minder wie heute – ist: Gott selber öffnet uns die Ohren, damit wir hören, was er gerade uns, nah und persönlich am Einsegnungstag, ja an jedem neuen Morgen sagen will. Sicherlich, wir kennen auch andere Geräusche am einem frühen Frühlingsmorgen: Vogelstimmen erwachen, ein zarter, milder Wind streift durch die Äste, die an unser Fenster schlagen, erwachende Geräusche im Haus erinnern an unsere Lieben. Aber bevor wir nun weiter auf die vielen Geräusche und Worte und Klänge und Töne achten, die uns den ganzen neuen Tag über begegnen werden, geht es jetzt, gerade auch am Gedenktag der Konfirmation, darum, sorgfältig zu lauschen, was Gott uns ins Ohr hinein flüstert. Dieses aufmerksame Hören geschieht aber nicht von allein. Von uns aus machen wir nämlich am Morgen eher lange Ohren in Richtung Nachrichten und Informationen aus aller Welt. Wenn es aber demgegenüber um die alles entscheidende Nachricht von der Treue und Liebe Gottes unserem Leben gegenüber geht, dann stellen wir oft unsere Ohren auf Durchzug. Gott selber kann es dann nur gelingen, sie auf Ihn hin auszurichten. Wir verstehen tatsächlich Ihn und seine guten, aufbauenden, tröstlichen Worte nur dann, wenn er dafür sorgt, die vielen andern Ablenkungen, die weltlichen Geräusche für einen Moment auszublenden, damit wir uns nur auf Ihn konzentrieren. Wie das geschehen kann? Nun, indem wir z. B. ein Wort aus der Tageslosung der Brüdergemeinde ganz unaufgeregt zu uns reden lassen. Oder uns tatsächlich auch einen auswendig gelernten Spruch, ein Gebet, einen Gesangbuchvers aufsagen, vielleicht auch hin und wieder unseren Konfirmationsspruch. In diesen wenigen stillen Augenblicken erkennen wir nämlich, wie uns mit Gottes Wort neue Lebenseinsichten geschenkt werden, hoffnungsvolle Bilder für den Tag; Lust auch darauf, die Herausforderungen der kommenden Stunden in Angriff zu nehmen. Wer seine Ohren von Gott öffnen und von ihm auf den Himmel ausrichten lässt, der hört plötzlich neue Klänge und Töne, die das eigene Leben in ein völlig neues Licht eintauchen. Engelsgesang durchzieht dann das Gemüt, Trost erfasst einen auch in schwierigen Zeiten, vor allem aber die Gewissheit, dass Gott nicht verstummt, sondern uns mit seinem Wort jeden Tag neu zu einem Leben unter seiner Führung einlädt. Im Grunde wie am ersten Schöpfungstag. So sagt es auch die 2. Strophe der Nachdichtung unseres Bibeltextes, die wir nun miteinander singen wollen:

> Er spricht wie an dem Tage, als er die Welt erschuf. Da schweigen Angst und Klage; nichts gilt mehr als sein Ruf. Das Wort der ewgen Treue, die Gott uns Menschen schwört, erfahre ich aufs neue, so, wie ein Jünger hört.

Gott aber unternimmt nicht nur mit unserem Gehör, unseren Ohren und Aufhorchen auf ihn etwas ganz Wunderbares. So wie wir ihm schon am Tage unserer Konfirmation gelauscht haben, so ermuntert er uns nun, auch mit unserem Reden und Sprechen als Folge davon besonders behutsam umzugehen. Schon zu Beginn des Bibelverses hatte es ja geheißen: »Gott der Herr hat mir eine Zunge gegeben, wie sie Jünger haben, dass ich wisse, mit den Müden zur rechten Zeit zu reden.« Denn mit der Zunge kann man eben so manches tun, auch so manches aber anrichten. Was haben wir nicht schon alles mit unserer Sprache, unserem Mund und unserem Reden getan: Schöne Lieder gesungen und lustige Geschichten erzählt, das sicherlich auch, aber doch auch so manch' böses Wort von uns gegeben, unserem Zorn laute Ausbrüche verschafft und wahrscheinlich auch so manche Dummheiten von uns zum Besten gegeben. Wenn ich z. B. jetzt nur einmal zurückdenke, was ich vor 40 Jahren so alles überheblich von mir gegeben habe, dann wird mir heute noch ein bisschen mulmig dabei. Das ist wohl wahr: Von uns aus ist unser Reden längst nicht immer und automatisch offen und mutig und wahr und klar. Wir brauchen jemanden, der unsere Worte unter seine Fittiche nimmt, sie geradezu wäscht, erneuert und »tauft«. Denn nur dann können wir uns an diesem Tag noch einmal deutlich machen, was eigentlich eine der allerwichtigsten Aufgaben unserer Zunge ist: Nämlich mit all unserem sprachlichen Können den rechten Augenblick abzupassen, in dem wir müde gewordene Menschen aufbauen und stärken können. Dafür aber haben wir gerade am Palmsonntag ein großes Vorbild vor Augen: Wer, wenn nicht unser Herr Jesus, an dessen Einzug nach Jerusalem wir heute denken, hat denn nicht zu aller erst wie ein Jünger darauf gehört, was ihm sein himmlischer Vater aufgetragen hat? Und dann ist er als nächstes hingegangen und hat die müde gewordenen Menschen um ihn herum getröstet, geheilt, aufgebaut und begleitet. In dieser Tradition standen auch in unserem Leben all die Menschen, die uns damals als Heranwachsenden Worte gesagt haben, die uns weiterbrachten, Situationen erhellten und klare Richtung anwiesen.

Das begann vielleicht damals schon bei unserem Konfirmationspfarrer und führte zu all den Menschen in der Kirche und darüber hinaus, die uns mit ihren Anmerkungen neuen Auftrieb, frischen, unverfälschten Glauben und auch Lebenslust vermittelten. Nur durch sie ist das bei unserer Konfirmation gelegte Fundament weiter gestärkt worden.

Heute aber sind wir selber an der Reihe, mit diesem uns überlieferten Sprachschatz Menschen um uns her anzusprechen, zu beglücken und zu beschenken. Und zwar vor allem diejenigen, die – aus welchen Gründen auch immer – müde, verzagt, traurig, verstummt und trostlos geworden sind. Gott braucht GoldkonfirmandInnen auch dazu, dass sie goldene Worte denen sagen, die im Moment selber keine guten Worte auf Zunge und Lippen haben. Wir können damit schon in diesem Gedenkgottesdienst mit Gebeten und Liedern beginnen. Und darüber hinaus dort weiterwirken und sprechen, wo geistliche Worte Menschen aufbauen, heilen, begleiten und beraten können. So wie wir selber die Wunderkraft solcher Worte in unserem Leben erfahren haben – unsere Ohren auf das große Wort Gottes ausgerichtet -,so kann unser Reden die Ohren derjenigen erreichen, die sehnsüchtig in unserer Zeit auf tröstliche Worte warten.

Vielleicht können dies ja gerade diejenigen außergewöhnlich gut, die sich heute noch einmal an den Tag zurückerinnern, an dem ihnen ihre Ohren für ein besonders an sie gerichtetes Gotteswort weit geöffnet wurden. Und sie anschließend gar nicht anders können, als allen um sich her von diesem wunderbaren Gotteswort etwas weiterzuerzählen. Wir taten und tun dabei nichts anderes, als auf das *eine* Wort Gottes hinzuweisen, das uns im Leben und im Sterben leiten und behüten will, Jesus Christus, der seine guten Worte zu uns redet bis an das Ende der Welt. So hat es auch Jochen Klepper in der letzten Strophe seiner Nachdichtung formuliert, die wir zum Ende der Predigt gemeinsam anstimmen wollen:

> Er will mich früh umhüllen mit seinem Wort und Licht, verheißen und erfüllen, damit mir nichts gebricht; will vollen Lohn mir zahlen, fragt nicht, ob ich versag. Sein Wort will helle strahlen, wie dunkel auch der Tag.

Amen.

2. Glaubenszeugen (Hebr 12,1–3)

Psalm 23

Lieder

EG, Ausgabe Rheinland etc.: Tut mir auf die schöne Pforte (166), Jesu, meine Freude (396), Lobe den Herren, den mächtigen König der Erden (317), Ich steh an Deinem Kreuz, Herr Christ (556)

Gebete

Schuldbekenntnis: Gott, sind wir Dir in unserem Leben tatsächlich immer treu geblieben? Versprochen haben wir Dir wohl manches; und bei manchen dieser Anlässe hast Du uns das sicherlich geglaubt. Aber haben wir z. B. wirklich unser Konfirmationsgelübde gehalten? Oder gab es nicht doch auch immer wieder Zeiten, in denen Du uns fern gerückt bist, unser Glaube stumm blieb, unsere Kirche uns als nicht einladend genug erschien? Dennoch – wie oft wir auch undankbar und vergesslich gewesen sein mögen – wir bitten Dich heute um all dies um Verzeihung, damit Du uns heute erneut wieder als Deine Kinder annehmen wirst.

Gnadenspruch

Jes 54,8

Kollektengebet

Lebendiger Gott! Immer schon, in vielen Stadien unseres Lebens konnten wir zu Dir kommen, uns bei Dir aussprechen, um neue Hoffnung aus Deinen Händen entgegenzunehmen. Als Kinder und Jugendliche, als Heranwachsende und Menschen in der Mitte des Lebens haben wir oft genug ein Zuhause in Deiner Kirche gefunden. Nun sind wir heute noch einmal ganz bewusst zu Dir gekommen, um unsere Vergangenheit, diese Gegenwart jetzt, aber auch unsere Zukunft in Deinem Licht noch einmal neu zu betrachten und neu verstehen zu können. Dazu segne Du nun selber diesen Gottesdienst durch Jesus Christus, unseren Heiland und Herrn. Amen.

Fürbittengebet

Herr Jesus Christus! Dein Lebensweg, Dein Sterbenspfad steht uns jetzt vor Augen. Durch dunkle Nächte und Leid und Schmerz bist Du in unserer Nähe geblieben, damit wir zusammen mit Dir auf das Fest des Ostermorgens zugehen können. Wir sagen Dir von Herzen Dank, dass Du uns durch den Verzicht auf Deinen Glanz ewiges Licht und unendliche Freude an Deiner Seite geschenkt hast. Immer wieder hast Du uns Zeugen des Glaubens an unsere Seite gestellt, die durch ihre Worte und ihr Verhalten zu Nachfolgern von Dir und damit auch für uns zu Vorbildern christlichen Lebens geworden sind. Schicke doch immer wieder solche Menschen zu uns, die uns in schwierigen Zeiten bei der Hand nehmen und uns zu Dir führen. Lass aber auch uns zu solchen Glaubensführern für andere werden. Gib uns auch nach vielen Jahren seit unserer Konfirmation den langen Atem, unseren Lebenslauf an Dir auszurichten, dabei immer wieder Abschied nehmend von unguten Verhaltensweisen und damit auch Abschied gebend einem unausgeglichenen, hoffnungslosen Leben. Begleite Du uns mit Deinem Wort und Deinem Licht, dass wir – ähnlich wie auf dem Weg durch die kommende Karwoche – unser ganzes Lebens als Wanderung verstehen, auf den Tag zu, an dem Deine Auferstehung uns alle umschließen wird.

Predigt

Lesung Hebr 12,1–3

Liebe Gemeinde, vor allem natürlich liebe Goldkonfirmandinnen und liebe Goldkonfirmanden!

»Das christliche Leben ist nicht ein Frommsein, sondern ein Frommwerden«, hat Martin Luther einmal geschrieben. Das ist schön gesagt – und furchtbar schwer umzusetzen. Wahrscheinlich denken einige von Ihnen an diesem Tag noch einmal ganz bewusst an den offiziellen Beginn des eigenen christlichen Lebensweges zurück. Das war damals der Tag Ihrer Konfirmation; oft begangen, so wie heute an diesem Gedenktag auch, am Palmsonntag. Die Jungen hatten vielleicht tatsächlich ein Palmsträußchen am Revers ihres ersten dunklen

Anzugs stecken, die Mädchen manchmal ein Blumensträußchen in der Hand. Und dann hatten die Glocken festlich geläutet, und die Orgel beim Einzug feierlich gespielt – in einer alten Dorfkirche in Niedersachsen, in einer Stabkirche in Schlesien oder in einem kirchlichen Neubau in einer Großstadt ganz hier in der Nähe. Dann kam der Moment, dass einem der Konfirmationsspruch zugesagt wurde, das eigene Bekenntnis, dass man ein Leben lang bei diesem Glauben bleiben wolle, die Einsegnung und schließlich der Auszug unter den Augen der Verwandten und der ganzen Gemeinde bevor ein – damals übrigens oft recht bescheidenes – Fest mit Essen seinen Ablauf nahm.

Jung war man damals noch, meist 14 Jahre, ein ganzer Lebensweg lag noch ausgebreitet vor einem. Oft war man guten Glaubens der Meinung, dass es einem schon recht gelingen würde, all das, was der Pfarrer (Pfarrerinnen gab's wohl noch nicht?) einem damals mahnend auf den Weg mitgegeben hatte, auch in die Tat umzusetzen. Also z. B. der Gemeinde treu verbunden zu bleiben. Im Alltag die 10 Gebote zu bewahren. Mutig und in aller Offenheit zum eigenen Christsein zu stehen. Aber dann, nicht wahr, dann kamen die folgenden Jahrzehnte mit all ihren beruflichen Fragen und weltlichen Herausforderungen – und mit einem Mal war es gar nicht mehr so selbstverständlich, all das automatisch einzuhalten, was man am Tage der Konfirmation so überzeugt versprochen hatte.

Der Hebräerbrief weiß Bescheid: Es gibt so vieles, was uns beschwert und so manche Sünde, die uns auf dem Nachfolgeweg umstrickt und umgarnt. Und so wissen wir sehr wohl auch um uns selber Bescheid, gerade wenn wir heute auf ein längeres Christenleben zurückblicken. Da gab es z. B. so manchen Kummer innerhalb menschlicher Beziehungen, keine Ehe etwa ist von schwierigen Zeiten völlig verschont gewesen. Und die Betreuung und Führung und Anleitung von Kindern und später vielleicht auch Enkeln forderte ihren eigenen Tribut. Auch kein Berufsleben ist ohne Beschwernisse, Versäumnisse und Belastungen gewesen. Wir wären unehrlich, wenn wir nicht beim Rückblick auf manch solcher Probezeiten unseres Lebens uns nicht eingestehen würden, dass wir gerade auch im Blick auf unseren Glauben mehr als einmal schwach geworden sind. Schwere Lebensbelastungen und Prüfungen führen nämlich nicht automatisch in den Schoß der Kirche. Im Gegenteil, manche unter uns haben sich in dunkleren Zeiten vielleicht gerade von der Gemeinde im Stich gelassen gefühlt. Es ist sicherlich nicht übertrieben, zu behaupten, dass unser Konfirmationsspruch nicht immer konkret zu uns geredet hat, ja dass wir vor allem die Nähe und hilfreiche Zuwendung Gottes oft schmerzhaft vermisst haben. Es gab Zeiten, da haben wir Gott sogar quälende Fragen gestellt, warum er einen scheinbar in mancherlei Nöte hineingeführt, dort allein gelassen und daraus lange nicht wieder befreit hat. Solche tiefe Zweifel sind es, die die Bibel »Sünde« nennt. Damit bezeichnet sie nicht die kleineren alltäglichen Übertretungen, als vielmehr die schleichende Überzeugung, Gott hätte seine Hand von einem völlig abgezogen; der Konfirmationsspruch habe seine Wirkung verspielt; es ist sinnlos, weiter auf ihn zu hoffen.

Das alles sah und spürte der Hebräerbrief zu seinen Zeiten auch. Gerade deshalb aber hatte er es sich zum Ziel gesetzt, verunsicherte Menschen – und wer von uns würde eigentlich nicht immer wieder dazu gehören? – eine frische Glaubenssicht aufs Leben zu eröffnen. Das war so wie Luthers Erkenntnis, die wir zu Beginn der Predigt hörten: »Das christliche Leben ist eben wirklich nicht ein Frommsein, sondern ein Frommwerden.« Und Luther fügte noch hinzu: »Wir sind noch nicht fertig, wir bleiben unterwegs.« Auf diesen ständigen, im Grunde ja lebenslangen »Konfirmationsweg« ruft der Briefeschreiber uns heute mit aller Geduld zurück. Das macht er mit einem gekonnten Dreischritt: Zunächst wendet er seinen Blick in die *Vergangenheit* und erinnert dabei an eine Wolke von Glaubenszeugen, die unseren Weg schon vorgegangen sind. Zweitens stellt er uns mitten in der *Gegenwart* Jesus als leuchtendes Vorbild für unser Leben vor Augen, als Anfänger und Vollender des Glaubens. Und schließlich ermuntert er geradezu, jetzt selber für die *Zukunft* unsere Beine in die Hand zu nehmen, unsere Müdigkeiten zu überwinden, damit auch aus unserem Frommwerden einmal ein Frommsein entsteht.

Zunächst als erstes also was für ein wunderschönes Bild: Da gibt es eine Wolke über uns von Glaubenszeugen, Menschen also, die Ähnliches wie wir erlebt und auch erlitten haben; und die dennoch an ihrem Vertrauen zu Gott fest hielten. Manchmal muss man vielleicht wirklich nur zum Himmel aufsehen, um in bestimmten Wolkenformationen Bilder und Gesichter von Glaubenszeugen wieder zu erkennen. So lässt z. B. der Verfasser des Hebräerbriefs Abraham und Abel, Sara und Josef am himmlischen Horizont für seine leidgeprüften Leser vorüberziehen. »Schaut euch doch einmal deren Leben an«, muntert er seine Zuhörerinnen auf, »diesen Menschen ging es damals auch nicht immer nur gut. Und trotzdem nahmen sie all ihren Glaubensmut zusammen; um weiterzuwandern auf das Ziel des Friedens Gottes zu.« Nun mögen uns vielleicht diese biblischen Glaubenszeugen zeitlich in der Vergangenheit entschwunden sein. Aber sind nicht auch uns in unserem Leben immer wieder ganz ähnliche Glaubenszeugen begegnet, die uns Mut zum Weiterwandern schenkten? Wie war das denn z. B. mit Ihrer Großmutter, die auch in schwierigsten Kriegszeiten es nicht aufgegeben hat, das Brot vor dem Anschneiden mit einem Kreuzzeichen zu segnen und abends gemeinsam mit Kindern und Enkeln den Paul Gerhardt Vers zu sprechen: »Breit aus die Flügel beide, o Jesu, meine Freude, und nimm dein Küchlein ein. Will Satan mich verschlingen, so lass die Englein singen: ›Dies Kind soll unverletzet sein.‹« Ich habe einmal eine alte Dame im Nachbardorf besucht, die mir von ihrem Dorfschullehrer in Heiligenkreuz, gelegen im Samland an der Ostsee, vorschwärmte und mir dann folgenden Text, den sie über ihn verfasst hatte, schenkte: »Herr Kantor Hoffmann war ein guter Lehrer. Er lehrte uns Kindern nicht nur das Schreiben und das Lesen, nein auch das Singen und das Beten haben ihm sehr am Herzen gelegen. Schon früh um sieben oder acht hat er uns Kinder munter gemacht. Erst wurde ein Morgenlied gesungen und dann ein Gebet gesprochen.« Vielleicht, liebe GoldkonfirmandInnen, war ja auch Ihr Konfirmator so ein Glaubenszeuge für Sie. Oder andere beispielhafte und glaubensstarke Menschen wie der Theologe Dietrich Bonhoeffer oder der Bürgerrechtler Martin Luther King. Oder ganz normale Menschen, mit denen Sie etwa in der Bibelstunde Ihrer Gemeinde ein Leben lang verbunden blieben. Die Großmutter, der Lehrer, das Gemeindeglied, die Pfarrerin – sie alle waren ja in ihrem Leben nicht weniger wie wir mancherlei Prüfungen ausgesetzt gewesen – und blieben trotzdem in ihrem Glauben, ihrem Gottvertrauen, ihrer Kirchenverbundenheit fest. Sollten wir also nicht viel öfter unseren Kopf zum Himmel aufrichten, so dass wir in den Gesichtern der Wolken sie alle wiedererkennen, die uns Mut zum Weiterwandern schenken wollen?

Nach diesem Blick auf die früheren Glaubenszeugen in der Vergangenheit wollen wir als zweites in unserer Gegenwart auf einen ganz besonderen Zeugen aufsehen: Jesus Christus nämlich, den Anfänger und Vollender unseres Glaubens, wie der Hebräerbrief ihn nennt. Auf denjenigen also, der unseren christlichen Glauben überhaupt erst ermöglicht hat. Und eben auch die feste Zuversicht schenkt, dass genau dieser Glaube zu einem guten Ziel und Ende führen wird. Sein einmaliges Vorbild wird uns da auf unserem Konfirmationsweg in dieser Stunde noch einmal eindrücklich vor Augen gehalten. Dabei wird in keinster Weise mit den Prüfungen, durch die auch Jesus musste, hinterm Berg gehalten: das Zeichen des Kreuzes etwa, ein Bild unsäglicher Schmerzen und tiefster Demütigungen; die Schande, so öffentlich missachtet zu werden; all der menschliche Widerspruch, der überheblich gegen seine Liebe aufstand. Wissen Sie, es hatte schon immer einen gewichtigen Grund, leidenden Menschen dieses Bild des mitleidenden Jesus am Kreuz vor Augen zu halten. Sie durften dabei seine große Solidarität und sein Verständnis für ihre schwere Situation empfinden. Nur so konnten sie aber auch die Hoffnung entwickeln, gemeinsam mit ihm die Nacht auf einen neuen Morgen hin durchschreiten zu dürfen. Auch unser Glaube darf sich deshalb seit unserer Konfirmation auf diese rettende Glaubenszusage gründen und an ihr festhalten: »Jesus lebt, mit ihm auch ich! Tod, wo sind nun deine Schrecken? Er, er lebt und wird auch mich von den Toten auferwecken. Er verklärt mich in sein Licht; dies ist meine Zuversicht« (Gellert, EG 115,1).

Wir kommen zum Schluss: Nach der *Vergangenheit* der Wolke von Glaubenszeugen und der *Gegenwart* des vorbildhaften und liebevollen Heilands geht es nun um unseren Glaubensweg auf die *Zukunft* zu. »Noch sind wir nicht am Ende«, hatte Luther ja geschrieben, » noch steht uns eine Wegstrecke bevor, noch leben wir in der Übung und nicht in der Ruhe, im Frommwerden und noch nicht im Frommsein.« Also werden wir nun darauf angesprochen, was wir selber nun gegen unsere Glaubensmüdigkeit zu tun gedenken. Immerhin wurden wir ja inzwischen reichlich dafür gestärkt: Der Blick auf die Glaubenszeugen hat uns schon Mut gemacht, das Achten auf den siegreichen Glaubensweg Jesu erst recht. Aber nun sind wir selber an der Reihe. Unter Gottes Himmel dürfen wir nun auch weitere Schritte auf eben diesen zugehen, Schritte, die wir einst bei der Konfirmation zugesagt hatten. Warum sollte es also auch uns nicht gelingen, uns von Kümmernissen so freizumachen, dass wir dabei mehr die stärkende Gottesgegenart als die lastenden Prüfungen der Welt empfinden? Niemand von uns *muss* ja schwach werden, die Beziehung zu Christus aufkündigen und damit »sündigen«. Stimmt die Beziehung zum Heiland, dann wird er uns gewiss helfen, auch die »kleineren Sünden« im Zaum zu halten. Das ist nicht immer nur ein gemütlicher Spaziergang, dieser Konfirmationsweg auf ein seliges Frommsein hin. Er ähnelt mehr einem Lauf, einem Wettkampf, einem geduldigen Nichtaufgeben auf unserer Lebensstrecke. Ja, das kostet manchmal auch gehörig viel Kraft. Aber – und haben wir dies nicht in unserem Leben immer wieder erfahren dürfen? – genau dieses Kraft wird uns von Oben her geschenkt, damit wir tatsächlich einmal das ewige Ziel, die göttliche Ruhe, den himmlischen Glanz erfahren werden. Unterwegs sind wir nie allein. Die Wolke der Glaubenszeugen, das Vorbild Christi, sie alle ziehen ja über unseren Köpfen mit. So, wie ein liebes Gemeindeglied, die für mich eine wahre Glaubenszeugin war, in einem selbstgeschriebenen Gedicht mit dem Titel »Der Stein« mir für meinen weiteren Konfirmationsweg schenkte: »Meinst du, es läge auf der Straße deines Lebens / auch nur ein einziger Stein, ein Hindernis vergebens? / Er mag nun hässlich sein, groß oder klein / glaub mir, da wo er liegt, dort muss er sein! / Gewiss nicht, um dein Weitergeh'n zu hindern, / gewiss nicht, um dir Kraft und Trost zu mindern. / Nein, darum legte in den ebenen Sand / des Weges ihn dir eine gütige Hand, / damit du dir den Stein sollst recht beschauen / und mit Gott in gläubigen Vertrauen / darüber wirst reden und sollst ihn dann fragen, / was mit dem Stein er wohl dir wollte sagen. / Und bist du dann Gott an dem Steine begegnet, / so hat Dich zum Glück jeder Stein dort gesegnet.« Amen.

3. Im Palmenhain (Joh 17,1.6)

Psalm 69

Lieder

EG. Ausgabe Rheinland etc.: Jesus Christus herrscht als König (123), ich möcht', dass einer mit mir geht (209), Eines wünsch ich mir vor allem andern (554), Von guten Mächten treu und still umgeben (652)

Gebete

Schuldbekenntnis: Lebendiger Gott Himmels und der Erde! In unvorstellbarer Weise kommst Du in der kommenden Woche zu uns herab, bringst vom Himmel aus Deinen Segen – und gehst dann mit uns durch die Finsternisse der Welt auf das wahre Himmelslicht zu. Wir aber sehen oft genug nur auf unseren eigenen Erdenweg, den wir meinen, allein bewältigen zu müssen. Lass uns an diesem Tag neu erfahren, wie das Aufsehen zu Deinem Himmel unser ganzes Leben hier unten neu und klar machen kann. Herr erbarme Dich!

Gnadenspruch

Mk 10,45

Kollektengebet

Gott, lass uns still jetzt werden / zu Dir, bei uns auf Erden / steht offen unser Sinn. / Gib Deinen Geist zum Schauen! / Nur Dir allein vertrauen / wir Herz, Verstand und unser Sinn. // Oft sind wir abgelenket, / wenn sich die Seel' versenket / getrübt durch Schmerz und Leid. / Lass uns in dieser Stunde / aus Deinem eignen Munde / erlauschen Deine Ewigkeit. // Dann werden alle Tage / auch die in Angst und Plage / zu Zeichen Deiner Näh'. / Dein Licht, das uns dann leite, / uns freien Weg bereite. / Und Liebe siege über Weh! Amen.

Fürbittengebet

Lieber Herr Jesus Christus! Lehre uns die Augen zum Himmel zu richten, damit wir von dort hören, sehen und erfahren, wie Du in der Gemeinschaft mit Deinem Vater und durch die Nachricht Deines Geistes auch unser Leben in Deine Herrlichkeit aufnehmen willst. Lass uns dabei auch unsere Wankelmütigkeit erkennen, wir, die wir zwar gerne Palmzweige als Schmuck verwenden und Dich mit ihnen grüßen, aber in Schwierigkeiten Dich dann doch schnell verlassen – und damit uns selber aufgeben. Schenke uns deshalb den langen Atem, auf dem Weg durch die nächste Woche geduldig darauf zu warten, dass Du uns als Deine Kinder in die Familie Gottes aufnimmst; und wir also schon bei der Mahlfeier Deinen Abschied als größte und tröstlichste Liebestat erfahren dürfen. Sei bei all denen, die in den vergangenen 50 Jahren seit ihrer Konfirmation auch manche Kreuze zu tragen hatten – und unter mancherlei Lasten zusammenzubrechen drohten. Lass sie heute und in aller Zukunft erfahren, dass die besondere Nähe Deines himmlischen Vaters, die auch ihnen gilt, gerade in Deiner Verherrlichung am Kreuz geschah. Führe uns nun alle durch Fragen., Zweifel und Nächte auf Deinen Ostermorgen zu, an dem wir als die Deinigen erscheinen dürfen und als Antwort auf unsere Lebensfragen das Wort Deiner wahren Liebe hören: Ewige Zeit dann ohne Ende, gekrönt von himmlischen Palmen.

Predigt

LESUNG Joh 17,1.6

Liebe Gemeinde, liebe Goldkonfirmandinnen, liebe Goldkonfirmanden!

Heute trifft sich die innerste Familie Gottes im Palmenhain. Bevor der Wüstenweg durch manche Dunkelheiten der kommende Woche durchwandert werden muss. Um am Ende dann doch noch nach Leid und Gefahr in der ewigen Osteroase anzukommen. Noch aber sind wir nicht da, nicht angekommen, nicht so weit. Zunächst einmal sehen wir, wie kleine Palmsträußchen verteilt werden an all diejenigen, die damit Jesus am Straßenrand ihres Lebens begrüßen wollen. So wie das schon einmal einige unter Ihnen vor 50 Jahren gemacht haben. Damals, bei Ihrer Einsegnung auf eben diesen Herrn. Einen Palmzweig hatte man sich tatsächlich ans Revers geheftet und sich so geschmückt in den ersten schwarzen Anzügen und Kleidern am Lebensweg aufgestellt. Denn mit 14 Jahren, da fing schließlich der Ernst des Lebens an. Ausbildung und Beruf standen an. Und die damalige Konfirmation sollte nun ausrüsten für den weiteren Weg durch mancherlei Wüsten der Welt. Deshalb sang man auf dem Fest auch oft ganz bewusst das Lied des Grafen Zinzendorf: »Jesu, geh voran auf der Lebensbahn! Und wir wollen nicht verweilen, dir getreulich nachzueilen; führ uns an der Hand bis ins Vaterland.« Der Palmzweig war wie ein Symbol, ein Straßenschild für diesen Weg. Er begrüßte Jesus als Anführer auf allen kommenden Pfaden; und würde schließlich am Ende aller Wege in Kapellen und Kränzen zum Zeichen seiner Auferstehung und Ewigkeit werden. Nicht viel anders wird es auch uns ergehen, wenn wir am Ende dieses Gottesdienstes mit einem Palmsträußchen beschenkt werden. Es soll uns durch die kommende Woche begleiten und dazu beitragen, dass wir Jesus auf seinem Weg voller Schmerzen und Gefahr beschützen; und darüber hinaus die ganze kommende Zeit nach dem Osterfest, vielleicht an der Wand hinter ein Kreuz gesteckt, zum Zeichen seines Sieges werden.

Aber bevor es so weit ist, dürfen wir zuhören und in das innerste Gespräch der Heiligen Familie Gottes einbezogen werden. Vor all unserem eigenen Singen und Reden, Beten und Bekennen bleibt es von unsagbarer Wichtigkeit, dem Gedankenaustausch zwischen Vater und Sohn aufmerksam zu lauschen. Nur dann und nur so werden wir ihren und unseren Weg durch die Karwoche recht verstehen können. Und all unsere kommenden Straßen unter dem Siegeszeichen ihrer Palme stehen. Mit ihnen ausgestattet werden dann auch wir selber unterwegs zu Mitgliedern der Familie Gottes ernannt werden.

So sitzen wir jetzt hier im Halbkreis im Palmenhain und sehen, wie Jesus in unserer Mitte zunächst seine Augen in die himmlischen Höhen richtet. Wir hören, wie er zu seinem Vater vor dem Weg durch die kommende Woche noch einmal klar und deutlich spricht. Nicht unähnlich der Zeit vor 50 Jahren, als so manche unter uns in ihrer damaligen Konfirmationskirche dem göttlichen Gespräch ihr Ohr liehen. Ebenso werden wir auch heute zu Beginn der Karwoche noch einmal in das Zwiegespräch zwischen den göttlichen Personen einbezogen. Jesus spricht. Er spricht Gott als seinen Vater an. Und bezeichnet sich demzufolge selber als Sohn. Er will damit eine besondere Beziehung deutlich und damit auch noch einmal ihre Funktionen sichtbar werden lassen. Vater-Sohn-Beziehung. Nun wissen natürlich viele unter Ihnen, dass dieses altbekannte Familienverhältnis längst nicht mehr unhinterfragt im christlichen Sprachgebrauch übernommen wird – so wie es mit Sicherheit vor 50 Jahren noch unbestritten war. Vor allem im Laufe der letzten Jahrzehnte bekamen Menschen, darunter durchaus auch gläubige Christenmenschen, Schwierigkeiten, die Begriffe Vater und Sohn kommentarlos für sich zu übernehmen. Es waren z. B. Frauen, die unter Vätern zu leiden hatten und deshalb mit dieser Familienbezeichnung Gottes nicht Liebe, Fürsorge und Trost, sondern Gewalt und Ablehnung verbanden. Anderen war die männliche Komponente in der göttlichen Titelgebung zu patriarchalisch. Sie vermissten dabei, dass – gerade im Alten Testament – Gott mit zahlreichen mütterlichen Attributen wie Schutz und Vorsorge ausgestattet wurde. Und auch Jesus in vielen seiner Begegnungen Frauen einen besonderen Platz einräumte, sich nicht zuletzt von ihnen als ersten nach seiner Auferstehung sehen ließ.

Dennoch spricht natürlich die Bibel und so auch unser heutiger Text von Gott als dem Vater und Jesus als seinem Sohn, in deren Namen wir ja schließlich auch jeden Gottesdienst beginnen, die durch Gestalt des Geistes für unsere Gegenwart verbunden werden. Es wäre schön und wichtig, wenn es uns deshalb gelingen würde, in der Bezeichnung »Vater« – trotz mancher Negativerfahrungen – vor allem die grundlegende Fürsorge innerhalb der göttlichen Familie zu erkennen; und in dem Titel »Sohn« denjenigen, der mit dem Schöpfergott nicht nur in einmaliger, aller engster Weise verbunden ist, sondern Gottes Liebe als brüderlicher Beistand für uns als seine Geschwister umsetzt und weiterverschenkt. Auf diese Art können wir uns dann tatsächlich in das Familiengespräch Gottes im Palmengarten einbeziehen lassen. Wir haben es schon festgestellt: Als erstes nehmen wir wahr, wie Jesus, der Sohn, seine Augen zum Himmel richtet. Tun wir es ihm doch um alles in der Welt immer wieder nach! Auch der heutige Tag der Goldkonfirmation ist vielleicht gerade dazu wie geschaffen, den eigenen Blick wieder einmal aus dem Dunkel der Welt auf das strahlende Himmelslicht auszurichten. Haben wir nicht schon vor 50 Jahren versprochen, tatsächlich immer wieder dorthin zu sehen, aufmerksam zuzuhören, wo sich Gott mit Jesus bespricht; damit wir ganz nebenbei eben auch etwas ganz Wesentliches über unsere eigene Zukunft erfahren.? Sind wir also nicht gerade deshalb zu Beginn der Karwoche, am Palmsonntag, hierher gekommen, um hinzuhören, wie Jesus Gott auf seinen Weg mit ihm und dann eben auch auf unsere Wege auf ihn zu anspricht? Aufmerksam dürfen wir jetzt mit darauf lauschen, wie die Karwoche sich gestalten und das Ende der sieben Tage für uns alle aussehen wird.

Vater, so beginnt Jesus sein Familiengespräch mit Gott, Vater, die Stunde ist da. Es gibt in der Tat Stunden, die eine größere und wesentlichere Bedeutung haben als viele, viele andere. Die Stunde unserer Konfirmation vor 50 Jahren war mit Sicherheit so eine. Das war ein Zeitpunkt, der bis zum heutigen Tage seine Wichtigkeit und Gültigkeit nicht verloren hat: Die Stunde nämlich der Einsegnung auf die Gnade Gottes und die Liebe des Heilands. Im Grunde aber kann jeder Gottesdienst zu so einer herausragende Zeit werden. Natürlich ragen besondere Festtage wie die Konfirmation aus dem Alltag heraus: Denn noch heute erinnert man sich an diese einmalige Stunde, in der einem ein Konfirmationsspruch zugesagt wurde, der einen bis heute begleitet hat. Und man eben mit ihm auch heute ganz bewusst in die Zukunft sieht.

Jesu Stunde in seinem Gespräch mit seinem Vater im Palmenhain hat aber noch eine andere Bedeutung über all unsere wichtigen Stunden hinaus. Denn seine Beziehung zu Gott steht vor dem eigentlichen Höhepunkt. Die kommende Woche wird nämlich dem höchsten Liebesbeweis gelten, den es jemals zwischen einem Vater und einem Sohn gegeben hat. Danach aber wird diese Zeit auch eine unschätzbare Bedeutung für uns, die Zuhörer haben. Verherrliche Deinen Sohn, sagt Jesus als erstes innig zu Gott. Und wir dürfen heute schon mit ansehen, auf welche Art Gott nun seinem treuesten Sohn groß macht, leuchtend und herrlich und klar; ihm seinerseits nun die Treu haltend. Denn zunächst steckt er auch ihm eine Ehrenpalme ans Revers, als Zeichen seiner ewigen Auserwähltheit und unvergleichlichen Größe. Mit dieser Pflanze aber gibt er ihm auch schon einen Ausblick auf die ewige, himmlische Lebensoase bei ihm. Anschließend rüstet der Vater den Sohn mit einem Brot und einer Flasche Wein für den Wanderweg über die schwierigere Wegstrecke von Donnerstag ab an aus. Er will ihn damit stärken und ihm zeigen, wie vertrauensvoll er sich dem Vater anbefehlen kann; um gleichzeitig die ihm Anbefohlenen mit Brot und Wein für ihre Wegstrecke zu stärken. Dann aber – es klingt wohl paradox – macht Gott ihn eben auch mit Nägeln und Holz und Hammer und Speer herrlich, damit er dort oben, am Kreuz, mit Gottes Hilfe tun kann, was am Karfreitag mit den Worten gekrönt werden wird: Es ist vollbracht! Es ist diese unglaubliche Weise, in der Gott ihn für uns staunende, fassungslose, manchmal sicher auch entsetzte Beobachter glänzend und ausstrahlend für alle Welt macht. Weil Gottes Licht über seiner Nacht und seinem Tod liegt, darf Jesus nun umgekehrt seinen himmlischen Vater am Ostermorgen mit seinem neuen Leben verherrlichen.

Diesen wunderbaren Gottesnamen, der sich ganz in Liebe zeigt, hat Jesus, so erzählt er selber weiter, all denjenigen gesagt und erklärt, die sein Vater ihm vorher besonders anvertraut hat. 50 Jahre ist es bei manchen unter uns her, dass sie ganz bewusst zum ersten Mal in ihrem Leben auf diesen leuchtenden Verherrlichungsweg zwischen

Palmsonntag und Ostermorgen hingewiesen und damit einbezogen wurden. Und heute werden wir zu Beginn der Karwoche erneut dazu eingeladen, nun unsererseits all diese Worte zu bewahren und aufzuheben, die uns jetzt noch einmal geschenkt wurden. Nicht wahr, wie oft schon hat uns in unserem bisherigen Leben nicht nur äußerlich ein Palmzweig getröstet, den wir uns vielleicht in den Andachtswinkel eines Zimmers gesteckt haben – damit er uns an das Palmengespräch zwischen Jesus und Gott erinnert; um seine heilsame Funktion auch für uns wirksam werden zu lassen, die in unserem Leben und Sterben von dem Symbol der Palme ausgeht.

Und erinnern Sie sich weiter, wie Sie damals nach der Konfirmation zum Heiligen Abendmahl zugelassen und eingeladen wurden? Brot und Wein wurden gleichsam einbezogen in die sich selbst verschenkende, vergebende, herrliche Gottesliebe. War es nicht so, dass das Abendmahl immer wieder in Ihrem Leben zu so einer Quellstation und Lebensoase geworden ist? Ich erinnere mich noch an die Worte meines Konfirmators dazu: Wenn Du einmal in Deinem Leben nicht weiter weißt, dann kannst Du immer hierher, zum Abendmahl kommen. Hier fängt Gott jedenfalls gerne mit Dir immer wieder neu eine Beziehung an. Nicht viel anders wird es mit Ihrer Begegnung mit dem Kreuzessymbol gewesen sein, vermute ich. Der Blick auf dieses Lebensholz hat schon vielen Menschen vor uns Mut und Trost gerade in schwierigen und dunklen Lebenssituationen vermittelt. Dieses scheinbare düstere Symbol kann auch für uns zur Verherrlichung Gottes führen, wenn wir in ihm seine sich durch alles durchhaltende Zuneigung zu all seinen Kindern erkennen können. Paul Gerhardt hat das jedenfalls so gesehen: »Erscheine mir zum Schilde, zum Trost in meinem Tod, und lass mich sehn dein Bilde in deiner Kreuzesnot. Da will ich nach dir blicken, da will ich glaubensvoll dich fest an mein Herz drücken. Wer so stirbt, der stirbt wohl.«

So war das also heute: Wir haben dem Gespräch im innersten Zirkel der Gottesfamilie zuhören dürfen. Wir haben dabei erleben dürfen, wie Gott seine Herrlichkeit seinem Sohn gegenüber in Palmzweig und Mahl, in Holzkreuz und leerem Grab sichtbar machen wollte. Damit Jesus nun seinerseits auf seinem Weg das ewige Licht seines Vaters aufscheinen lassen konnte. Wäre es nicht denkbar, dass nun auch wir beim Lauschen auf diese göttliche Beziehung einbezogen, also im Palmenhain ein Teil der großen Familie Gottes werden? Bewirkt hat dies alles der uns mit Gott dem Vater und Sohn verbindende Heilige Geist, der über diesen Tag hinaus zunächst unseren Blick auf die Vergangenheit seit der Konfirmation richtete. An vielfältigen Wegstationen hat er dafür gesorgt, dass wir immer wieder neu von Palmen bekränzt, durch Brot und Wein gestärkt, von Kreuz und Osterlicht angezogen wurden – und dies alles aber auch noch in der uns geschenkten Zukunft ganz gewiss werden erfahren dürfen.

Wie es nach dieser Feier also mit uns weitergehen wird? Nun, wir werden gleich bewusst Menschen ehren, die nach 50 Jahren das Wort, das sie damals versprochen hatten, noch einmal bekräftigen wollen. Sie hatten es ja schon über die Jahrzehnte hin gut bei sich bewahrt. So sieht halt unsere Verherrlichung Gottes und Jesu aus. In der Treue zu ihrer Treue. Und dann geht die Karwoche weiter: Gründonnerstag, Karfreitag, Osternacht und Ostermorgen warten jetzt auf uns. Jetzt aber als ein Weg, den wir gemeinsam als Mitglieder der Heiligen Familie erwandern dürfen, dabei miteinander die wahre Herrlichkeit Gottes erfahrend. Dann wird unser Lebensweg weitergehen, immer dabei begleitet von den Zeichen dieser Herrlichkeit in Palmen und Wein, in Brot und Kreuz, in Feuer und Licht. Mit diesen Gaben wird keine Lebenswüste mehr undurchquerbar sein. Bis wir einmal angekommen sein werden in der ewigen Osteroase, dem himmlischen Palmenhain. Dann sind wir zu Hause in Gottes weiter, herrlicher Familienwelt. Amen.

4. Zu ihrem Gedächtnis (Mk 14,3–9) – ein Dialog

Psalm 73

Lieder

EG, Ausgabe Rheinland etc.: Lobe den Herren, den mächtigen König der Ehren (317), Such, wer da will, ein ander Ziel (346), Ich möchte, dass einer mit mir geht (209), Nun danket alle Gott (321), Nun aufwärts froh den Blick gewandt (394)

Gebete

Schuldbekenntnis: Barmherziger Gott, ewiger Vater! In Taufe und Konfirmation haben wir unser »Ja« zu Dir gesprochen. In jedem

Gottesdienst bekennen wir unseren Glauben an Dich und wollen in allem, was uns begegnet, bei Dir bleiben. Aber, guter Gott, Du weißt, dass dies im Alltag nicht leicht ist. In der Öffentlichkeit überlegen wir sehr genau, wie und mit wem wir über unseren Glauben an Dich sprechen. Dabei gäbe es gar nichts, was wir dabei zu befürchten hätten. Du selber hast uns nämlich zugesagt, zu uns zu stehen – auch an schwierigen Tagen. So verzeih uns manch unsere Glaubens-Unsicherheiten und schenke uns neuen Mut, Deine Liebe in unserer Welt nicht zu verschweigen. Herr erbarme Dich!

Gnadenspruch

Phil 1,6

Kollektengebet

Guter Gott! Wir wollen Dir heute danken für die Begleitung, die jeder Mensch in seinem Leben durch Dich erfahren darf. So danken wir Dir auch für die Konfirmationsjubilare, die in diesen Gottesdienst gekommen sind. Sie sind ein Sinnbild dafür, wie Menschen ihr Leben an Deiner guten Botschaft ausrichten können; ein Symbol auch, wie sie ein Leben lang bei Dir und Deiner Kirche bleiben wollen. So bitten wir Dich jetzt, dass Du selber nun unter uns gegenwärtig bist. Schenke uns dabei Deinen Geist der Gemeinschaft. Lass Dein Wort unter uns so lebendig werden, dass wir ermutigt und gestärkt nach dieser Stunde wieder nach Hause gehen. Das erbitten wir von Dir durch unseren Herrn und Heiland Jesus Christus, der mit Dir und dem Heiligen Geist lebt und regiert von Ewigkeit zu Ewigkeit. Amen

Fürbittengebet

Herr Jesus Christus! Unser Leben besteht aus einer Fülle an Geschenken von Dir, aus Deiner Hand liebevoll über uns ausgebreitet. Schon vor vielen Jahren und Jahrzehnten hast Du so Menschen an ihrer Hand genommen, sie behütet und bewahrt. So danken wir Dir für Deine Nähe in vielerlei Art, auch durch gute Sätze und aufbauende Worte, die Du jedem und jeder persönlich zugesprochen hast, und bitten Dich jetzt: Lass uns alle immer wieder Möglichkeiten finden, die Gaben, die wir von Dir geschenkt bekommen haben, weiterzugeben und reichlich wirksam werden zu lassen. Gib den Goldkonfirmanden Möglichkeiten, sich bei Dir – wie es damals bei Deiner Salbung geschah – für all das Gute zu bedanken, das sie in ihrem Leben durch Dich erfahren durften. Lass gerade so die Beziehung zu ihrem Glauben und ihrer Kirche weiter wachsen. Wir bitten Dich für alle Menschen, die an diesem Tag auch auf schwierige Zeiten zurückblicken. Lass sie spüren, dass sich Deine Nähe besonders im Mittragen an dunkleren Tagen bewährt hat, weil Du selber die Finsternis der Welt erfahren, dann aber auch überwunden hast. Schenke den Menschen die Möglichkeit einer Versöhnung mit all dem, was in der Vergangenheit noch offen und unbewältigt vor ihnen liegt. So bitten wir Dich auch für Deine Gemeinde, dass sie in aller Festlichkeit und Freude die Chance zum großzügigen Verschenken und Anteilnehmen an den Nöten anderer nicht vergisst; sondern aus Dankbarkeit Dir gegenüber Geduld, Liebe und Trost denen weitergibt, die besonders darauf angewiesen sind und warten. Gehe mit uns allen in die kommende Zeit. Mögen wir dabei alle die vielen guten Erfahrungen mit Dir im Gedächtnis behalten. Lass uns deshalb festhalten an den Segenssprüchen unseres Lebens, bis wir einmal nur noch Dein Licht und Deine Wahrheit in ewiger Herrlichkeit sehen werden. Amen

Dialogpredigt (Mk 14,3–9)

Pfarrer/in (P): Sagen Sie einmal, liebe/r N.N., können Sie sich eigentlich noch an Ihre Konfirmation erinnern? Was ist Ihnen an diesem Tag besonders wichtig und schön gewesen?

Sprecher/in (S): (Erzählt persönlich vom eigenen Konfirmationstag)

P: Ja, bei mir ist das natürlich auch schon etwas länger her. Genauer gesagt, in diesem Jahr N.N. Jahre. Meine Konfirmation muss auch um diese Jahreszeit herum gewesen sein, denn ich erinnere mich noch sehr gut an die ersten Frühlingsgefühle – draußen bei den Photoaufnahmen. An den Gottesdienst selber habe ich eigenartiger Weise kaum Erinnerungen. Ich weiß nur noch, dass es mir damals ganz wichtig war, mit meinen besten Freunden zusammen – wie man so schön sagt – eingesegnet zu werden. Aber mein Konfirmationsspruch, der ist mir schon damals sehr, sehr wichtig geworden. Wissen Sie eigentlich Ihren noch?

S: (erzählt von seinem/ihrem Konfirmationsspruch, evtl. auch davon, was er bis heute bedeutet)
P. Ja, sehen Sie, das erlebe ich immer wieder, dass Menschen noch Jahrzehnte nach ihrer Konfirmation ganz genau den Wortlaut ihres Denkspruchs kennen. Erst neulich nach einer Abendmahlsfeier sagte ein Gemeindeglied zu mir: Wissen Sie eigentlich, Herr Pfarrer/Frau Pfarrerin, dass Sie bei der Schlusssendung meinen Konfirmationsspruch zitiert haben? Nämlich: Der Herr ist mein Licht und mein Heil, wovor sollte ich mich dann fürchten? (Ps 27,1). Nein, das wusste ich natürlich nicht. Aber die Person hatte in dem Augenblick den Vers besonders auf sich und sein/ihr Leben bezogen, so als ob dieser ganz persönlich für ihn/sie geschrieben worden wäre.
S: Eben darin sehe ich auch den Sinn dieser Denksprüche: Sie stiften so etwas wie ein persönliches Verhältnis zwischen dem Leben eines Menschen und Gottes Wort. Und auf diese Weise wird der Vers so etwas wie ein Sinnbild für Gottes Begleitung in einem Menschenleben. Er schenkt damit auch Trost und Zuversicht. Darüber hinaus will er Orientierung anbieten, zu so etwas wie ein Wegweiser werden, in Entscheidungen hilfreich sein. – Und Sie, wie ist das mit Ihrem Konfirmationsspruch?
P: Tja, das ist eine eigenartige Geschichte, Irgendwie hatte damals mein Konfirmator, Pfarrer Schumacher mit schlohweißem Haar, das Gefühl, ich würde recht gerne den Unterricht und den Gottesdienst besuchen. Und im Stillen hat er wohl ab und an auch dabei gedacht, ob ich nicht irgendwann einmal sein Nachfolger werden könnte. Und so bekam ich am 20. März 1966 den Psalmvers zugesagt: »Herr, tue meine Lippen auf, dass mein Mund deinen Ruhm verkündige.« (Ps 51,17). Sie können sich sicherlich vorstellen, dass mich dieser Satz in meiner Tätigkeit bis heute beschäftigt.
S: Das ist ja noch ein Beispiel dafür, dass diese Sinnsprüche nicht starr sind, sondern sich mit den Wendungen des Lebens auch verändern. Sie bekommen immer mal wieder ein anderes Gewicht oder eine neue Deutung, je nach Lebensphase. In manchen Familien kommt es sogar vor, dass sich ein und derselbe Spruch durch viele sogenannte Schwellensituationen durchzieht – also z. B. zur Trauung oder zur Taufe der Kinder noch einmal erwogen und ausgewählt wird. Besonders aber bei Beerdigungen, da werden Sie mir sicherlich zustimmen, ist es häufig der Konfirmationsspruch,

in dessen Licht noch einmal das Leben eines Menschen beleuchtet und am Ende gewürdigt wird. Aber nun ist ja bei der Konfirmation nicht nur der einzelne Konfirmationsspruch für die Konfirmanden wichtig – auch der Predigttext, der für alle gemeinsam ausgelegt wird, kann bei diesem Fest eine große Rolle spielen. Welcher ist es übrigens heute – bei unserer Goldkonfirmation?
P: Sie haben völlig recht: Es ist gut, dass wir heute in diesem Gottesdienst nicht nur an einzelne persönliche Verse zurückdenken, sondern uns gemeinsam mit einer Biblischen Erzählung beschäftigen, die wie für diese Feier geschrieben zu sein scheint. Sie stammt aus dem Beginn der Passionserzählung nach Markus und lautet so:

P liest Mk 14, 3–9

S. Und genau so ist es ja auch. Diese Frau ist bis heute nicht vergessen worden. Sie steht im Mittelpunkt des Predigttextes und dann natürlich auch von so manchem Gottesdienst, der sich mit dieser Erzählung beschäftigt. Möglich, dass diese Frau und ihre Geschichte auch schon eine Rolle gespielt hat im Leben der Goldkonfirmanden und auch dieser Gemeinde. – Zunächst fällt mir an der Erzählung aber noch etwas anderes auf. Sie beginnt nämlich damit, dass Jesus Simon, den Aussätzigen besucht. Er scheut sich also überhaupt nicht, auch bei ungewöhnlichen Menschen einzukehren. Schon diese Tatsache ist für unseren Glauben an ihn erstaunlich, ermutigend und stiftet Hoffnung. Sie macht nämlich Mut, darauf zu vertrauen, dass Jesus auch bei mir einkehren wird. Vielleicht war er sogar schon einmal Gast in meinem Haus. Der Besuch Jesu bei uns Menschen ist immer ein ungewöhnliches Ereignis, weil er gerade bei denen, die sonst wenig Besuch bekommen, besonders gerne einzukehren scheint.
P: Ja, und genau so ungewöhnlich geht die Geschichte auch weiter. Ausgerechnet eine Frau wagt die zu Tische liegende Männergesellschaft zu unterbrechen. Sie nimmt ein kostbares, teures Öl und salbt damit Jesu Haupt. Auch in unserer Gemeinde haben wir in den verschiedensten Salbungsgottesdiensten erlebt, wie diese zärtlich-feierliche Handlung einen besonderen Segen vermitteln möchte. Hier ist es, glaube ich, aber noch mehr. Jesus wird durch dieses Tun der Frau – ohne dass sie es wahrscheinlich weiß – zum

Heiland und König eingesetzt. Die gesamte Geste dieser Frau aber finde ich vor allem unglaublich stark, selbstbewusst, aber genauso auch zärtlich, liebevoll und zugewandt. Sie hat in diesem Moment als einzige verstanden und erkannt, auf welchen Weg sich Jesus für alle Menschen begeben will. Eben dafür will sie sich jetzt bei ihm bedanken, ihn dabei unterstützen, ihn nicht allein lassen. Und so zeichnet sie ihn mit ihrem Öl aus und macht ihn schön.

S: Stimmt. Und mich beeindruckt natürlich auch der Mut und das feste Herz dieser Frau. Die Reaktion Jesu auf ihr Tun ermutigt uns, so denke ich, auch heute dazu, es ihr in irgendeiner Form nachzumachen. Es geht deshalb auch dabei für uns darum, eine persönliche Beziehung zu Jesus aufzubauen, z. B. auch beim heutigen Bedenken meines Konfirmationsspruchs. Warum sollte nicht auch ich mir dabei noch einmal deutlich machen, was ich Jesus alles verdanke und wie ich ihm dann meinen Dank auch in besonderen Entscheidungen sichtbar werden lassen kann. Wie kann ich Jesus Gutes tun? Indem ich mich etwa an wichtigen Weichenstellungen in meinem Leben an ihm orientiere. Oder in Herausforderungen durch andere an meinem Glauben festhalte, den Kontakt zu Kirche und Gemeinde immer wieder neu suche – und damit, wie die Goldkonfirmanden, noch nach Jahren an diesem Ort ein zu Hause für meine Seele finde.

P: Sehen Sie, der Text passt tatsächlich gut zu unserer heutigen Denkfeier. Wahrscheinlich ist es die Aufgabe jedes Konfirmanden und jeder Konfirmandin, sich ein Leben lang zu überlegen, wie man sich bei Jesus für all das, was er einem bei der Einsegnung geschenkt hat, bedanken kann. Aber die Geschichte geht ja noch weiter. Vielen Männern in der Runde gefällt die liebevolle und zugewandte Art der Frau ganz und gar nicht. Sie regen sich über die angebliche Verschwendung auf. Und sie tun es scheinbar aus einem ganz gewichtigen Grund: Man hätte doch, so meinen sie, das Öl für eine stolzen Betrag verkaufen können, um mit dem Erlös Arme zu unterstützen. Diese Argumentation kenne ich im Übrigen auch: Was brauchen wir überhaupt eine bestimmte Atmosphäre, Schönheit im Gottesdienst – werden wir manchmal kritisch befragt. Warum muss es überhaupt eine Goldkonfirmation geben? Könnte nicht alles wesentlich nüchterner gestaltet werden, Weihnachten, Erntedank und Ostern z. B.? Was soll dieser ganze Aufwand in der

Kirche für Musik, Kunst, Meditation und Kerzen – wo doch das Geld dringend für andere Nöte gebraucht wird?!
S: Hm, solche Einwände habe ich auch schon hin und wieder gehört. Oft sind es tatsächlich die scheinbar nüchternen Männer, die Finanzexperten, die nichts »Überflüssiges« im Gottesdienst gelten lassen wollen. Dem gegenüber erlebe ich oft Frauen, die viel lieber in die Fußstapfen der salbenden Frau treten möchten. Sie versuchen, ihre Beziehung zu Jesus auch in feinsinnigen, ästhetischen und liebevollen Gesten auszudrücken. Und dann kümmern sie sich eben um die Blumen, die Kerzen, die Bilder und die gesamte Raumgestaltung. So versuchen sie das Geschenk, das Jesus ihnen bei der Konfirmation übergeben hat, in unterschiedlichen Formen zurückzugeben.
P: Es kommt aber, so denke ich, noch ein anderer Aspekt dazu. Jesus schließt ja selber gar nicht aus, dass auch wir uns für die Armen dieser Welt einsetzen sollen. Niemand in diesem Gottesdienst würde dies bestreiten wollen: Durch Spenden und Hilfen kann viel Leid, Elend und Not anderer Menschen gelindert werden. Das tun im Übrigen gerade Menschen, die sich dankbar an ihren Konfirmationsweg heute erinnern. Jesusliebe und Nächstenliebe schließen sich ja gerade nicht aus, aber eben jedes zu seiner Zeit.
S: Ganz im Gegenteil. Ist es nicht viel eher so, dass gerade die persönliche Beziehung zu Jesus die Grundlage dafür ist, wie ich Liebe und Interesse für andere Menschen überhaupt erst entwickeln kann? Möglich, dass auch aus diesem Grund Jesus der Frau und ihrer Tat so viel Wertschätzung entgegenbringt, weil er spürt, dass ihre Liebe zu ihm gerade aus einer tiefen Nähe zu leidenden Menschen überhaupt erwachsen ist. Natürlich hat sie darüber hinaus noch etwas ganz Entscheidendes der Männergesellschaft voraus: Sie ahnt ja etwas von dem ganz besonderen Weg Jesu. Und dabei braucht er selber nun eine besondere Solidarität, Zuneigung und liebevolle Gesten, die er sonst immer anderen Menschen entgegengebracht hat. Seine besten Freunde werden ihn im Stich lassen, die Frau und übrigens auch andere Frauen später tun dies nicht. Sie salbt und salben seinen Leib für sein Begräbnis – aber damit auch für sein neues, ewiges Leben.
P: Sehen Sie, auch unsere Jubilare werden sich in dieser Rolle wiederfinden: Sie danken Jesus für seine Begleitung mit diesem Got-

tesdienst, sie versprechen, auch weiterhin bei ihm bleiben zu wollen in Gebet und Meditation. Und dabei werden sie ihre Gemeinde und die Nöte der Welt um sie herum gerade nicht übersehen. Dennoch empfinden sie ihre Beziehung zu Jesus seit der Konfirmation als das ganz große Lebensgeschenk und leben ihre besondere Liebe zu ihm auch in Zukunft, wenn sie sich manchmal auch leidenschaftlich, unvernünftig und sinnlich an ihn wenden – wie die salbende Frau. Und also auch wie bei der Feier dieser heutigen Goldkonfirmation. Amen.

Vorstellungsgottesdienste der Konfirmanden

Anmerkung: Es ist wichtig, dass sich für ihren Vorstellungsgottesdienst die Jugendlichen mit eigenen Texten, Rollenspielen, Bekenntnissen, Bildbesprechungen, Liedvorschlägen etc. einbringen. Dennoch geben die Entwürfe einige Anregungen zur Gestaltung über die Predigt hinaus:

1. Ich auf meinem Glaubensweg

Eröffnung mit Psalm 86,11

Lied
EG 395,1–3 (Vertraut den neuen Wegen)

Gebet
EG 948 (Ausgabe für die Evangelische Kirche im Rheinland etc.) »Ich habe so viel auf dem Herzen …« (Gebet eines jungen Menschen)

Hinweis:
Das letzte Bild von Vincent van Gogh »Weizenfeld mit Raben« wird mit einem Beamer an eine Leinwand projiziert. Die Analyse des Bildes, die in die Predigt eingeflossen ist, wurde mit den Jugendlichen während der Vorbereitungswochen erarbeitet. Einige Jugendliche haben dabei einzelne Aspekte zum tieferen Eindringen in das Kunstwerk (Raben/Weg/Weizen) als eigene Bilder nachgemalt. Farbdrucke des Bildes als Pfarrbriefmantel sind erhältlich über den Verlag Bergmoser und Höller, Aachen und können allen Gottesdienstbesuchern ausgehändigt werden.

Fürbitten
EG 949 (Ausgabe s. o.) »Herr, ich möchte glauben können …«

Segen

Unser Gott, der Abraham und Sara aus der Stadt Ur in Chaldea herausgerufen hat und sie behütete auf allen Pilgerwegen, der das hebräische Volk durch die Wüste führte, behüte auch euch. Unser Gott sei Gefährtin, Wegweiser an Kreuzungen, Herberge, Licht in der Dunkelheit, Trost in der Mutlosigkeit, Stärke in allen Vorsätzen und ein Freund an eurer Seite. Amen

Schlusslied

EG 170 (Komm, Herr, segne uns)

Liebe Konfirmandinnen und liebe Konfirmanden!

Heute endet ein gemeinsamer Weg, den wir miteinander 1 ½ Jahre gegangen sind. Eure Eltern haben Euch dabei begleitet, die Paten und viele andere MitarbeiterInnen unserer Gemeinde auch. Während dieser Zeit seid Ihr schon rein äußerlich aus Kindern zu Jugendlichen geworden. Aber Ihr habt auch während dieser Zeit daran gearbeitet, Euren eigenen Glauben zu formen, auszugestalten und sichtbar werden zu lassen. Dazu habt Ihr nun auch alleine diesen Gottesdienst vorbereitet zu dem Thema: Ich auf meinem Glaubensweg. Ihr habt auch mich gebeten, einige Worte darüber an Euch zu richten und das will ich gerne anhand eines Gemäldes der niederländischen Malers Vincent van Gogh und der Interpretation eines passenden Psalmverses jetzt auch tun.

In der Tat: Ein Lebensabschnitt liegt nun hinter Euch, damit sich jetzt Euer ganzes weiteres Leben mit all seinen vielfältigen Stationen entfalten kann. Dieser Weg – er sieht aus wie dieser grün-braune Pfad durch ein leuchtendes, gelbes Weizenfeld, das der niederländische Maler Vincent van Gogh kurz vor seinem Tod gemalt hat. Die Ähren sind dabei von ihm mit kräftig aufgetragenen gelbbraunen Strichen nur angedeutet. Sie verraten dennoch sehr viel von einer winddurchfurchten Luft – und werden damit vielleicht auch zu einem Bild für Eure kommende Lebenszeit. Die Halme in ihrer Bewegung verraten nämlich in ihrer Aufgewühltheit auch etwas über Eure heutigen Fragen, Gefühle und Vorstellungen, die Ihr mit den nächsten Jahren verbindet. Was sind denn nun, so wird es in Euren Köpfen jetzt herumgehen, meine besonderen Gaben und Fähigkeiten, die ich in meine weitere Ausbildung, aber natürlich auch in die Beziehung zu meiner

Gemeinde einbringen kann? Was für eine Unterstützung bieten mir die Glaubenserfahrungen, die ich hier habe sammeln können, gerade auch in schwierigen Entscheidungsmomenten? Wie bleibe ich im Gespräch mit all denen, die mich bis hierher begleitet haben, meinen Eltern und Paten, aber auch den MitarbeiterInnen dieser Gemeinde? Kann ich manches weitertragen und von ihnen übernehmen – oder wird nicht auch einmal der Moment kommen, in dem ich mich von all den bisherigen Traditionen ganz bewusst lösen sollte? Werden sich nicht schließlich auch die Ausdrucksformen meines Glaubens immer wieder ändern, so dass ich neue Erfahrungen auch in neue Bilder und Symbole fassen möchte?

Vincent van Gogh muss von Euren Fragen etwas geahnt haben. Denn neben den bewegten Ähren im Weizenfeld, durch das sich von vorne bis in den hinteren Teil des Bildes doch ein eher hoffnungsvoller, grünbrauner Weg schlängelt, fliegen schwarze Vögel, Raben über die Bildfläche hin. Raben – das sind ja dunkle Gestalten, Vögel, mit denen wir eher Kummer, Zweifel und Sorgen – als etwa Glücksmomente verbinden. Ja, sie stehen oft auch als Vorboten für das Ende des Lebens, den Tod. So kreisen sie also auch über das Weizenfeld, über den Weg, und damit auch über unser Lebensfeld und unseren Lebensweg. Vielleicht erschweren sie sogar jetzt, während dieses Gottesdienstes, unsere Konzentration mit sorgenvollen Gedanken, die sich – ohne dass wir es wollen – in unseren Herzen breit machen wollen. Sie versuchen manchmal auch im Alltag, sich als nagende Fragen in unsere Seele festzusetzen. Ob es denn wirklich gut mit uns weitergehen wird, in der Schule, die uns vor mancherlei Herausforderungen stellt? Ob es wirklich sinnvoll gewesen ist, einen Schatz an Glaubensbildern zu sammeln, wo sich oft doch ganz andere Schätze für unser Leben anbieten? Ob Krankheiten uns heimsuchen werden oder die Trennung von lieben Menschen?

Ihr seht, unseren Weg von all diesen dunklen Vögeln frei zu halten, ist gar nicht so einfach. Martin Luther sagte einmal über all diese Sorgenvögel, dass wir wohl nicht verhindern können, dass sie mit ihren trüben Gedanken unsere Wege, unsere Lebensfelder, unsere Köpfe umschwirren und umflattern. Was wir aber wohl tun können, so meinte er, ist zumindest sich darum zu kümmern, dass sie keine dauerhaften Nester in unseren Haaren bauen; also es ihnen gelingt, sich als permanente Sorgen häuslich bei uns einzurichten. Nur: Wie gelingt einem das, wenn die vielen kritischen Fragen wieder einmal versuchen, ihre Widerhaken in unser Gemüt zu senken?

Um sich diesen Raben tatsächlich wehrhaft entgegen zu stellen, habe ich Euch einen Psalmvers mitgebracht, der wie eine freundliche Vogelscheuche alles flatternde Ungetier, das Euch den Glaubenssamen und den Christenmut nehmen möchte, zu vertreiben. Er steht im 86. Psalm, Vers 11 und heißt: *Zeige mir, Herr, deinen Weg, dass ich in deiner Wahrheit gehe; erhalte mein Herz bei der einen wichtigen Sache, nämlich dass ich Dir ganz vertraue.*" Wahrscheinlich ist uns inzwischen selber sehr wohl deutlich geworden, dass wir es als Menschen nicht alleine schaffen werden, einen sinnvollen Weg durch die Kornfelder dieser Erde für uns zu entdecken und selbstbewusst dann auch zu gehen. Dazu gibt es eben zu viele Rabenfragen und schwarze Gedanken. Aber das ist ja nun gerade das Geheimnis unseres Glaubens, dass er uns zusichert: Ihr müsst ja gar nicht den Weg unter den Vögeln alleine bestreiten. Da ist Einer, der Euch die rechte Richtung anweisen wird. Und auf den ist immer Verlass.

Die Kunst Eures Weitergehens wird es also sein, dass Ihr Euch nicht von den Schatten der dunklen Flügel über Euch schrecken lasst, sondern ehrlich und demütig genug seid, euch den wahren Weg von Gott selber zeigen zu lassen. Schaut man nämlich mit dieser Perspektive etwas genauer auf unser Bild, dann erkennt man auf einmal über dem eher bedrohlich wirkenden, dunkelvioletten Horizont eine einzige lichte Wolke. Niemand hindert uns, sie als ein Bild für Gott zu sehen, der mit seinem Licht die Wahrheit über unseren Lebensweg erhellen wird. Und das ist eben vor allem anderen die Wahrheit über seine Nähe und Begleitung; die Wahrheit, dass seine Liebe stärker sein wird als alle dunklen Gestalten und Kummer und Leid; die Wahrheit, die er zu uns geschickt hat in einem Menschen, der sich als Wegführer und Ratgeber mit den Worten angeboten hat: Ich bin der Weg, die Wahrheit und das Leben.

Ihr habt in der Unterrichtszeit nicht 1000 Dinge kennen lernen müssen. Eigentlich ist es nur ein einziges Ziel, das wir Euch hier in der Gemeinde vermitteln wollten, nämlich, dass Eure Herzen fest bei der einen Sache bleiben, Gottes Güte mehr zu glauben und zu vertrauen als alle schwarzen Vögeln über unseren Köpfen zu fürchten. Diese Überzeugung wird mit dafür sorgen, dass wir es den Unglücksraben nicht erlauben, sich häuslich bei uns einzurichten, sondern sie mit Glauben, Liebe und Hoffnung vertreiben werden. Wenn Ihr so auf

Eurem weiteren Weg hinten auf dem Bild das helle Stück des Himmels Gottes sehen und erleben werdet, dann hat sich unser gemeinsamer Gang durch das Weizenfeld der Gemeinde wirklich gelohnt.

2. Ein Leuchtturm zum Leben (Joh 8,12)

Eröffnung mit Psalm 139

Eingangslied

EG 568 (Ausgabe für die Evangelische Kirche im Rheinland etc.) »Wind kannst du nicht sehen«

Hinweis:
Während des Gottesdienstes haben die KonfirmandInnen Photos von sich in ein Plakat geklebt, das zusammen mit einem irischen Segensspruch (Das Licht helfe Dir Kurs zu halten auf Deiner Reise. Der Wind stärke Dir den Rücken. Der Sonnenschein wärme Dein Gesicht und der Regen falle sanft auf Deine Haare. Und bis wir beide, Du und ich, uns wiedersehen, halte Gott Dich geborgen ins seiner schützenden Hand) einen Leuchtturm, darstellt. Es ist erhältlich über das Amt für Öffentlichkeit der Nordelbischen Ev.-Luth.Kirche/Christl. Plakatdienst.Hamburg e. V. Königstr. 54, 22767 Hamburg, www.afoe-nordelbien.de. Während des Unterrichts und zur Vorbereitung des Gottesdienstes wurde die Lichtsymbolik des Evangelisten Johannes thematisiert. Dazu bekamen die Jugendlichen am Ende Gottesdienstes eine 0,55 ct. Briefmarke geschenkt, die einen Leuchtturm darstellt. Die Marke sollten sie ein Jahr nach ihrer Konfirmation auf einen Brief über ihren weiteren Glaubensweg an die Gemeindebriefredaktion kleben.

Predigt

Licht auf Deinem Weg (Joh 8,12 u. a.)

Fürbitten

EG 875 (Ausgabe s. o.) O Herr, mache mich zu einem Werkzeug deines Friedens

Segen

EG 1002 (Ausgabe s. o.) »Der Herr, voller Liebe wie eine Mutter und gut wie ein Vater …«

Schlusslied

EG 659 (Ausgabe s. o.) Ins Wasser fällt ein Stein

Liebe Konfirmandinnen und liebe Konfirmanden!

Es war in einer lauen Sommernacht. Wir hatten uns ein Bötchen gemietet und ließen uns auf den kleinen Wellen aus der geschützten Bucht ins offene Meer hinaustragen. Vor einem blutroten Sonnenuntergang erkannten wir die braunen Steilfelsen, auf denen Pinien standen, die bis zu uns hinüber dufteten. Ein runder Mond stieg auf. Und von irgendwoher, wahrscheinlich aus einem Ferienclub, schwebten zarte Musikklänge über das Wasser, wie Vögel geheimnisvoll an uns vorüber. Was für ein Moment! Was für ein Leben! Was für Frieden, Seligkeit und Glück!

Sicherlich habt Ihr in manchen Ferien während unserer gemeinsamen Unterrichtszeit schon ganz Ähnliches erlebt. Wasser, Meer, Wärme und ein mondbeschienenes Boot – und das alles sogar noch in freundlicher Gesellschaft – es ist wie ein Bild, das wir von unserem ganzen kommenden Leben träumen wollen. Das Wasser trägt und schaukelt auf eine sichere Zukunft zu. Ihr werdet viele Schönheiten der Welt genießen. Ihr werdet Freizeit und Ferien schätzen. Ihr werdet das Leben zu lieben verstehen mit Euren Hobbies und all den Menschen, die Euch besonders nahe stehen.

Kaum aber waren wir aus der Bucht ins offene Meer getrieben, da verdüsterte sich der bis dahin völlig klare Himmel. Der Mond verschwand mit einem Schlag hinter blauschwarzen Wolken. Und ein unangenehmer, feuchtkalter Wind zog auf. Das alles hatte Folgen. Für das Wasser, die Wellen, unser Boot – und natürlich auch für uns selbst. Von Jetzt auf Gleich war nichts mehr schön. Nichts war mehr, wie es vorher so behaglich und vertraut war. Die Planken und unsere Stimmung kippten. Es wurde dunkel, draußen, aber auch in uns selber. Und nichts bot sich an, woran man sich innerlich und äußerlich hätte festhalten können.

Auch diese Situationen werdet Ihr in Eurem Leben nach der Konfirmation kennen lernen. Das alles muss nicht einmal auf dem Wasser passieren. Und auch nicht in einem Boot. Manche Leichtigkeit Eurer Kindertage ist mit der Konfirmation vorbei. Der fordernde Alltag steht Euch gegenüber. Die Schule wird weiter anziehen. Bestimmte Verantwortlichkeiten in Euren Familien und selbst Eure Hobbies – wenn Ihr sie ernsthaft betreibt – nehmen Euch in Beschlag. Darüber hinaus muss man sich für viele Dinge entscheiden, deren Folgen man heute noch gar nicht übersehen kann. Dazu kommen in Eurem Alter auch die ersten Unternehmungen, sich Schritt für Schritt aus der Familie zu lösen – um so eigene Geh- und Lebensversuche zu starten. Das ist nicht immer einfach

Auch uns in unserem Schifflein wurde es langsam etwas mulmig. Außerdem hatten wir inzwischen auch ein Paddel verloren. Wir wussten nicht einmal mehr, in welche Richtung wir steuern sollten. Dazu war es pechschwarze Nacht geworden. Die Stärke des Windes hatte spürbar zugenommen. Mussten wir etwa die Nacht auf dem Wasser verbringen oder – schlimmer noch – bestand gar die Gefahr, dass wir mit dezimierter Ausrüstung ins offene Meer hinaus getrieben würden? Klamm und verängstigt schauten wir – ins Nichts. Da, da strich auf einmal von der linken Felsseite übers Wasser und wieder zurück ein Lichtstreifen. Einmal und noch einmal und dann immer wieder im gleichen Rhythmus: Ein Leuchtturm war angegangen – natürlich nicht wegen uns! – und tastete mit seinem Strahl die ganze Gegend ab. Damit gab er aber auch uns nach banger Zeit die notwendige Orientierung zurück; wir konnten unser Boot in die rechte Richtung umsteuern, zurück in die Bucht, zur Anlegestelle vom Licht gelotst. Wir waren gerettet.

Genau diese Erfahrung, liebe Konfirmanden, soll nun auch in den nächsten Jahren mit Euch gehen. Auch Euer Leben wird später manchen Wellengang für Euch bereithalten. Neben vielen Fröhlichkeiten und Schönheiten, die diese Welt Euch schenken will – und die Euch natürlich heute niemand nehmen oder gar madig machen möchte – werdet Ihr immer wieder auch in Unsicherheiten, Orientierungsängste und Herausforderungen geraten. Kommen die dunkleren Stunden, dann werden wir aber als Kirche immer für Euch da sein. Wie der Leuchtturm in meiner Geschichte. Die Gemeinde und ihr Glaube wollen Euch auf ihre Art helfen, Euren Lebensweg zu erhellen. Mit all dem an guten Worten und tröstlichen Ideen, die Ihr hier kennen gelernt habt, habt Ihr so etwas wie eine Taschenlampe zur Hand, die

Euch manch schwierigen Weg erhellen und dann auch freimachen wird. In einem Psalmvers heißt es deshalb auch dazu: »Gott, sende Dein Licht und Deine Wahrheit, dass sie mich leiten und mich bringen zu Deiner heiligen Stadt.« (Psalm 43,3)

Aber noch eine zweite Erfahrung wird dazu kommen. Wenn Ihr hier in unserer Kirche wirklich erfahren habt, dass Gottes Licht auf Eurem Lebensweg vieles klar und deutlich machen wird, dann möchte man selber irgendwann auch einmal zu so einem Leuchtturm für andere Menschen werden, also etwas ausstrahlen von dem Geheimnis des Glaubens. Deshalb sagt auch Jesus einmal zu seinen Freunden: Ihr seid das Licht der Welt. Es kann die Stadt, die auf einem Berge liegt, nicht verborgen bleiben (Matthäus 5,14) Also; Strahlt auch Ihr in Zukunft für andere Menschen etwas von dem aus, was Euch als göttliches Licht hier während unserer Konfirmandenzeit begegnet ist: Freude, Trost und Hilfe.

Dann wird Gottes Leuchtturm in unserer Welt weit sichtbar sein. Denn es wird ja in dieser manchmal wirklich so schwierigen und dunklen und komplizierten Welt nicht besser, wenn wir unsere Gaben, unser Können und unsere Möglichkeiten – allesamt Geschenke Gottes – nicht zu einem hellen Lichtstrahl zusammenbündeln. Der Apostel Paulus sagt einmal dazu: Ihr alle seid Kinder des Lichts und Kinder des Tages (1. Thessalonicher 5,5). Ich wünsche Euch allen sehr, dass Ihr in Euerm Leben das Licht, das Ihr hier für Euch persönlich entdeckt habt, in Gemeinde und Alltag entfalten werdet und es also nicht unter einen Scheffel stellt (Matthäus 5,15), sondern mit Euren Gaben weit in die Welt hinaus strahlen lasst.

Das Bild des Leuchtturms, es ist natürlich auch so etwas wie ein Symbol für Jesus Christus selbst. Er hat nämlich auch ganz bewusst von sich selber gesagt: Ich bin das Licht der Welt. Wer mir nachfolgt, der wird nicht wandeln in der Finsternis, sondern wird das Licht des Lebens haben. (Johannes 8,12). Diese Erfahrung habt Ihr ja Euer Lebtag lang schon gemacht. Von Eurer Geburt und Taufe angefangen war Christus ein Lebenslicht, das Euch auch dunklere Wege erhellt hat. Dies will er aber auch nach der Konfirmation weiter für Euch sein und bleiben. Auch in Booten, die ein gefährlicher Wind ins offene Meer hinaus zu treiben droht. Denn Euer Lebensziel liegt jenseits unserer Möglichkeiten, in einem Land, in dem wir dann keine künstliche Leuchte mehr brauchen werden: Davon redet das letzte Buch der Bibel, die Offenbarung des Johannes, wenn sie sagt: An dem Tag wird Gott selber alle Menschen erleuchten, leiten und regieren. (Offenbarung 22,5). Dann wird für uns alle nach mancher bedrohlichen Schiffstour der ewige Morgen da sein. Amen.

3. Weg zum Leben, Weg zum Tod (Dtn 30,15 f.19f)

Eröffnung mit Psalm 121

Lied

EG 175 (Ausgabe für die Evangelische Kirche im Rheinland etc) »Ausgang und Eingang«

Hinweis:
Durch das Weg-Symbol, wird in diesem Gottesdienst durch zweierlei verdeutlicht: Zum einen kommt die Malerei, die durch einen Obdachlosen entstanden ist (Wüstenweg) zum Einsatz. Es stammt aus der Gruft, dem Asyl der Pfarrer Mariahilf in Wien (www.kathbild.at) und ist als Pfarrbriefmantel – den alle Gottesdienstbesucher bekommen – erhältlich beim Verlag Bergmoser und Höller, Aachen. Das Bild wird zu Beginn durch einen Beamer auf eine Leinwand projiziert.

Zum anderen kleben die Konfirmanden am Ende des Gottesdiensts Photos von sich in unterschiedliche Verkehrsschilder, die sie sich als Motto für die Zukunft ausgewählt haben und damit als Hilfen für ihre eigene Wegfindung definieren.

Predigt

Liebe Konfirmandinnen, liebe Konfirmanden!

Wüstenweg – so hat ein Laienkünstler sein Bild genannt, das Ihr jetzt alle auf diesem Blatt vor Augen habt. Hier gibt es zunächst keine Fahrbahn mit ihren Verkehrsschildern zu sehen. Nur eine gelb-rote, glühend-heiße Stein- und Sandwüste. Und über dieser öden Landschaft türmt sich ein dunkelblauer Himmel, von eiligen Wolkenfetzen durchsetzt. Die Wüste – sie erinnert Euch vielleicht an den Weg, auf den das Volk Israel aus Ägypten kommend geschickt wurde.Auch ihr Marsch durch die Einsamkeit wirkte auf den ersten Blick bedrohlich. 40 Jahre, so berichtet die Bibel, musste es durch wüstenähnliche Gegenden ziehen.

Ihr Konfirmanden müsst in den kommenden Jahren nicht durch die Sahara durch. Im Gegenteil, Ihr habt während Eurer Konfirmandenzeit viele fruchtbare Plätze kennen gelernt, die wie Oasen Eure Seele, Euern Körper und Euern Geist erfrischt haben: Freizeiten, selbstgestaltete Gottesdienste, Teestuben mit guten Gesprächen. Diese Ruheplätze zur Entspannung sollen auch nach der Konfirmation für Euch da sein, wenn, ja wenn Ihr Euch für sie auch in der Zukunft wirklich entscheiden werdet. Dazu bietet Gott Euch selber am Ende der Unterrichtszeit so etwas wie eine Landkarte an, die kommende Haltestationen für Euch markiert hat. Gott drängt sich Euch nicht auf. Er stellt Euch aber heute noch einmal ganz bewusst zwei Möglichkeiten vor Augen, die für Euren weiteren Weg durch manche Wüstengegenden unserer Welt von ausschlaggebender Bedeutung sind. Und so spricht er nun selber zu einem jeden, zu einer jeden von Euch und sagt:

Lesung Dtn 30,15f.19f

Gerade, liebe Jugendliche, wenn Ihr jetzt konfirmiert werdet, seid Ihr keine willenlose Geschöpfe. Ihr seid nun religionsmündig, wie es so schön heißt. Ihr habt die Wahl. Ihr könnt wählen, Euren persönlichen Weg durch Eure Welt. Bisher haben Eure Eltern und Paten und Nachbarn mit dafür gesorgt, dass Ihr die richtige Richtung einschlagt. Vielleicht waren sie sogar ein bisschen mit schuld daran, dass Ihr den Kirchlichen Unterricht besucht habt. Jetzt aber seid ihr selbstständig und frei. Ihr seid nun mündige Glieder unserer Kirche, könnt an den Gemeindewahlen teilnehmen und das Patenamt übernehmen. Gott selber legt Euch nun noch einmal ganz bewusst zwei Wahlmöglichkeiten vor, damit Ihr vor der Einsegnung eine Entscheidung trefft: Leben und Gutes – oder Tod und das Böse. Ich weiß, beim ersten Hören mag diese Gegenüberstellung ein bisschen eigenartig, schwarzweiß also klingen. Gibt es denn wirklich heute irgendjemanden unter uns, der oder die sich freiwillig auf eine völlig falsche Lebensbahn begeben würde? Wer will denn als Jugendlicher nicht das Schöne und Erfolgreiche und Gute für sich aussuchen und sich nicht damit geradezu mit fliegenden Fahnen auf die Seite des sichtbaren Lebensglückes stellen? Aber eben das wird ja nun gerade die Frage aller Fragen in Zukunft für Euch sein, wie, also auf welchem Wege Ihr denn zu diesem leuchtenden Ziel gelangen könnt. Wo liegen denn die stärkenden Oasen unterwegs verborgen? Die Bibel zeigt an dieser Stelle eine große Klarheit: Wenn Du den Geboten Gottes gehorchst, dann wirst du leben. Wenn nicht, dann nicht. So einfach ist das. Wir haben viele dieser Gebote im Unterricht kennen gelernt und ausführlich diskutiert. Sie sind keine Mahn- und Drohsätze, so haben wir gesagt, sondern eine wunderbare Einladung zum Leben. Sie wollen Euch Eure Lebenszeit gerade nicht erschweren, sondern Euren Weg leichtfüßig über die Erde begleiten. Sie sagen allesamt nichts anderes aus als dieses: Ich, dein Gott, habe Dich seit Deiner Taufe schon geführt. Und genau so will ich Dir weiter helfen, dass auch der Rest Deines Lebens gelingen wird. Und das geschieht überall dort, wo Du neben der Ehre für mich die Liebe zu den anderen Mitwanderern zum Zuge kommen lässt. Behindere niemanden in seinem oder ihren Lebensrecht, fördere stattdessen die anderen an Deiner Seite. Gelungenes Leben entsteht nämlich nur in Gemeinschaft. Dann werdet Ihr wohnen bleiben in der Gemeinde, in Eurem Zuhause, an vielen Orten der Welt, an denen Verständnis füreinander die Konkurrenz und den Neid überwiegen und schließlich sogar besiegen wird. Leben, wahres Leben für alle.

Und wenn wir nun noch einmal auf das Bild sehen, das ein Mensch ohne Obdach in Wien gemalt hat, dann erkennen wir plötzlich, wie sich inmitten der Wüstenlandschaft ein Fenster auftut. Ein Weg ist sichtbar, mit Mittelstreifen und Sicherheitspfählen versehen. Eben das sind die Gebote und Gesetze, all die guten Lebensregeln Gottes, die Ihr kennen gelernt habt – und die Euch mit Sicherheit auch in der Zukunft leiten und behüten werden. Wählt sie für Euch aus, haltet Euch an ihnen fest, orientiert Euch an ihnen in wichtigen Entscheidungssituationen. Dann wird Euer Leben gelingen unter den Liebesgeboten Gottes, die Christi gelebt und gesegnet hat, wenn er von sich selber sagt: Ich bin der Weg und die Wahrheit und das Leben. Niemand kommt zum Vater denn durch mich. (Johannes 14,6). Mit seinem Segen öffnet sich. wie auf dem Bild – für Euch alle der Horizont. Und Eure Zukunft wird sicher, hell und klar sein. Amen.

Fürbitten

EG 880 (Ausgabe für die Evangelische Kirche im Rheinland), »Herr Jesus Christus! Du hast uns gelehrt, unsere Feinde zu lieben«

Segen

Keinen Tag soll es geben, da du sagen musst: Niemand ist da, der mich hält. Keinen Tag soll es geben, da du sagen musst: Ich halte es nicht mehr aus. Keinen Tag soll es geben, da du sagen musst: Niemand ist da, der mich liebt. Denn der Friede Gottes gibt uns alles: Hoffnung, Glaube und Liebe.

Schlusslied

EG 209 (Ausgabe s. o.) »ich möchte', dass einer mit mir geht«

4. Gottes Haus hat reichlich Platz (Joh 14,2)

Eröffnung mit Psalm 8

Lied

EG 577 (Ausgabe für die Evangelische Kirche im Rheinland etc.) »Kommt herbei«

Hinweis:
Dieses Thema eignet sich sehr zu einer Bild-Meditation über Häuser und Räume, übrigens auch Kirchengebäude. Dazu haben die Jugendlichen im Unterricht unterschiedliche Poster von Eingangstüren beschrieben. Diese sind erhältlich über das Amt für Öffentlichkeitsarbeit der Ev. Luth. Nordelbischen Kirche, Feldbrunnenstr. 29, 20148 Hamburg.

Gegen Ende des Gottesdienstes haben die Konfirmanden Photos von sich in einen Grundriss des eigenen Gemeindehauses bzw. der Kirche geklebt, um ihren dortigen Lieblingsort damit zu kennzeichnen.

Fürbitten

EG 960 (Ausgabe s. o.) »Wir danken dir, du freundlicher Gott«

Segen

Den tiefen Frieden im Rauschen der Wellen wünsche ich dir. Den tiefen Frieden im schmeichelnden Wind wünsche ich dir. Den tiefen Frieden über dem stillen Land wünsche ich dir. Den tiefen Frieden unter den leuchtenden Sternen wünsche ich dir. Den tiefen Frieden vom Sohn des Friedens wünsche ich dir.

Schlusslied

EG 171 (Ausgabe s. o.) »Bewahre uns Gott«

Predigt

Liebe Konfirmandinnen und liebe Konfirmanden!

Könnt Ihr Euch noch daran erinnern, wie Ihr das letzte Mal ein Ferienhaus erobert habt? Bei einigen von Euch ist es sicherlich noch gar nicht so lange her. Ich stelle mir vor, wie Ihr zusammen mit Euren Eltern ein halbes Jahr bevor die Fahrt losgehen sollte, Ferienprospekte und Häuserkataloge gewälzt – oder auch im Internet recherchiert habt. Meist wurde dafür dann ein kleines Häuschen von außen aufgenommen, vielleicht in einer Dünenlandschaft gelegen. Und daneben gibt es dann noch eine Fülle von Zeichen und Symbolen, die erklären, ob man auch einen Hund mitnehmen darf und ob der Strom extra abgerechnet wird oder nicht. Aber eines, eines erfährt man dabei nicht: Nämlich ob man sich zusammen mit der Familie oder Freunden in dem Ferienhaus wohlfühlen wird oder nicht. Denn diese Erfahrung stand Euch noch bevor und nur Ihr alleine konntet sie selber machen. Erinnert Euch noch einmal: Müde und verschwitzt seid Ihr nach einer langen Fahrt aus dem Auto geklettert – und da stand es nun leibhaftig vor Euch: Das Ferienhaus aus dem Reisekatalog. Es gab es wirklich. Als nächstes stand nichts Wichtigeres für Euch an, als eben in diesem Haus ein Zimmer, einen Winkel, eine gemütliche Ecke zu finden, in denen Ihr Euch für die nächsten Wochen einrichten und wohlfühlen würdet. Mehrere Kinderzimmer gab es zur Auswahl, sogar eines im Dachgeschoss mit Blick aufs Meer über den Deich hin. Und ein anderes war kuschlig im Keller eingerichtet. Natürlich war auch ein helles Schlafzimmer für Eure Eltern vorgesehen, eine Ecke im Wohnzimmer zum Spielen, eine Veranda draußen mit Windschutz zum Lesen und Musik hören, und natürlich ein großer Holztisch, an dem man zusammen mit der ganzen Familie gemütlich sitzen und essen würde. Nach einiger Zeit hattet Ihr Euch mit Euren Mitreisenden geeinigt, wer schließlich welches Zimmer belegen sollte, – und die langersehnten Ferien konnten endlich, endlich beginnen.

Seht Ihr, nun habe ich Euch deshalb an die letzte Ferienhauser-oberung erinnert, weil nach Eurer Konfirmation ein ganz ähnliches Unternehmen – wie sagt man so schön? – ins Haus steht, Euch also Euch bevorstehen wird. Mit Eurer Einsegnung steht Euch nämlich auch das Haus Gottes völlig offen. Und hier gibt es ja nun auch ganz unterschiedliche Gebäude, Räume und Zimmer, die Ihr nicht nur für besondere Zeiten wie für Ferien, sondern immer, also ein Leben lang nutzen könnt. Da ist zunächst einmal hier der Kirchraum, der für alle möglichen Gottesdienste geeignet ist und den Ihr selber ja auch schon an unterschiedlichen Festen und Feiern belegt und mitgestaltet habt. Drüben im Gemeindehaus gibt es einen Jugendkeller, in dem wir Tee getrunken, gekickert haben und Meditationen veranstalteten. Oben ist unser Unterrichtsraum, in dem es bei Diskussionen manchmal heftig unter uns zugegangen ist. Oben in der Küche haben wir zusammen mit ausländischen Jugendlichen gekocht. Nebenan in meinem Sprechzimmer haben manche von Euch zusammen mit mir ihren Konfirmationsspruch ausgesucht. In unserem Büro habt Ihr in der Jugendbibliothek gestöbert, um Texte für diesen Gottesdienst zu finden. Viele Räume habt Ihr kennen und auch für Euch persönlich schätzen gelernt. Ein Zuhause in der Gemeinde gefunden. Das war äußerlich gesehen wichtig und gut. Aber nun gibt es noch andere, ich nenne sie einmal geistliche Räume, die man nicht immer unbedingt sehen kann, die aber doch für Euch nach der Konfirmation von großer Bedeutung sein können.

Jesus hat einmal zu Menschen, die auch einen Platz für Ihr Leben gesucht haben, gesagt: *In meines Vaters Hause sind viele Wohnungen (Joh 14,2).* Und deshalb will ich Euch auch beschreiben, welche Wohnungen noch verborgen für Euer Leben auf Euch warten. Schließt jetzt einmal Eure Augen und geht in Gedanken durch alle Räume durch, die Ihr während der Konfirmandenzeit bei uns kennen gelernt habt. Nähert Euch in Gedanken unserer Kirche – und da habt Ihr plötzlich einen ganz wunderbaren Traum. Es ist, als ob sich auf einmal die Wände weiten würden und Ihr durch ein Traumschloss geht. Es ist das Haus meines Vaters, so nennt es jedenfalls Jesus. Geht die Wendeltreppe hoch und traut Euch ruhig, hinter diese oder jene Tür zu schauen; damit Ihr die vielen Wohnungen, von denen Jesus spricht, auch recht in Augenschein nehmen könnt, um, ja um vielleicht am Ende genau dort oder hier ein persönliches Lebensfleckchen für Euch zu entdecken.

Da gibt es also oben im Haus des Vaters, dem Schloss der Träume, einen runden Aussichtsturm. Er lässt den Blick ganz weit ins Land schweifen. Von dort oben könnt Ihr wundersamer weise aber auch sehen, wie Euer Leben weiter verlaufen wird, wenn Ihr Euch von dem Hausvater an der Hand nehmen und mit seinen Geboten führen und leiten lasst. Und so werden einige jetzt sagen. Ja, das ist die Wohnung, die ich für die Zeit nach der Konfirmation beziehen will: Ein weiter Blick in ein von Gott geführtes Leben. Andere von Euch haben inzwischen im 1. Stock das Musikzimmer entdeckt. Da kann man sehr unterschiedliche Tonfolgen kennen lernen, Bach und Beat, und alte und neue Lieder, die Ihr gerne immer mitgesungen habt. Hier bleib ich, sagen jetzt einige und treten unserem Gospelchor nach der Konfirmation bei. Natürlich hat Gottes Haus auch einen Keller, in dem man in alten Akten und Papieren stöbern kann, sich also immer wieder neu in theologischen Gesprächskreisen mit den alten tollen Bibelgeschichten befasst. Solche Forschertypen habe ich während unserer Unterrichtszeit auch unter Euch entdeckt. Ach ja, fast hätte ich es vergessen, am Ende eines langen Flures gibt es einen Raum der Stille, in dem Ihr gar nichts anders tun müsst, als Eure Gedanken schweifen zu lassen, mit Gott über Euer Leben ins Gespräch kommt und dem Kerzenduft nachsinnt. Oh, es gibt noch so viele, viele Zimmer, aber alle Wohnungen Gottes für Euch jetzt aufzählen zu wollen, das würde wirklich zu weit führen. Natürlich gibt's hier auch eine Spielecke zum Entspannen am Volleyball-Netz, einen Lernraum, in dem man wichtige Bibelsätze und Gesangbuchverse repetieren kann. Und einen wundersamen Tisch, an dem man Brot und Wein immer wieder miteinander teilen wird.

Und nun kommen wir alle in unseren Gedanken wieder zu diesem Vorstellungsgottesdienst zurück – nach all diesen äußeren und inneren Streifzügen durch die vielfältigen Wohnungen Gottes. Erobert doch diese schöne Welt auch nach Eurer Konfirmation wie ein Ferienhaus. Schaut weiterhin neugierig in alle Ecken der Kirche, wohin es

Euch in den kommenden Jahren auch immer verschlagen möge. Dann werden die Wohnungen des himmlischen Vaters nämlich zu einem Haus zusammenwachsen, das, wie Jesus auch einmal gesagt hat, »auf einen Felsen gebaut ist. Als nämlich ein Platzregen fiel und die Wasser kamen und die Winde wehten und an das Haus stießen, da fiel es nicht um, denn es war auf einem Felsen gegründet.« (Matthäus 7,24) Dieses Lebenshaus wünsche ich nach der Konfirmation Euch allen, liebe Konfirmandinnen und liebe Konfirmanden. Dann wird es nämlich nicht nur ein Ferienhaus auf Zeit sein, sondern das ewige Haus Eures Himmlischen Vaters. Amen.